家族介護者の生活保障

実態分析と政策的アプローチ

濱島淑惠
大阪歯科大学
医療保健学部准教授

旬報社

目 次 家族介護者の生活保障——実態分析と政策的アプローチ

序　章 「家族介護（者）問題」研究の視点 ……………………… 9

Ⅰ　家族介護（者）問題の経緯と現状　9

　　1　家族介護（者）問題への注目　9

　　2　家族介護（者）問題の現状　13

Ⅱ　家族介護（者）問題に関する研究の基本視点と先行研究の課題　15

　　1　家族介護（者）問題に関する研究の基本視点　15

　　2　家族介護（者）問題に関する先行研究　20

　　　（1）　心理学、社会福祉学からのアプローチ　20

　　　（2）　生活時間、政策学、ジェンダー論からのアプローチ　23

　　　（3）　家族介護（者）問題に関する研究の課題　26

Ⅲ　本書の目的と構成　27

第1章 高齢者の介護を担う家族とその抱える問題の再検討 ……………………………………………33

Ⅰ　背景と目的　33

Ⅱ　高齢者の介護を担う家族をとらえる視点　35

　　1　介護者としての家族——包括的なケアを行う者　35

　　2　「生命・生活の再生産」の担い手としての家族　37

　　　——抱える生活問題の重層性

　　　（1）　家族の役割・機能と高齢者の介護を担う家族に生じる負担・困難　37

　　　（2）　高齢者の介護を担う家族の生活問題の重層性　39

　　3　「労働者」としての家族——労働者家族の脆弱性と生活問題　47

　　　（1）　高齢者の介護を担う者の年齢　48

　　　（2）　高齢者の介護を担う家族が抱える生活問題と労働問題の関連性　49

　　4　「地域住民」としての家族　50

　　　——重層的な生活問題・労働問題との関連性

3

目　次

Ⅲ　小　括　52

　　　──多角的・構造的視点にもとづく家族介護（者）問題の理解の必要性

第2章　家族介護者の生活運営の実態とその問題　⋯⋯⋯⋯⋯57

Ⅰ　就労する家族介護者による「生活運営」の実態と問題点　58

　　　──介護保険制度・介護休業制度の効果と課題

　1　背景と目的　58

　2　研究方法　59

　　（1）調査方法　59

　　（2）倫理的配慮　60

　　（3）分析方法　60

　　（4）「生活運営」の定義　60

　3　調査結果　61

　　（1）家族介護者の「生活運営」の方法　61

　　（2）介護保険制度利用による「生活運営」上の効果　72

　　（3）介護保険制度の未利用とその理由　76

　4　考察　78

　　（1）家族介護者による「生活運営」の現状とその問題点　78

　　（2）「生活運営」からみた介護保険制度の効果と問題点　87

　　（3）介護休業制度の問題点と家族介護の限界点の検討の必要性　90

　5　小括　91

Ⅱ　家族介護者の「生活運営」問題と階層性　93

　1　背景と目的　93

　2　「階層性」によるケースの区分　95

　　（1）階層の区分方法　95

　　（2）区分結果にもとづく各群の特徴　98

　3　階層性と「生活運営」の関連性　101

　　（1）「経済的困難の主訴あり・不安定な就労」群　101

　　（2）「経済的困難の主訴あり・安定した就労」群　105

　　（3）「経済的困難の主訴なし・安定した就労」群　106

　　　　　　　　　　　　　　　　　　　　　　　　　　　目　　次

　　　4　「階層」と「生活運営の脆弱性」との関連　107

　　　　　(1)　各群における「生活運営」と介護保険サービス利用の比較　107

　　　　　(2)　介護休業制度の階層性と介護保険制度との負の相乗効果　108

　　　5　「生活・就労の脆弱化の連鎖」と今後の課題　113

　　　6　小括　118

第3章　家族介護者問題の政策的背景の検討 ……………… 123
　　　──1980年代後半から1990年代の高齢者福祉・介護・医療政策に
　　　着目して

Ⅰ　介護保険制度における家族（介護）の排除と潜在化の構造　123

　　1　背景と目的　123

　　2　1980年代後半の高齢者福祉政策・介護政策における
　　　「家族介護の固定化」　127

　　　　(1)　「家族（介護）への支援」のための在宅福祉重視　127

　　　　(2)　「限定的・補足的な家族支援型」福祉の推進と
　　　　　「家族介護の固定化」　129

　　3　1990年代における介護保険制度導入議論と家族（介護）の
　　　位置づけの変化　132

　　　　(1)　「限定的・補足的な家族支援型」の継続と介護保険制度導入議論の
　　　　　展開　132

　　　　(2)　介護保険法成立と家族介護支援事業の提示　135

　　　　(3)　介護保険制度における「家族（介護）の排除と潜在化」の構造　138

　　4　1980年代から90年代における家族介護者に対する支援政策の
　　　特徴　143

　　5　介護保険制度における家族（介護）の位置づけの問題点と今後の
　　　課題　147

　　6　小括　151

Ⅱ　医療制度改革と家族介護への影響　153

　　1　背景と目的　153

　　2　医療費抑制政策と高齢者医療制度の分離　154

目　次

　　　(1)　医療費問題と高齢者医療への批判　154

　　　(2)　老人保健法制定による高齢者医療制度の分離　155

　　3　医療法改正と診療報酬改定における「介護化」と「在宅化」　159

　　　(1)　第一次医療法改正前後　159

　　　(2)　第二次医療法改正　161

　　　(3)　第三次・第四次医療法改正　163

　　　(4)　高齢者福祉・介護政策と医療制度改革の連動性　165

　　4　「高齢者医療・慢性期医療の在宅化・介護化」が家族介護に
　　　及ぼした影響　169

　　5　小括　176

第4章　ワーク・ライフ・バランス政策における家族介護の
　　　　位置づけと「両立」支援の問題点 ……………………… 183

Ⅰ　背景と目的　183

Ⅱ　ワーク・ライフ・バランス政策における「家族介護」の位置づけ　185

　　1　介護休業法制定の経緯　185

　　　(1)　育児休業の労働政策上の規定と単独法の制定　185

　　　(2)　介護休業法の制定とその経緯　187

　　2　介護休業法の制定経緯にみる「家族介護」の位置づけ　190

　　3　ワーク・ライフ・バランス政策の方向性とその問題点　194

　　　(1)　男女共同参画社会基本法と男女共同参画基本計画　194

　　　(2)　ワーク・ライフ・バランス憲章と行動指針　196

　　　(3)　小括　197

Ⅲ　介護休業制度における「両立」支援の内容とその問題点　200

　　1　介護休業制度の「両立」支援の内容　200

　　2　「両立」支援としての介護休業制度の問題点　202

Ⅳ　ILO156号条約と165号勧告にみる「両立」支援のあり方　206

Ⅴ　「家族介護」からみたワーク・ライフ・バランス政策の問題点と
　　今後の課題　210

目　次

終　章　家族介護者の「生活保障」への転換 ················· 217

Ⅰ　家族介護（者）問題とは何か　217

　1　生活問題の重層性　217

　2　多様で重層的な問題をともなう脆弱な生活運営　218

　3　家族介護（者）問題の階層性　219

　4　制度的な不備による家族介護（者）問題の発生　220

Ⅱ　家族介護（者）問題の政策的背景　221

　1　家族介護（看護）を前提とした家族介護者に対する支援政策　221

　2　限定的・補足的な家族介護支援と限定的な「両立」支援による
　　欠陥　223

　3　階層による不利を生み出す仕組み　224

　4　自己選択・自己決定による家族介護（看護）の潜在化の問題　225

　5　家族介護者の抱える重層的な生活問題への対応の不備　226
　　　──「生活保障」の視点の欠如

Ⅲ　提言：家族介護者の生活保障に向けて　227

　1　社会的責任の明示──家族介護を前提としない制度・政策　228

　2　家族介護者の「生活保障」への転換　230

　3　家族介護者の「生活保障」を目的とした介護保険制度の仕組み・
　　内容の改善　232

　　(1)　家族介護者の状況にあわせた介護サービス利用を可能とする
　　　　仕組み　233

　　(2)　介護サービスの内容の改善　234

　4　介護休業制度における「柔軟な就労への支援」の充実とワーク・
　　ライフ・バランス政策における「介護サービス整備」の明示　235

　5　所得保障・経済的援助の整備　237

　6　健康保障のためのサービスの整備　238

　7　低所得者への配慮　239

　8　家族介護支援事業（地域支援事業）の整備　240

　9　家族介護者（介護を要する高齢者を抱える家族）を対象とした
　　専門相談機関の設置と専門的な相談援助サービスの提供　240

7

目　次

　　　10　「介護の脱家族化」機能の強化　242
Ⅳ　総　括　243

あとがき　247

参考資料　249
参考文献　255

序 章

「家族介護（者）問題」研究の視点

I 家族介護（者）問題の経緯と現状

1 家族介護（者）問題への注目

　家族介護の歴史を紐解くと、戦前までは「老親の介護」は家族が担うものとされてきた。とくに明治民法の家長制度のもとでは、家督を継ぐ長男が、家業や家の財産を継ぐとともに、老親に対して経済的な面のみならず、「介護」も含めた扶養を行う義務を負っていた。そして性別役割分業意識を背景として、老親の介護は女性、とくに嫁の役割とされてきた。この古いデータを示すことは残念ながら難しいが、少なくとも「平成7年国民生活基礎調査」（厚生労働省）では、主な介護者の85%を女性が占めていた。近年ではその割合が減少してきているものの、それでも「平成25年国民生活基礎調査の概況」（厚生労働省）によると68.7%と約7割を女性が占め、性別役割分業にもとづいた介護役割の傾向は現代でも続いている。介護に対する社会的な制度、サービスが存在しないなかで、老親の介護を家族、とくに女性が一身に担ってきたわけだが、それが社会問題として認識されることは1980年代になるまでは無きに等しく（藤崎 2002：191）、高齢者の「介護問題」としてですら注目されることはなかった。そもそも、戦前の医療水準や平均寿命をふまえると、現代の介護に比べ、要求される介護

9

序　章　「家族介護（者）問題」研究の視点

水準は低く、介護する期間も短く[1]、家族が老親の介護を行うほど親が長生きすることは稀有であり、家族介護という社会現象そのものが歴史的には新しいものであるとの指摘もある（上野 2011：106-107）。これらをふまえると、深刻な家族介護のケースは多数派ではなかった可能性があり、さらに家長制度のもとで家族が老親の介護を行うことが当然視される状況下では、そのようなケースがあったとしても家族の当然の役割とされ、特段、問題として取り上げられることはなく、また、たとえ放置状態の高齢者がいても、現代のように「高齢者虐待」として問題視されることもなかったと考えられる。結果、家族介護（者）の問題も高齢者の介護問題も社会問題として注目され難かったと推測される。

　その様相に明らかな変化が生じたのは、戦後になってからである。まずは 1950 年代に入り、高齢者問題が生活保護制度や国民年金制度のもと所得保障の問題として取り扱われ、対応されるようになった（森 2008：18）。ただし、この時点では高齢者の介護問題という視点はなく、それに注目が集まるのは高度経済成長期に入った 1960 年代のことである。とくに 1963 年の老人福祉法でその変化は顕著に現れており（森 2008）、養護老人ホーム、特別養護老人ホーム、軽費老人ホームといった老人福祉施設やホームヘルプサービス、訪問介護の前身にあたる老人家庭奉仕員制度が規定された（上野 2011）。これらの施設、サービスは、（特別養護老人ホームを除き）やはり経済的に困窮した低所得の高齢者を対象としていたが、高齢者の「介護問題」に対応することを目的とするものであった。ただし、老人福祉法に先んじて 1950 年代後半から、長野県を皮切りに大阪市、名古屋市、東京都等、各地方自治体で実施されていたホームヘルプのサービスは、低所得で同居家族のいない「独居の高齢者」を対象としていた（上野 2011：110）。また、老人福祉法で位置づけられた特別養護老人ホームの対象者は「65 歳以上の者であって、身体上又は精神上著しい障害があるために常時の介護を必要とし、かつ、居宅においてこれを受けることが困難なもの」とされており、同居家族がおり、「居宅においてこれを受けること」ができる場合は対象外とされていた。このように 1960 年代に入り、高齢者の問題は経済的な問題のみならず、介護問題にも対応する法制度、

それにもとづく施設、サービスを整備する動きがみられるようになった。しかし、家族介護を当然視する風潮は変わらず、同居家族がいる場合は介護問題そのものが存在しないという認識は根強く、家族介護（者）の問題に対して注意が払われることはなかった。

戦後、新民法のもとで家長制度が廃止され、高齢者の介護問題への対策もとられるようになってもなお当然視され続けてきた家族介護が[2]、1980年代に入り、ようやく社会問題として注目されるようになる。畠中（2006）は戦後において介護問題が生じた社会的背景として、①1960年〜1970年初頭にみられた高度経済成長による産業化・工業化のため、都市での核家族化、地方での過疎化が進んだこと、②少子化と子どもの遠隔地在住化、③女性の就労化、④急速な高齢化と介護の基盤整備の立ち遅れ、⑤栄養状態の改善、医療技術の進歩等による長寿化、そして高齢者の症状の重度化、介護期間の長期化、介護者の高齢化を挙げている（畠中 2006：25）。さらに、春日（2001）は、（家族）介護は、1960年代までの家族社会学研究では「重大な生活問題とはみなされず、研究対象となることも少なかった」としたうえで、これが生活問題として注目されるようになった背景には、経済的発展、医療技術の進歩によって、高い栄養・衛生水準が、そして人権意識の高まりから心理面の配慮が要求されるようになり、さらに日常生活レベルでも医療機器の操作が必要となり、「どれひとつをとってもみても、介護者自身が60歳以上の高齢者が半数を占める脆弱な家族基盤では、長期間介護を担うことは不可能」になったとしている（春日 2001：33）。

『国勢調査』（総務省統計局）の結果から家族類型の推移をみると（**図序-①**）、1970年以降、核家族、単身世帯が多くを占め、両者を合わせると1970年で80.1％、その後徐々に増加し、2012年には88.7％と9割近くに達している。また、労働政策研究・研修機構が示した統計では、1980年代、専業主婦世帯は減少の一途をたどり、その反面、共働き世帯が増加し、1990年代前半に両者は逆転している（**図序-②**）。1980年代は老親扶養に対する意識の変化もみられ、「全国家族計画世論調査」（毎日新聞人口問題調査会）によると、1980年代後半から1990年にかけて老親扶養を「当た

序　章　「家族介護（者）問題」研究の視点

図序-①　家族類型の推移（1965年～2012年）

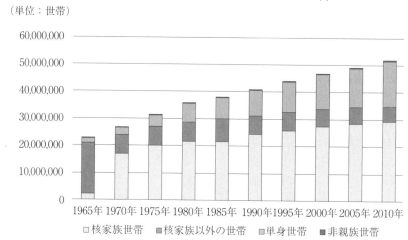

出典：総務省統計局による『国勢調査』（e-Stat 政府統計の総合窓口、
　　　http://www.e-stat.go.jp/SG1/estat/eStatTopPortal.doe-stat、閲覧日2016年4月29日）より筆者
　　　作成

図序-②　女性の社会進出の推移（1980年～2014年）

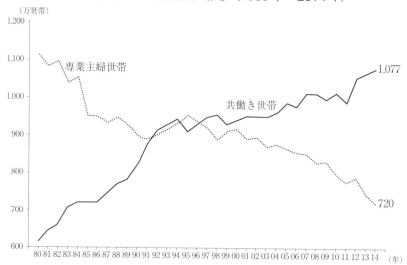

出典：独立行政法人労働政策研究・研修機構ホームページ
　　　（http://www.jil.go.jp/kokunai/statistics/qa/a07-1.html、閲覧日2016年4月29日）

り前の義務」と答えた者が50%程度から30%程度へと激減し、逆に、「良い慣習ではない」「仕方がない」と答えた者の割合が急増しているというデータが示されている（下山 2000：213）。家族内に介護の担い手が常に存在するという環境が1970年代から1990年代にかけて急激に変化したことは、これらのデータからも顕著であろう。戦後、このような女性の社会進出、核家族化、同居率の低下が進んだことに加え、医療技術が進歩し、高齢者の平均寿命が伸び、介護期間の長期化、介護内容の重度化が生じたことによって、家庭の女性が介護役割を担い続けることが困難な時代になったということが指摘できる[3]。

　一方、1970年代からの政府の動きをみると、1973年のオイルショックを契機として高度経済成長期は終わりを告げ、「福祉見直し論」が隆盛をみせるなか、1978年の『厚生白書』では、家族は「福祉における含み資産」とされ、また1979年に閣議決定された『新経済社会7カ年計画』のなかで示された「日本型福祉社会論」においては、「個人の自助努力」と「家庭や近隣・地域社会等の連帯」を強調し、高齢者介護の主たる担い手として家族を位置づけ、社会保障はそれを補うものとされた。上述したように、家族が高齢者の介護を担うことが困難な状態となっているにもかかわらず、福祉財政の削減を最優先した社会保障・社会福祉政策がとられ、介護に対する基盤整備が著しく遅れた結果、家族介護者の介護倒れ等の問題が続出し、1980年代、家族介護が社会問題としてクローズアップされるようになる。当時、全国社会福祉協議会や東京都では家族介護に関する本格的な調査を実施し、家族介護（者）の実態とその負担の大きさを示しており、家族介護者に対する支援、援助の必要性が指摘されるようになる[4]。

2　家族介護（者）問題の現状

　家族介護（者）が社会問題として注目されるようになって以降、1990年代は家族介護の限界、介護負担の軽減を掲げ、ゴールドプラン、新ゴールドプランの策定に代表されるような在宅福祉の重視、拡充政策が推進された。そして、2000年には介護の社会化を掲げた介護保険制度が

序　章　「家族介護（者）問題」研究の視点

施行され、これにより高齢者の介護を担う家族（以下、家族介護者）が抱える負担、問題は軽減、解消するとされた。

　しかしながら、現実的には今もなお家族は高齢者介護の多くを担い、様々な問題を抱えていることが指摘できる。「平成 25 年国民生活基礎調査の概況」（厚生労働省）によると、「要介護者等」で介護保険の介護サービスを利用している者は 78.9％と 8 割程度にとどまり、利用しない理由は「家族介護でなんとかやっていける」と答えた者が最も多く、半数近くを占めている。また、「洗髪」、「入浴介助」を「事業者のみ」で担っていると答えている者は約 6 割、「身体の清拭（体をふく）」では約 4 割と比較的高い割合を示しているが、排泄介助、洗顔、体位変換、食事介助、食事の準備や掃除等家事関連の援助等では、「事業者のみ」で担っていると答えている者は約 2 割〜 3 割程度にとどまっており、「事業者と家族等介護者」、または「主な家族等介護者のみ」が担っていると答えた者を合わせると約 7 〜 8 割を占めている。そして、同居の主な介護者で「日常生活での悩みやストレス」が「ある」と答えた者は 69.4％と約 7 割を占め、その内容には「家族の病気や介護」が最も多く約 8 割を占めているが、その他に自分自身の健康、経済的状況、人間関係、自由時間等、様々な事柄が挙げられている。このことからも、高齢者介護のかなりの部分を、現在もなお家族が担い、彼らが様々な側面において悩み、ストレスを感じていることがわかる。

　また、「平成 24 年度高齢者虐待の防止、高齢者の養護者に対する支援等に関する法律に基づく対応状況等に関する調査」（厚生労働省）の結果では養護者（高齢者の介護をしている家族・親族・同居人等）による虐待に関する相談・通報件数は 2 万 3843 件にのぼり、そのうち 1 万 5202 件が虐待と認定されている。なお、『平成 20 年版犯罪白書』（警察庁）では、高齢者犯罪者の増加の要因分析を行い、女性の介護疲れによる親族殺が目立つことを指摘し、「高齢社会化が進むことにより家族の誰かが介護を必要とする状態での生活に疲れた結果としての親族殺が、高齢者の殺人数の増加原因の一つであろうと思われる。」としている。とくに高齢者虐待、介護殺人・心中に関する調査研究では、家族介護者が置かれる深刻な状況が

指摘されており、たとえば羽根（2006）は、とくに夫や息子が加害者となった介護殺人・介護心中事件を分析し、その背景に「介護ホリック」となる状態や心身の疲弊、経済的困窮が引き金となっている可能性を指摘している。また、湯原（2011）は介護殺人・心中の19事例を分析し、事件を起こすほど追い詰められた背景として、「認知症や寝たきりなど被介護者の病気、不眠や食欲不振など介護者の体調悪化、世帯の経済的困窮など多様な要因が確認できた」（湯原2011：48）とし、とくに介護者の「うつ」に注意を払う必要性を唱えている。また、山中（2005）は、介護殺人の背景として、①加害者の介護疲れや、②困難な介護事情、追い詰められた心情があるとしている。経済的、身体的、精神的な問題を重層的に有しながら家族介護者が追い込まれていることがわかる。

　以上のデータ、調査研究が示すように、家族介護が社会問題として注目され、様々な高齢者福祉、介護の制度・政策がとられるようになってもなお、家族介護者は厳しい状況におかれ続けており、家族介護（者）問題の現状把握とその原因・背景の分析、問題解決に向けた諸施策の検討は喫緊の課題であると言える。

II　家族介護（者）問題に関する研究の基本視点と先行研究の課題

1　家族介護（者）問題に関する研究の基本視点

　ここで本研究の基本視点を整理しておきたい。家族介護（者）問題の解決に向けた有効な支援政策を検討するためには、以下の視点からの分析、検討が重要となる。

　第1に、家族介護者の生活全体をふまえたうえで、彼らが抱える問題を多角的にとらえる視点が不可欠である。笹谷（2012）が、家族介護者に対する「有効な支援策を講じるための必要最低限として、介護者の生活実態とニーズを把握する客観的なデータを収集することが求められる」と指摘

序　章　「家族介護（者）問題」研究の視点

するように、まずは家族介護者の生活全体をとらえ、彼らの抱える問題を把握する必要がある。そして家族介護者が抱える問題を介護問題としてのみではなく、生活問題として多角的かつ具体的にとらえる視点が重要である。上述したデータからも明らかなように、家族介護者の抱える問題は、単純に介護が大変、負担であるというような「介護」の問題に限られるものではない。「介護」を契機として、生活全般に困難、支障が現れ、積み重なっていく「重層的な生活問題」であり、ときには高齢者と家族介護者の生命、生活を崩壊させうるものである。家族介護者がおかれる厳しい状況を解消する有効な支援策を提示するためには、彼らの「介護」に関わる生活、問題のみに注目し、「介護」問題の解決をめざすのでは不十分である。彼らの生活全体をとらえ、直面している重層的な生活問題に着目し、その具体的内容、そのような状態に至る過程、背景を明らかにすることが不可欠である。

　なお、多角的な視点として、とくに家族介護者の雇用、就労の問題、いわば労働問題との関連でとらえる視点が必要であることを付け加えたい。この点はあとで詳細に論じるが、家族介護（者）問題と労働問題との関連は、仕事と介護の両立、ワーク・ライフ・バランスの問題として取り上げられることが多いが、家族介護者の生活実態、抱える問題の現状をみると、仕事の時間と介護の時間をどのようにバランスよく配分するかといった、個人の選択にもとづいた理想の生活スタイルの実現、という範囲の問題では収まらないことを認識する必要がある。そもそも「働く」ということは人の生命、生活を支える基礎であり、雇用、就労が安定しなければ、家族介護者の生活も安定せず、不安定な生活のなかで介護の必要が家族に生じた場合、そこから生命、生活を脅かす重層的な生活問題へと発展する。すなわち、家族介護者の労働問題は家族介護（者）問題の根本に関わるものであり、「介護」の必要が生じることによる家族介護者の雇用、就労への影響、そこから派生する重層的な生活問題との関連性を分析、検討しなければ、家族介護（者）問題の本質をとらえることはできない。

　第2に、家族介護（者）問題に関する社会構造的な視点からの分析、換言すれば家族介護者を取り巻く、介護、医療、ワーク・ライフ・バランス

Ⅱ　家族介護（者）問題に関する研究の基本視点と先行研究の課題

の制度・政策の分析を通して、家族介護（者）問題が生じる政策的背景、原因を究明する視点の必要性が挙げられる。家族介護（者）が抱える重層的な生活問題とは、単に個人の努力不足や意識の問題、選択の失敗から生じる個人的な問題ではない。何らかの社会保障・社会福祉政策上の不備を背景として、社会構造的に生み出されるものである。この基本視点に立たなければ、家族介護（者）問題の本質をふまえたうえでの有効な支援政策を提示することはできない。1980年代、高齢者介護の問題に注目が集まり、1990年代に入ると高齢者福祉、介護の制度・政策が次々と打ち出され、2000年には「介護の社会化」をめざしたとされる介護保険制度が開始された。それからすでに10年以上の年月を経ているが、深刻な家族介護（者）問題は生じ続けている。これはこれまでの高齢者福祉、介護にかかわる制度・政策が家族介護（者）の抱える重層的な生活問題を解決するという面では、有効な手段となり得ていないことを意味している。

　また、高齢者福祉・介護政策とともに（高齢者）医療制度、介護休業等ワーク・ライフ・バランス政策にも着目する必要がある。高齢者は様々な疾病・障がいを抱え、医療を必要とする者であり、家族介護者はそのような高齢者に対して、看護、一部の医行為、服薬管理や通院の介助等を行っているという現状をふまえると、（高齢者）医療制度も高齢者と家族介護者の生命、生活に深くかかわってくることは言うまでもない。また近年、家族介護者の仕事と介護の両立、ワーク・ライフ・バランスの問題が指摘されており、介護休業制度等ワーク・ライフ・バランス政策も家族介護（者）問題に対応する重要な制度・政策となっている。しかも、これらの制度・政策の改革、推進が、上述した高齢者福祉・介護政策の展開と同時並行で進められてきたことは、家族介護（者）問題の政策的背景・原因を理解するうえで見逃すことのできない、注目すべき点である。さらに付け加えると、これら高齢者や家族介護者を取り巻く諸制度・政策は、それぞれが別個のものとして存在するのではなく、それぞれの目的・機能を有しながらも、うまく噛み合い、家族介護者の抱える問題に隙間なく対処しうる（またはそれを予防しうる）システムとなっていなければならない。これが適切に機能しうるか否か、家族介護者がその時々の必要に応じて、何

17

の障壁もなく、必要な制度・政策を十分かつ適切に、円滑に利用すること
できるか否かが、家族介護者（ひいては高齢者も含めたその家族全員）の
生命、生活を大きく左右することになる。

　以上より、介護保険制度、高齢者医療を含む医療制度、介護休業制度等
ワーク・ライフ・バランス政策を総合的にとらえたうえで、そこでの家族
介護（者）の位置づけ、家族介護（者）問題との関連性について整理、分
析を行い、家族介護（者）問題を引き起こす政策的背景・原因を究明する
ことが、家族介護者への支援政策を検討するうえで必要不可欠となる。

　第3に、上記の家族介護（者）問題の政策的背景・原因の究明、家族介
護者への支援政策の検討にあたり、「介護の脱家族化」の視点からの分析、
検討を、「家族介護の継続」支援の位置づけの検討とともに行なう必要が
あることを挙げたい。

　「介護の脱家族化」とは、「高齢者の介護＝家族の役割」という認識から
脱し、家族が高齢者介護のすべてを担うのではなく、介護保険制度やその
他の介護サービスの利用を通して、家族が高齢者介護から解放されること
を指す[5]。むろん、「脱家族化」には様々なレベルが考えられ、完全な
「脱家族化」であれば、家族は介護をまったく担わず、介護サービスに
よって介護が行われることになる。また、部分的な「脱家族化」であれば、
家族介護者の意思や就労、生活、健康の状況に従い、余裕ある人間らしい
生活を確保できるよう、（家族介護者の就労や余暇、休息を減らすのでは
なく）介護役割を減らし、その分を介護保険制度やその他民間の介護サー
ビスへと移行させる、というレベルもある。ただし、この「介護の脱家族
化」とは、誰が高齢者介護を担うのか、家族か家族外の介護サービスか、
という「担い手の選択」に関することのみを指すのではない。高齢者の介
護を担い、その生命・生活を守る責任はどこにあるか、という「介護保障
の責任主体」の問題も含まれ、それこそが本質であると言える。すなわち、
介護保障の責任は社会にあり、政府がその社会的条件を整える義務を有す
ることが明示され、それを基礎として、家族の意思、就労、生活、健康等
の状況にあわせて、家族が介護の全部または一部を担わないことを何の障
害もなく選択でき、介護サービスの利用を通して家族が担う介護役割のレ

Ⅱ　家族介護（者）問題に関する研究の基本視点と先行研究の課題

ベルを自由に調整できるようにすることが「介護の脱家族化」である。一方、「家族介護の継続」支援とは、高齢者介護の責任主体は家族（もしくは高齢者本人）であるという自己責任論を基礎として、家族が何らかの理由でその責任を果たせなくなった時にのみ、介護サービスによる介護役割の代替、一時的な休息の提供、精神的サポート等の支援を行い、再び家族が介護を担えるようにする、いわば介護役割に対する責任を果たせるようにするものである。

　従来の家族介護者に対する支援、援助の制度・政策は、（後で示すように）家族が介護を継続できるようにする「家族介護の継続」支援が主流となっている。しかしながら、1980年代に家族介護（者）問題が注目され、1990年代に高齢者福祉・介護政策が急展開をみせた背景には、高齢者介護を一個人、一家族の私的な問題とすることの限界に対する認識がある。高齢者介護は個人の責任で行えることではなく、本来、社会の責任で高齢者の生命、生活を守る介護保障の仕組みは整備されるべきであり、たとえ高齢者やその家族の自由意思で家族介護を選択する場合があるとしても、それは家族介護を前提としない介護保障の仕組みが基本条件として整えられて初めて成り立つものである。このことをふまえると、家族介護（者）問題を生み出す政策的背景・原因の究明には、家族介護を前提とする高齢者福祉・介護政策から転換し、家族を介護役割から解放する「介護の脱家族化」を志向しているかという視点からの分析、検討が必要であると言える。

　しかしながら、一方では、介護サービスの整備状況の地域格差、根強く残るジェンダー意識等を理由に家族介護を完全になくすことは現実的には難しく、また上述したように、介護保障の仕組みがあっても、自由意思にもとづき家族介護を選択する者も存在すると考えられることから、家族が無理なく介護を続けられるようにする「家族介護の継続」支援もまた必要であることは否定できない事実である。「介護の脱家族化」を前提とした仕組みづくりと「家族介護の継続」をめざした支援、援助の整備をどのように政策上に位置づけるか、この論点の整理なくして、家族介護者への支援政策を体系的に構築することはできないであろう。

2 家族介護（者）問題に関する先行研究

　以上の基本視点をふまえたうえで、家族介護（者）問題に関わる先行研究を概観したい。すでに家族介護（者）の抱える問題、家族介護者への支援、援助の方法、政策等に関する研究は数多くみられる。ここでは領域別に分け、整理を行う。

(1) 心理学、社会福祉学からのアプローチ

　上野（2011）は家族介護（者）問題に関する先行研究の主たるものとして、心理学と社会福祉学、2つの学問領域からのアプローチを例に挙げており、まずはこれらについてみていきたい。

　心理学からのアプローチによる研究は最も盛んに行われてきたといえ、家族介護者の介護ストレス、介護負担感、生活満足感等に関する研究がそれに該当するであろう。とくに量的調査にもとづく調査研究が多くみられるが、介護ストレス、介護負担感、生活満足感に関連する要因（性別、続柄、高齢者の身体的・精神的状態、副介護者の有無、仕事の有無、経済状態、介護サービスの利用状況、ストレス・コーピング等）について分析され（東野・中島・張他 2010、中谷・東條 1989、緒方・橋本・乙坂 2000、杉澤・中村・中野他 1992 等）、いかなる要因が生活満足感を高め、介護負担感や介護ストレス等を軽減しうるか議論されている。

　次に、社会福祉学からのアプローチによる研究は、ソーシャルワーク論をベースとして家族介護者に対する効果的な支援方法を検討している。家族介護者の当事者組織による活動、意義と課題、またケアマネージャーや地域包括支援センター職員、医療職等による家族介護者に対する支援の現状と課題を量的、質的調査を通して分析し、有効な支援の方法、視点、必要とされる知識、スキル、地域での連携体制、または支援者の職場環境等について具体的な提案が行われている（畑 2010、畑・岡田・白澤 2010、湯原 2013、渡辺 2009 等）。

　これらの先行研究は家族介護者の抱える問題を軽減する要因、具体的な

Ⅱ　家族介護（者）問題に関する研究の基本視点と先行研究の課題

支援方法を提示しており、家族介護者支援において重要な示唆を与えるものであるが、課題も指摘できる。まず、前者の心理学的アプローチについて上野（2011）は、「社会問題であるかもしれないことがらを、心理問題に還元する傾向」があり、「問題の帰責先を個人（の内部）に置くことで、社会の責任を免責し、問題の解決をせいぜい個人の（心理的な）『認知変容』（心の持ち方の変化）に求める結果になりがち」であると指摘している（上野 2011：121）。そして、笹谷（2012）は、介護負担感に関する研究について、その意義を認めながらも、主観的な負担感の研究である点、生活全般をとらえる視点の不十分さや介護者本人の気持ちを変えることに重点を置いた主観的介護負担論が多いこと、そして彼らの健康問題の社会構築性の視点の弱さ等の問題点を指摘している。

　また、介護負担感、介護ストレスの研究では、何らかの「尺度」を用いて議論を展開しており、なかでも Zarit（1980）の介護負担尺度は多くの研究で用いられ、その信頼性、妥当性が明らかにされているが（飯島・吉野 2012）、これは介護に関する負担、自分の時間の確保、社会参加、友人付き合いの困難さ、家事や仕事とのコンフリクト、経済的な負担等、生活上の様々な事柄に関する負担や困難さについて尋ね、その合計点で主観的な介護負担感の高低を示すものである。このような介護負担感、介護ストレスの点数化は、家族介護者の抱える問題の重さ、深刻さを測る一つの目安になり、介護負担感、介護ストレスの高低に作用する要因を示すことを可能とする。

　しかし、いくつかの限界も指摘できる。第1に、介護負担感、介護ストレスの点数が低くなることに価値が置かれているが、点数が低いことが家族介護者の抱えている問題の解消、解決を必ずしも意味していないことが挙げられる。家族介護者への支援、援助は、以前よりもマシな状態になることをめざすのではなく、彼らの抱える問題そのものを解決し、生命、生活を保障することをめざさなければならない。介護負担感や介護ストレスが以前よりも改善されたとしても、介護負担感や介護ストレスを感じるような状態が少しでも続いている以上、家族介護者が何らかの問題を抱え、苦しい状況におかれ続けていることに変わりはない。しかしながら、介護

負担感、介護ストレスに関する研究ではそれが見過ごされてしまう可能性がある。

第2に、基本的に介護、仕事、家事等の項目について、「実施できない、困難である」という主観的評価を点数化しているため、「無理をしながら、できている、やっている」という状態をとらえることはできない。様々な行為が「できていない」状態も家族介護者にとって重大な問題ではあるが、無理を重ねながらも、介護、家事、仕事等をしている、できている状態が、実際は家族介護者の大きな負担になり、健康を蝕んでいる場合も十分に考えられる。

第3に、介護負担感、介護ストレスを点数化する方法では、当然ながら、家族介護者が重層的な生活問題を抱えるに至る状況、プロセスを具体的に明らかにすることは困難である。

第4に、多様な側面での負担感、ストレスを尋ねているにもかかわらず、それを「介護」負担感、「介護」ストレスとして表現し、いわば「介護」問題として集約してしまうため、家族介護者の抱える生活問題の重層性を見えにくくしてしまっていることが指摘できる。

以上のように、介護負担感、介護ストレスに関する研究は家族介護者の抱える重層的な生活問題とそれが生じる過程を具体的に明らかにするということについては限界がある。

一方、社会福祉学的アプローチに注目すると、家族介護（者）問題について、ソーシャルワーカー等専門職が修得すべき知識、技術、視点、多職種との連携のあり方、職場環境の改善点等を示している。これらも非常に重要な指摘ではあるものの、家族介護が行われることを前提として、家族介護者がその負担、ストレスを軽減しながら介護を継続できるよう支援する、いわば「家族介護の継続」支援に関する議論が中心となっており、「介護の脱家族化」のためのソーシャルワーク、家族介護者支援を論じる視点が弱いという特徴[6]がある。そして支援を行う専門職のスキルに帰着した議論が行われるため、家族介護者が抱える問題を引き起こす社会構造的な仕組みを分析したうえで、社会福祉の制度・政策の問題と改善点を指摘するものはほとんどみられない。

Ⅱ　家族介護（者）問題に関する研究の基本視点と先行研究の課題

　むろん、心理学的アプローチ、社会福祉学的なアプローチは家族介護者の心理的な側面とそれに影響を与える内外の要因を示し、いかなる支援方法が有効であるかを模索し、家族介護者に対する具体的かつ直接的な支援のあり方について重要な示唆を与えている。しかしながら、心理学的アプローチでは家族介護（者）問題を個人の意識、心理の問題に、社会福祉学アプローチでは専門職のスキルの問題に転嫁しやすいという特徴がみられる。そして両アプローチともに、家族介護（者）問題を社会構造的な側面からとらえ、（介護の脱家族化の視点を含めながら）政策上の問題点を明らかにする取り組みが弱いことが指摘できる。

(2)　生活時間、政策学、ジェンダー論からのアプローチ

　さらに、家族介護（者）問題に関する主要な先行研究として、以下の3つの領域からのアプローチによる研究を加えたい。

　第1に、家族介護者の生活全体をとらえる取り組みとして、介護者の生活時間に関する研究がある。例を挙げると、新居ら（2012年）は「自由時間行動」、「社会生活行動」を切り崩して介護の時間を捻出している事例を示し、伊藤（2013）は「平成23年社会生活基本調査」の分析から40代、50代の女性の家族介護者は休養・くつろぎ、睡眠時間等の「生理的生活時間」や趣味、交際・付き合い等の「社会的文化的活動時間等」が介護をしていない者よりも少ないこと、40代、50代の男女介護者は介護をしていない者に比べて家事労働時間が長いことを示している。また、小林（2002年）は就労している介護者について、介護時間が増えると家事時間も増えることを指摘している。

　これら生活時間に関する先行研究は、家族介護者の生活時間に着目し、その生活実態を示すものではあるが、生活行動の合計時間の長短で議論を行うため、どのような状況、背景のなかでいかなる意図が働き、各行動の時間が変化するかを解明することはできない。また、短時間だが頻回に行っている行動も、連続して行っている行動も、合計時間が同じであればまったく同じものとして扱われてしまうことになり、生活時間の質、具体的な内容を把握することには限界がある。家族介護者の生活実態とその抱

序　章　「家族介護（者）問題」研究の視点

える問題を明らかにするためには、家族介護者がいかなる状況のもとで、生活行動を取捨選択しながら、彼らの有する限られた時間、労働力の配分を行っているのか、そこにいかなる困難が生じているのかを明らかにすることが不可欠である。家族介護者の生活時間に関する研究は、生活全体をとらえる視点を持ち、家族介護者の生活の現状について興味深く、重要な知見を与えるものであるが、生活実態や抱える問題の具体的内容を明らかにすることは困難であり、また、心理学、社会福祉学アプローチと同様、社会構造的な視点が弱いという特徴が指摘できる。

　第2に、制度・政策論からのアプローチによる研究がある。これは家族介護（者）の問題が生じる制度・政策上の原因を検討し、家族介護者を支援する制度・政策の今後のあり方について提言を行うものであり、これまで挙げたアプローチでは取り組みが手薄であった、家族介護（者）問題の社会構造的な分析、検討を行うものであると言える。

　近年では、主としてイギリス、オーストラリア、ドイツ等先進的な取り組みを行う諸外国における家族介護（者）問題の状況、家族介護者に対する支援制度を分析し、日本における家族介護者支援制度のあり方を検討する研究が盛んに行われている（井上 2005、三富 2008・2013、湯原 2010・2013 等）。たとえば三富（2008・2013）は、イギリスにおける介護者問題研究および支援政策について精緻な整理、分析を行い、日本の介護者支援政策への示唆として、所得保障、介護者を対象とした直接的サービス（休暇、休息のサービス、カウンセリング、介護技術講習等）、多様な就業機会の提供（介護休暇制度等）を挙げている。また、湯原（2010、2013）は、オーストラリア、イギリスにおける介護者支援に関する研究および日本国内の介護殺人事件の分析を行い、日本における介護者法、介護者アセスメントの必要性を指摘している。また、井上（2005）は介護者支援を①介護者支援（介護者資源アプローチ）と②介護者のための介護者支援（介護者福祉アプローチ）に分け、前者を「介護者が介護をしやすくすることを目的とする支援」、後者を「介護者が生活を取り戻すための支援、つまり介護と生活の両立が可能となるよう介護者の生活の質の向上を目指した支援」とし（井上 2005：14）、日英の介護者支援政策の日英比較を行ったう

えで、日本における②介護者のための介護者支援（介護者福祉アプロー
チ）の不十分さを指摘している。

　一方、日本国内の家族介護（者）に関する制度・政策の研究もみられ、
高齢者福祉・介護政策における家族介護の位置づけの変遷や介護保険制度
における家族介護に対する現金支払いや訪問介護での家族介護の位置づけ
に関する問題について議論した興味深い研究がある（藤崎 2008、岩間
2003、菊池 2010、中井 2000 等）。ただし、日本における高齢者福祉・介
護政策全般における家族介護の位置づけ、家族介護者支援の変遷について
分析、検討を行う研究は決して多いとは言えない。そのなかでも主要な研
究として、岩間（2003）と中井（2000）による研究が挙げられよう。岩間
（2003）は日本型福祉社会から介護保険制度導入までの家族介護の位置づ
け、家族介護者支援について整理し、1980 年代末に「家族依存型」から
「家族支援型」への政策転換が行われたという指摘を行っている。また、
中井（2000）も 1970 年代〜 1990 年代の高齢者福祉政策における家族の位
置づけについて言及し、基本的に家族介護に期待する政策がとられ続けて
おり、介護保険制度も同様であると結論づけている。これらは高齢者福
祉・介護政策における家族介護の位置づけを丹念に整理、分析し、重要な
知見を与えるものとして非常に価値ある論文であるが、課題も指摘できる。

　第 1 に、両者の見解は異なっており、高齢者福祉・介護政策における家
族介護（者）の位置づけに関しては、再検討の余地があることが指摘できる。

　第 2 に、介護保険制度導入に至る前の高齢者福祉、介護政策を網羅的に
整理、検討したうえで、制度導入前後の家族介護の位置づけ、支援の連続
性、変化に関する議論が欠かせないが、岩間は介護保険制度導入前後での
家族介護の位置づけ、支援の連続性、変化ついてはとくには言及していな
い。一方、中井は、介護保険制度前後の家族介護の位置づけ、支援政策に
ついて論じているが、代表的な政策を抽出したうえで議論を展開している。
その時代の政策的意図を明示するためには、さらにその他の政策について
も整理、検討する必要がある。

　第 3 に、これは両者の研究に限ったことではないが、家族（介護）への
支援政策としては「現金支給」に関する議論が中心であり、その他の支援

序　章　「家族介護（者）問題」研究の視点

に関する議論を行う余地がある。

　第 4 に、「介護の脱家族化」と「家族介護の継続」支援のための制度・政策をいかに位置づけるか、という点についても議論されていない[7]。

　また、政策学的アプローチでは、介護保険制度、（高齢者）医療制度、ワーク・ライフ・バランス政策といった家族介護者を取り巻く諸制度・政策を別個に取り上げ、それぞれの意義、課題について論じるものが主流である。とくに（高齢者）医療制度やワーク・ライフ・バランス政策に関する研究にいたっては、それらの制度・政策の改革、推進が家族介護に及ぼした影響に関する議論は皆無に等しい。すなわち、介護保険制度、（高齢者）医療制度および介護休業制度等ワーク・ライフ・バランス政策を総合的に取り上げ、それらが家族介護に及ぼした影響について分析、検討する取り組みが不十分と言える。

　最後に、ジェンダー論からのアプローチによる研究にふれたい。これは家族介護（者）問題を性別役割分業にかかわる問題としてとらえる研究であり、上述したような心理学や政策学アプローチとも重複する横断的なアプローチであると言える。前者については、介護負担感、介護ストレス、介護決定プロセスとジェンダーとの関連性を分析し、後者では介護保険制度や介護休業制度等におけるジェンダー問題（女性による家族介護前提の制度設計、家族介護と介護職における女性偏重、そこから生じる仕事との両立問題等）を指摘している（菊澤 2013、島原 2013、杉本 1999、内藤 2000 等）。これらは心理的な側面のみならず、制度・政策面からの分析、検討も行われ、そこでは家族介護（者）問題とジェンダーとの関連性、制度上の問題について重要な指摘がなされている。ただし、これらの研究は、ジェンダーの視点からの分析、性別役割分業の解消、ジェンダーフリーに関する議論に重点が置かれているという特徴がある。家族介護（者）問題を議論するに際し、ジェンダー以外の要因にも着目した制度研究の必要性がある。

(3)　家族介護（者）問題に関する研究の課題

　以上、先行研究を概観してきたが、様々な領域から取り組まれ、重要な

指摘が行われているものの、課題も確認された。先述した3つの基本視点に即して整理したい。

　第1に、家族介護者の生活実態、抱える問題を多角的にとらえる視点での研究としては、心理学アプローチで行われる介護負担感や介護ストレス等に関する研究、そして生活時間研究において行われている。ただし、家族介護者の抱える問題の内容やそれらが生じる過程、家族介護者のおかれている状況を具体的に示すことには限界があり、さらなるデータの蓄積が必要と言える。とくに、家族介護者の抱える問題を労働問題（雇用・就労問題）との関連に焦点を当てて分析、検討する研究は少なく、今後、取り組む必要が指摘できる。さらに、家族介護（者）問題の社会構築性に対する関心が低いという特徴もみられる。家族介護（者）問題の社会構造的な背景・原因を究明する取り組みは政策学的アプローチのみならず、家族介護（者）問題の実態を具体的にとらえる研究でも可能と考えられる。

　第2の基本視点である家族介護（者）問題を社会構造的にとらえ、それらが生じる政策的背景・原因を究明する研究については、政策学的アプローチの研究がそれに該当するものの、そこで行われている議論の内容、示されている根拠の面で、さらなる分析、検討の積み重ねが必要である。とくに、介護保険制度を中心とする高齢者福祉・介護政策のみならず、（高齢者）医療制度、介護休業制度等ワーク・ライフ・バランス政策を含めた総合的な議論を行う必要性が指摘できる。

　最後に、第3の基本視点として挙げた「介護の脱家族化」と「家族介護の継続」の視点からの分析、検討については、両者を明確に示した政策分析、両者の位置づけを整理した家族介護者への支援政策に関する検討を行う研究は皆無に近く、これに取り組む必要性が指摘できる。

Ⅲ　本書の目的と構成

以上をふまえ、本論文は次のことを目的として議論を進めていきたい。
第1に、家族介護者の生活全体をとらえ、彼らの生活実態、抱える問題、

それらが生じる過程を多角的かつ具体的に明らかにすることを試みる。とくに、家族介護者の労働問題（雇用・就労問題）との関連性について検討を加える。そして、ここで示された家族介護（者）問題を引き起こす制度・政策上の問題点、原因について検討する。

　第2に、家族介護者の抱える問題が未だ解決されることなく、彼らが厳しい状況におかれ続けている制度・政策上の原因、背景を明らかにする。それに際し、高齢者介護、家族介護の問題に直接的に対応する介護保険制度を中心とした高齢者福祉・介護政策、そしてこれと連動して展開された（高齢者）医療制度改革、さらに家族介護者に対する支援政策として整備されてきた介護休業制度、男女共同参画基本法等、一連のワーク・ライフ・バランス政策を取り上げる。そして、これらの制度・政策における家族（介護）の位置づけの変遷と家族介護への影響、家族介護（者）問題との関連について分析し、家族介護（者）問題が未だ解決されず、家族介護者が厳しい状況におかれ続ける政策的背景・原因を明らかにする。

　最後に、以上をふまえて、家族介護者がおかれる厳しい状況を解消し、家族介護者の生命、生活を守る、家族介護者の「生活保障」に向けた制度・政策のあり方について、「介護の脱家族化」と「家族介護の継続」支援の位置づけを明らかにしながら、具体的な提言を行うこととする。

　各章の概要を説明すると、第1章では、先行研究をふまえ、家族介護者と彼らの抱える問題をとらえる多角的な視点について整理を行う。そこで家族介護とは、家族介護者とは何かを明確にする。さらに、その家族介護者を、介護問題を抱える「介護者」としてのみでなく、「生命・生活の再生産」を担う者、また「労働者」、「地域住民」として多角的にとらえることを試みる。

　第2章では、家族介護者が抱える問題を具体的にとらえることを目的として、とくに就労している家族介護者の「生活運営」に着目する。就労する家族介護者にインタビュー調査を実施し、家事・育児、介護、仕事、近所付き合い等の生活行為をどのように調整して生活を成り立たせているか、またその際、介護保険制度、介護休業制度はどのような効果を持ち得ているか、質的分析を行い、その現状と問題点を示す。そして、家族介護者の

抱える問題が生じる過程、またそれらの階層性、労働問題との関連性、制度・政策上の問題点を検討する。

第3章では、まずⅠ節で家族介護者の生活に直接的に作用すると考えられる介護保険制度に着目する。とくに、家族介護（者）問題が注目を集め、在宅福祉の重視・拡充の提唱から介護保険制度の導入へと至る1980年代後半から1990年代の高齢者福祉・介護政策の変遷とそこでの家族介護の位置づけ、家族介護者に対する支援、援助の特徴について整理する。また、Ⅱ節では、以上の高齢者福祉・介護政策と連動して展開し、また高齢者介護、家族介護に重大な影響を与えた、同時期の医療制度改革に着目する。1980年代後半から1990年代に展開された医療制度改革の特徴、介護保険制度導入との関連性、そしてそれらが家族介護に及ぼした影響について検討する。

第4章では、就労する家族介護者の支援、援助として不可欠な介護休業制度を中心とし、男女共同参画社会基本法等を含むワーク・ライフ・バランス政策に着目する。これも第3章で整理した高齢者福祉・介護政策、医療制度改革の展開が顕著であった1990年代に大きな動きをみせている。介護休業法制定の経緯と介護休業法、男女共同参画基本法等ワーク・ライフ・バランス政策における家族介護の位置づけ、介護休業制度の支援内容の特徴について整理を行う。そしてILO156号条約、165号勧告を参考にしながら、介護休業制度等、近年のワーク・ライフ・バランスの課題を指摘する。

終章では、以上をふまえた総括と家族介護者が抱える生活上の問題を解決し、彼らの生命、生活を守る「生活保障」のための高齢者福祉・介護政策、およびワーク・ライフ・バランス政策等、今後の制度・政策のあり方に関して提言を行う。

なお、本書は2016年6月、金沢大学に提出した博士論文に加筆・修正したものである。一部のデータ、制度が執筆当時のものになっている点はご了承いただきたい。

序　章　「家族介護（者）問題」研究の視点

〔注〕

1)　新村（1992）は、明治期は在宅医療が基本であり、中流以上の家庭では医師の往診や派出看護婦によって在宅医療が行われたが、それでも「抗生物質もなく、医療技術も検査も未熟で対症療法に依存」しており、「自宅で安静に療養することが最も効果的な医療」であったとしている（新村 1992：172）。また、春日（2001）は（明治期のみならず）1950 年代頃までは「長期間の『介護』どころか、医師の診療を受けて『患者』になることさえ望めず、病気になれば短期間のうちに死亡するしかなかった」と指摘している（春日 2001：32）。

2)　春日（2001）は家族の老親に対する扶養意識の変化のテンポが緩やかなものであり、また 85 歳以上の者とその子の同居率も、1975 年の段階では約 8 割にのぼっていたことを挙げ、「1970 年代前半くらいまでは、『家族』にケアして貰うことを『当たり前』のものとして要求しうる慣例に支えられて多くの高齢者が生活できていた」（春日 2001：10）と推測している。

3)　なお、この時代における女性の社会進出、扶養意識や家族形態の変化によって、従来備わっていた家庭の介護力が低下し、高齢者の介護を担えなくなったとする論調がよくみられる。しかし、上述したように、古くから家族が老親の介護を担ってきたといっても、介護に至るケースは少なく、介護期間は短く、期待される介護水準も高いとは言い難かったと考えられる。それを前提として、介護を家族の役割とする制度や慣習が継続し得たと言え、そもそも以前は家庭に介護力が備わっていたとする論調そのものに根拠がなく、介護期間が長期化し、一定の介護水準が求められるようになった時点で家族介護の幻影は崩れ、限界に至ることは目に見えていたと言うことができよう。

4)　1985 年に全国社会福祉協議会が「在宅痴呆性老人の介護者実態調査」を行っており、これは民生委員がその活動のなかで把握したものに限られるが、家族介護者の 80％を女性が占め、高齢者と同居している場合が多く、疲労、睡眠不足、自由時間のなさ、不安感、社会的孤立の問題が生じていること等が示されている（小笠原 1988）。これをふまえて小笠原（1988）は、痴呆性老人をめぐる介護問題が介護者の身体的・精神的疲労、時間的・精神的拘束、家事の増大、就労難と経済的困難、家庭生活の困難・破綻、家族関係の混乱・破綻であり、高齢者と家族介護者の生命の危機にかかわる深刻な問題であるとし、家族介護者への援助の必要性を指摘している。また、東京都では 1987 年に東京都老人総合研究所が痴呆性老人の介護に関する調査を実施しており、介護期間が長期間に及ぶ場合も少なくないこと、主介護者の 9 割近くを女性が占め、3 分の 1 が介護の代替者がいないこと、また、痴呆性老人の行動・症状の特性から、家族介護者は目が離せない、意思伝達が困難である、家族介護者の生活が高齢者のリズムに翻弄されるという状況が生じる可能性とその負担の大きさを示唆し、家族介護者に対する社会的支援体制づくりの必要性を指摘している（野口 1988）。

5)　「介護の脱家族化」は、上野（2011）が「介護の社会化」の一つとしており、一方で藤崎（2006）は、「介護の社会化」の要素として①労働、②費用、③管理・責任を挙げている。これらをふまえると、（家庭内での）介護労働の脱家族化、介護費用の脱家族化、介護サービス管理の脱家族化が考えられ、介護の遂行のみならず、介護に要する費用負担、介護サービス利用の管理（調整、決定等）の担い手を家族から行政、市場等、上野（2011）の提示するセクターをふまえると、官（国家）、民（市場）、協（市民社会）へと転換することが内容に含まれると考えられる。しかし本論文では、高齢者の「介護という行為を担う」ことによって、その家族が抱える重層的な生活問題に焦点を当てることから、家庭内における介護労働の脱家族

化を「介護の脱家族化」として議論を進めたい。

6) この点について上野（2011）は、ソーシャルワーカー等による「エンパワーメント・アプローチ」を提唱する和気（1998）の研究において、「介護者への介入援助の展開」として①介護者へのカウンセリング（家族内葛藤の解決、不安、焦燥、罪悪感、怒り等の感情への対応、介護負担の理解と受容等）、②介護者への教育的支援（介護者教室、メディア等の利用による情報・知識の伝達、望ましい対処スタイルや技術の習得に向けた認知・行動の変容等）、③家族会等を利用した相互支援（体験や感情の共有を通した情緒的支援、対処力の強化）、④ショートステイ（休息ケア）を挙げている（和気 1998：165-170）が、「介護のアウトソーシング」のための支援が弱く、介護保険制度前の研究であるという点を考慮しても「社会資源の利用という選択肢があまりに貧弱」であり、その背後には「家族介護が最善である……〈中略〉……という暗黙の前提」がある可能性を指摘している（上野 2011：122）。

7) なお、前掲の井上（2005）による日英の介護者支援政策の比較研究は、「介護の脱家族化」と「家族介護の継続」支援について分析、検討する試みに近いと言えよう。ただし、井上が示している「介護者支援（介護者資源アプローチ）」は「家族介護の継続」支援としてとらえることができるものの、「介護者のための介護者支援（介護者福祉アプローチ）」は、「介護と生活の両立」をめざすものであり、介護者がある程度の介護を行うことを前提としたうえでの支援であることから、「介護の脱家族化」とイコールとは言い難い。むしろ、「家族介護の継続」支援の延長線上に「介護者のための介護者支援」はあるととらえるほうが妥当であろう。

第1章

高齢者の介護を担う家族が抱える問題の再検討

I　背景と目的

　家族介護（者）問題が未だ解決をみず、多くの家族介護者が厳しい状況におかれ続ける現状のなかで、家族介護者の介護負担感、支援の方法、制度・政策に関する調査・研究は数多く行われていることは先述したとおりである。しかしながら、そこでは家族介護者、いわば高齢者の介護を担う「家族」をいかにとらえるべきか、統一的な見解が得られているとは言い難く、また明確な定義を示さず暗黙のうちに「家族」＝「介護者」「介護を担う者」として議論を展開しているものが多い。

　しかしながら、現実社会において、彼らは高齢者の介護のみを行うのではなく、家事や仕事、近所付き合い等、家族の一員または地域住民として様々なことを行いながら生活し、人生を築いている。高齢者の介護を担う家族を「介護者」としてとらえるのみでは、彼らが抱える問題は介護を行うことが困難、負担であるといった「介護問題」に絞られてしまう。その結果、どのような支援、援助があれば身体的、精神的負担を少なく介護を行うことができるかという観点から、介護教室の開催、家族会の組織化等「家族介護の継続」支援の議論に終始することになる。むろん、これらの支援はきわめて重要である。ただ、家族は高齢者の介護を行うにあたり、介護以外の事柄（家事、子育て、趣味や友人付き合い、就労・収入、近所付き合い等）に困難、支障が生じる場合が少なくない。介護教室への参加

33

第1章　高齢者の介護を担う家族が抱える問題の再検討

で介護に関する知識・技術を修得する、家族会への参加で仲間を得て、心身の状態を一時的に回復し、心身の負担を軽減しながら家族介護を継続できたとしても、一方で抱えている経済的困難、趣味の中断や友人関係の断絶、就労困難、子どもとのかかわりの不十分さ等の問題を根本的に解決、解消するには至り難い。これらの問題解決には、高齢者の介護を担う家族とその抱える問題について、「介護者」としての家族に生じる「介護問題」のみに焦点を当てるのではなく、多角的かつ包括的にとらえる必要がある。それによってはじめて、彼らの生活実態とそこから生じる問題の現状を把握することができる。

　なお、木下（2007）は介護者支援政策として欠かせない「介護者をとらえる視点」として、ツウィッグとアトキンの介護者の4モデル、「介護資源としての介護者（carers as resources）」、「介護協働者としての介護者（carers as co-workers）」、「クライエントとしての介護者（carers as clients）」、「介護者規程を超えた介護者（the superseded carers）」を紹介している（木下 2007：139-140、Twigg and Atkin 1994：pp11-15）。この区分でみると、最初の3つのモデルは「介護者」「介護を担う者」としての家族に着目するものであるが、第4モデル「介護者規程を超えた介護者」は、介護者と要介護者を切り離して認識するモデルであり、その目的には「両者（介護者と要介護者）を別々に認識した上での介護者の well-being」も掲げられている。いわばこの第4モデルにもとづいた議論が必要であり、日本では家族介護者を高齢者と対となった「介護者」としてとらえることが多いという問題点がある[1]。

　そこで本章では、家族介護、家族の機能・役割、介護ストレス、介護負担感、労働者と生活問題、社会的孤立・排除等、関連領域の先行研究を通して、高齢者の介護を担う家族を「介護者」、「生命・生活の再生産を担う者」、「労働者」、「地域住民」としてとらえ直し、彼らが抱える問題をとらえる視点について再整理を試み、本研究での共通認識を築きたい。

　なお、本章においてのみ、議論の混乱を避けるため、「家族介護者」に代わり、「高齢者の介護を担う家族」という用語を用いる。

34

Ⅱ　高齢者の介護を担う家族をとらえる視点

1　介護者としての家族──包括的なケアを行う者

　高齢者の介護を担う家族をとらえる視点として、家族介護者、介護者家族、介護家族等の用語に代表されるように、「介護を行っている者」、「介護者」がある。とくに介護負担感、介護ストレス、介護者支援に関する研究のなかでは、これらの用語が頻繁に用いられている。しかしながら、そこでの「家族」や「介護」の内容、範囲を明確に示したうえで議論を展開しているものは少ない。そのなかでもこれらに関する定義を示している先行研究を挙げ、「介護者」としての家族について整理を行いたい。

　まず、袖井（1993）は、雇用者共働き世帯における介護問題を取り上げ、彼らが行っている「介護」の内容について、「自立困難な老人に対する生活援助である介護には、医療看護に近いものから、励ましや慰めといった精神的な援助まで、きわめて多彩な内容が含まれる」とし、看護からADL に対する援助、家事援助、外部サービスの調整、各種申請書類の作成・提出、居住環境の整備保全、金銭・財産の管理、精神的援助、文化的な欲求の充足を挙げている。なお、これらはひとりの人物が行うとは限らず、その他の家族成員（孫も含む）が行うことがあることにもふれている。また、北（2008）は、「家族介護」とは①高齢者の健康維持・回復、予防のための援助行為、②家事援助行為、③金銭管理や個人的な仕事など私的な部分の援助行為とし、「要介護状態となった高齢者のニード充足を目的とした生活行動援助、健康支持援助」であり、「専門職によるものよりも大きい生活援助」と説明している。さらに、在宅における医療的ケアの増加によって、要介護高齢者家族の負担が大きくなっているとしている。さらに筒井（2001）は、介護者の役割は、病人を身内が看病するという行為の延長であり、生活の不自由な場面に際しては、家族員のいずれかが援助

をするという自然な行為であるとしている。また、「家族の介護には基準も標準もない。介護は、その家族の生活に依拠するものである」と表現し、家族介護の標準化の困難性も指摘している（筒井 2001：190）。

　一方、菊池（2010）は、家族介護を女性による家庭内の無償労働であることを前提としたうえで、とくに欧米諸国のインフォーマルケアとの関係で位置づけている。そしてインフォーマルケアを担う「インフォーマルな主体」に家族（同居）・親族、友人・知人、近隣住民などがあるとし、インフォーマルケアの「ケア」の中身には、高齢者介護、障害者介助、病人看護、育児を挙げている。このうち菊池の研究対象とする家族介護とは、「家族（同居）」による「高齢者介護」としている。すなわち、欧米のインフォーマルケアのなかの一部を「家族介護」として位置づけており、上述した袖井、北、筒井の定義では看護や医療（医療的ケア）も高齢者介護に含まれていたが、菊池は「病人看護」はその内容から除外している。また、「介護」を「世話＋配慮」とも示しており、介護の内容が身体的介護に限定されず包括的なものであるととらえていることが読み取れるが、その具体的な内容にまでは言及していない。

　以上を総括すると、次の点が指摘できよう。第1に、家族が行っている「介護」の内容、範囲は身の周りの世話や家事、精神的援助、金銭管理や各種サービスの手続きといった生活経営の援助等、高齢者の生活全般にかかわる包括的な援助であるとする点はいずれの先行研究でも共通している。また、そこには専門職が行う介護の内容も含まれ、家族介護とはそれよりも広範囲のものを指しているととらえることができる。第2に、「看護・医療（医療的ケア）」が含まれるか否かという論点が、第3に、「家族」を同居の家族に限定するか、別居の家族・親族も含めるかという論点がみられる。これらをふまえて、同居・別居の家族・親族らが行う看護・医療（医療的ケア）を含む身の周りの世話や家事、精神的援助、生活経営等包括的な援助を「広義の家族介護」、同居の家族が行う看護・医療（医療的ケア）以外の包括的な援助を「狭義の家族介護」としたい。

　なお、厚生労働省等の調査では「狭義の家族介護」の視点が採用されていることが多い[2]。しかしながら、現実的には看護・医療（医療的ケア）

を含めたケアを家族は行っている点[3]、実際にケアに携わるのは、同居のある特定のひとりの家族、いわゆる「同居の主な介護者」だけではない点[4] をふまえると、「広義の家族介護」を前提として「介護者」としての家族をとらえるほうが現実に即していると言えよう。すなわち、高齢者の介護を担う家族とは、身の周りの世話や家事、金銭管理、精神的援助、生活経営の援助に加え、看護・医療（医療的ケア）までをも含めた包括的なケアを行う者であり、同居・別居の家族・親族もそこには含まれていると言える。本研究では以下、「家族介護」とは「広義の家族介護」を前提とし、「家族介護者」は「広義の家族介護を担う同居・別居の家族・親族」として論じていきたい。

2 「生命・生活の再生産」の担い手としての家族——抱える生活問題の重層性

(1) 家族の役割・機能と高齢者の介護を担う家族に生じる負担・困難

　高齢者の介護を担う家族は、その生活のなかで介護のみを行っているわけではない。そもそも「家族」とは「生命と生活の再生産」の単位であると言われ[5]、有する機能、役割は様々である。たとえば浜岡（2008）は、家族機能として、①物資的な生活過程を維持するための経済的諸機能（労働能力の販売・賃金の稼得。消費など）、②家族の形成・維持および次代の労働力の生産としての性愛・生殖機能、③子どもの保育・教育機能、④乳幼児、高齢者、傷病者など身体的・経済的に自立性を欠いた家族成員に対する保護機能、⑤家族外の活動での緊張や疲労などを癒し、家族成員の情緒的統合をはかるための情緒的安定機能などがあるとしている。また、森岡・望月（1997）は、家族とは「少数の近親者を主要な成員とし、成員相互の深い感情的かかわりあいで結ばれた幸福（well-being）追求の集団である」としている（森岡・望月 1997、4）。そして家族の集団的役割として、①家事とよばれる消費生活のための役割、②消費生活の前提としての所得をえる役割、③老幼弱者がいれば彼らを介護養育する役割、④家族内の心理的な緊張を緩和して情緒的統合を支える役割、⑤家族を親族・近

第1章　高齢者の介護を担う家族が抱える問題の再検討

隣や地域の諸機関に連結する、渉外的代表的役割、⑥先祖を祭る役割、があるとしている。高齢者の介護は主として、浜岡が示した機能④乳幼児、高齢者、傷病者など身体的・経済的自立性を欠いた家族成員に対する保護機能に、また森岡・望月が示した役割③老幼弱者がいれば彼らを介護養育する役割に該当するが、浜岡の機能①経済的諸機能、⑤情緒的安定機能、森岡・望月の役割①家事、②所得の獲得、④情緒的統合の支援についても、その対象に他の家族成員とともに高齢者も含まれると言えよう。

　これらの指摘からもわかるように、高齢者の介護を担う家族は、家族の一成員として他の家族成員と役割分担をしながら、高齢者の介護以外に様々な機能、役割を果たさなければならない。また、高齢者の介護以外の機能、役割であっても、その対象に高齢者も含まれ、直接的または間接的に高齢者に対する介護となるものである以上、高齢者の心身の状態の変化は高齢者の介護という機能・役割の発生のみならず、高齢者の介護以外の役割・機能の変化を生じさせるものであると言える。たとえば、家事の役割は高齢者自身で行えなくなる分、他の家族成員がそれを補う必要が生じ、経済的諸機能、所得を獲得する役割も医療費、介護サービス費用の支払いのためより多く必要になる場合、または逆に高齢者の介護が発生することによって、経済的諸機能、所得を獲得する役割が縮小される場合が考えられる。さらに、森岡・望月の⑤渉外的代表的役割、⑥先祖を祭る役割も、昔からの近隣関係の維持や墓を守り、先祖を祭ることに価値を置いた高齢者が担ってきた家族では、高齢者に代わってこれらの役割を他の家族成員が遂行することになるであろう。そして当然ながら、高齢者の状態のみならず、子どもの成長、または自分自身や配偶者等のライフステージによっても彼らの役割・機能はその都度、修正され変化していくことになる[6]。高齢者の介護を担う家族はこのような機能、役割を修正、遂行することを通して、家族成員の生命、生活を守り、再生産し、家族の幸福を追求する者であると言える。

　しかし、すべての家族がいかなる場合もこれらの機能、役割を円滑に遂行できるとは限らず、家族成員である高齢者に介護の必要性が生じた場合、機能、役割の遂行が困難となり、何らかの負担、支障が生じてくることを

介護負担感や介護ストレスに関する先行研究は示している。たとえば、介護負担感研究に関する代表格である Zarit（1980）は、「介護負担」とは「介護者が親族の介護をすることによって被った、心身の健康や社会生活および経済状態に関わる損失である」とし（飯島・吉野 2003：176）、介護負担感尺度を示した。そこでは、家族介護者の健康、心理的安定、経済的状況、生活時間、人間関係、家事や仕事の遂行等における制約や将来への不安、認知症高齢者と介護者の関係等に関する 22 項目を挙げ、その負担感を尋ねている。また、中谷（2010）は、家族介護者の介護ストレス（身体的疲労、疾患、精神的疲労、精神疾患等）を引き起こすストレッサーとして、第一次ストレッサー（高齢者の身体的・精神的状態、介護の時間、頻度、内容）と第二次ストレッサー（身体的・精神的負担、家事や育児の支障、仕事の支障、外出の不自由・自由時間の欠如、高齢者・家族・親戚との不和、福祉・医療関係者との摩擦・緊張、経済的負担）を挙げており、第一次ストレッサーから生活の様々な領域に支障、問題が生じ、それが第二次ストレッサーとなり、介護ストレスが生じるとしている。

　これらの研究では、家族が高齢者の介護を行うなかで、いわゆる「介護」そのものにかかわる問題のみならず、健康面、経済面、生活時間、人間関係の面、または家事・育児、仕事等の他の行為の遂行において支障が生じることを示している。このような様々な問題、支障は家族が本来の機能・役割を果たすことが困難になることを意味しており、その影響は高齢者とその介護を主に担う者にとどまらず、他の家族成員の「生命・生活の再生産」の困難へと波及する。

(2)　高齢者の介護を担う家族の生活問題の重層性

　高齢者の介護を担う家族が様々な領域に及ぶ問題を抱える現状について、「平成 22 年度国民生活基礎調査」（厚生労働省）の結果から検討したい。なお、この調査では「要支援・要介護」と認定された高齢者の「同居の主な介護者」の結果が示されているため、狭義の家族介護を前提とした限定的な調査結果であるが、広義の家族介護も含めた高齢者の介護を担う家族に共通する点があると考えられるため、以下、取り上げていきたい。

第1章　高齢者の介護を担う家族が抱える問題の再検討

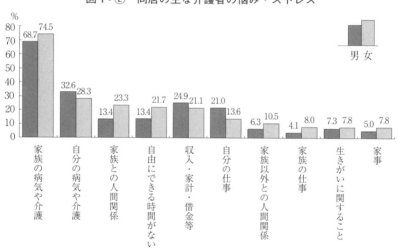

図1-①　悩みやストレスの有無

出典：「平成22年度国民生活基礎調査」（厚生労働省）より筆者作成

図1-②　同居の主な介護者の悩み・ストレス

出典：「平成22年度国民生活基礎調査結果の概況」（厚生労働省）

　まず、全体的な状況を整理すると（**図1-①**）、「悩みやストレスがある」と答えた者が、「同居の主な介護者」では60.8％、「一般」では46.5％であり、「同居の主な介護者」のほうが悩み、ストレスを抱えている者の割合が高いという結果が示されている[7]。また、「同居の主な介護者」の「悩み、ストレスの原因」の内容は（**図1-②**）、「家族の病気や介護」が最も

40

多く7割前後を占め、高齢者の介護に関することが悩みやストレスの原因となっていることが推測される。しかし、それ以外にも「自分の病気や介護」を約3割の者が、「収入・家計・借金等」を2割以上の者が挙げている。その他、仕事、家族関係、その他の人間関係、自由時間のなさ等を挙げており、上述してきたように、高齢者の介護を担う者が多様な困難を抱えていることがわかる。

次に、年齢階級別にみていきたい（**表1-①**）。ライフステージに応じて様々な課題が生じ、機能、役割も変化することをふまえると「生命・生活の再生産」を担う者としての家族に着目するには年齢階級別での検討は欠かせない。また、従来、家族介護（者）問題では「老々介護」の問題が注目されてきたが、近年では介護休業法、男女共同参画基本法等にみられるようにワーク・ライフ・バランス、介護と仕事の両立といった、職に就き、働く年齢（以下、就業年齢）における介護問題への注目が高まっている。これらの背景を受け、ここでは就業年齢に該当する「50歳台以下」と「60歳台以降」とに分け、それぞれが挙げる悩みやストレスの原因から抱える問題の特徴について検討していきたい。また、一定数の者が挙げている項目として、「2割以上」を一つの基準として着目することとする[8]。

まず、「同居の主な介護者」と「一般」に共通してみられる悩みやストレスの原因をみると（**表1-②**参照）、50歳台までは共通して「収入・家計・借金」および「自分の仕事」を悩みやストレスの原因として挙げている者の割合が2割〜5割程度みられる。就業年齢においては、介護を担っているか否かにかかわらず、経済面や仕事に関わることが共通した問題であることがわかる。また、60歳台以降では共通して「自分の病気や介護」を2割〜6割程度の者が悩みやストレスの原因として挙げており、自分自身の健康問題が高齢期において重要な問題となってくることがうかがえる。

次に、就業年齢における「同居の主な介護者」の抱える問題の特徴についてみていきたい。まず50歳台以下では、すべての年齢階級において、「同居の主な介護者」のほうが「一般」よりも、2割以上の者が挙げた悩み・ストレスの原因の項目数が多い。**表1-②**に示したように、29歳以下では「家族以外との人間関係」、「収入・家計・借金等」「自分の仕事」の3項目

第1章　高齢者の介護を担う家族が抱える問題の再検討

表1-① 「同居の主な介護者」および「介護者以外」の悩みやストレスの原因（%）

		29歳以下	30歳代	40歳代	50歳代	60歳代	70歳代	80歳以上
家族との人間関係	主な介護者	22.9	36.9	30.3	20.7	21.8	15.4	14.8
	一般	12.4	14.4	16.6	16.5	15.7	13.0	12.7
家族以外との人間関係	主な介護者	31.9	15.6	24.9	10.9	6.0	3.8	7.2
	一般	24.7	18.6	17.7	15.9	11.3	7.7	5.1
恋愛・性に関すること	主な介護者	13.6	12.7	3.3	0.4	0.3	0.2	0.0
	一般	11.0	5.3	2.3	1.0	0.5	0.2	0.0
結婚	主な介護者	14.9	21.4	5.4	0.3	0.0	0.0	0.0
	一般	4.7	6.1	2.7	0.9	0.4	0.2	0.1
離婚	主な介護者	0.0	1.8	1.2	0.7	0.1	0.0	0.0
	一般	0.4	1.2	1.3	0.8	0.5	0.1	0.1
いじめ、セクシュアル・ハラスメント	主な介護者	0.0	0.0	1.2	1.3	0.3	0.6	0.6
	一般	1.3	0.8	1.0	0.9	0.5	0.3	0.3
生きがいに関すること	主な介護者	9.3	10.9	10.8	7.5	7.9	6.0	6.7
	一般	11.6	9.8	8.7	10.0	10.9	9.8	10.5
自由にできる時間がない	主な介護者	28.5	20.5	21.1	20.7	23.9	14.2	10.2
	一般	11.4	27.0	11.8	9.0	6.7	3.8	1.6
収入・家計・借金等	主な介護者	27.9	46.6	36.6	31.6	19.3	11.4	6.1
	一般	20.9	38.0	40.4	37.5	29.5	17.1	7.7
自分の病気や介護	主な介護者	22.0	2.4	15.5	25.6	29.1	37.7	43.6
	一般	5.2	8.7	11.7	17.9	27.7	41.7	57.7
家族の病気や介護	主な介護者	57.6	45.4	66.2	72.1	77.4	74.6	73.2
	一般	3.0	6.4	12.8	20.4	20.5	18.3	15.9
妊娠・出産	主な介護者	2.3	5.3	0.0	0.1	0.0	0.0	0.0
	一般	1.8	4.2	0.6	0.0	0.0	0.0	0.0

		29歳以下	30歳代	40歳代	50歳代	60歳代	70歳代	80歳以上
育児	主な介護者	0.0	12.6	1.9	0.2	0.0	0.1	0.0
	一般	4.0	16.0	5.6	0.4	0.3	0.1	0.1
家事	主な介護者	15.8	15.9	7.3	8.4	4.7	5.2	9.7
	一般	2.9	8.8	6.4	4.1	3.6	4.7	5.8
自分の学業・受験・進学	主な介護者	16.1	1.0	1.7	0.3	0.2	0.0	0.0
	一般	33.2	1.8	2.7	0.9	0.1	0.1	0.0
子どもの教育	主な介護者	2.6	28.6	20.1	5.4	0.4	0.0	0.0
	一般	2.1	15.3	23.7	7.6	1.0	0.3	0.1
自分の仕事	主な介護者	37.0	36.2	40.6	25.1	9.9	2.2	1.9
	一般	36.4	52.8	52.7	44.1	20.6	5.8	3.1
家族の仕事	主な介護者	0.0	9.7	7.4	12.9	5.3	2.6	3.4
	一般	2.5	5.6	7.4	11.6	8.4	5.1	3.0
住まいや生活環境	主な介護者	6.0	3.2	3.0	9.2	2.6	4.2	6.7
	一般	5.9	9.9	10.4	9.2	9.0	7.9	6.0
その他	主な介護者	0.0	3.2	3.0	9.2	2.6	4.2	1.7
	一般	8.0	6.4	7.2	8.2	9.0	7.3	7.2
わからない	主な介護者	0.0	0.0	0.0	0.6	1.3	0.9	0.0
	一般	3.0	1.4	1.2	1.1	1.5	3.3	5.2
不詳	主な介護者	0.0	2.1	3.0	1.7	3.2	3.5	6.4
	一般	4.3	3.1	3.1	4.3	9.1	15.8	13.7

注：20％を超えている項目には網掛けをしている。
出典：『平成22年度国民生活基礎調査』（厚生労働省）より作成 E-stat 政府統計の総合窓口 http://www.e-stat.go.jp/SG1/estat/eStatTopPortal.do, 閲覧日 2012 年2月23日）。

第1章　高齢者の介護を担う家族が抱える問題の再検討

表1-②　「悩み・ストレスの原因」として2割以上の者が挙げた項目

	共通	一般	同居の主な介護者
29歳以下	「家族以外との人間関係」 「収入・家計・借金等」 「自分の仕事」	「自分の学業・受験・進学」	「家族との人間関係」 「自由にできる時間がない」 「自分の病気や介護」 「家族の病気や介護」
30歳台	「自由にできる時間がない」 「収入・家計・借金等」 「自分の仕事」	－	「家族との人間関係」 「結婚」 「家族の病気や介護」 「子どもの教育」
40歳台	「収入・家計・借金等」 「子どもの教育」 「自分の仕事」	－	「家族との人間関係」 「家族以外との人間関係」 「自由にできる時間がない」 「家族の病気や介護」
50歳台	「収入・家計・借金等」 「家族の病気や介護」 「自分の仕事」	－	「家族との人間関係」 「自由にできる時間がない」 「自分の病気や介護」
60歳台	「収入・家計・借金等」 「自分の病気や介護」 「家族の病気や介護」	「自分の仕事」	「家族との人間関係」 「自由にできる時間がない」
70歳台	「自分の病気や介護」	－	「家族の病気や介護」
80歳以上	「自分の病気や介護」	－	「家族の病気や介護」

出典：『平成22年度国民生活基礎調査』（厚生労働省）より筆者作成（E-stat 政府統計の総合窓口 http://www.e-stat.go.jp/SG1/estat/eStatTopPortal.do、閲覧日 2012年2月23日）。

は、共通して悩み・ストレスの原因として2割から4割程度の者が挙げているが、それに加えて、「一般」では「自分の学業・受験・進学」（33.2%）のみが2割を超えた項目であるのに対し、「同居の主な介護者」では「家族との人間関係」（22.9%）、「自由にできる時間がない」（28.5%）、「自分の病気や介護」（22.0%）、「家族の病気や介護」（57.6%）を2割以上の者が挙げている。20歳台で介護を担っている者のなかには、家族の介護、健康問題に加え、自由時間もなく、家族や家族以外の人間関係、経済面、自分の仕事等、生活の様々な領域に問題を抱えており、20歳台という年齢で自分の健康上についても何らかの不安、問題を抱えているケースが少なくないことが指摘できる。

　また、30歳台では、「自由にできる時間がない」、「収入・家計・借金等」、

「自分の仕事」の３項目を、介護者か否かにかかわらず悩み・ストレスの原因として２割〜４割程度の者が挙げている。「一般」ではこれらの項目以外は、悩みやストレスの原因として２割以上の者が挙げている項目はない。しかしながら、「同居の主な介護者」では、「家族との人間関係」（36.9％）、「結婚」（21.4％）、「家族の病気や介護」（45.4％）、「子どもの教育」（28.6％）を２割以上の者が悩みやストレスの原因として挙げている。ここでも30歳台で介護を担っている者では、自由時間、経済面、仕事にかかわることに加え、家族の介護、健康問題のみならず、家族との人間関係、子どもの教育、結婚といった様々な領域に問題が生じるケースが少なからず存在することがわかる。

　40歳台では、「収入・家計・借金等」「子どもの教育」「自分の仕事」の３項目は介護者か否かにかかわらず、悩み・ストレスの原因として２割以上の者が挙げている。そして30歳台の場合と同様、「一般」ではこれらの項目以外は、２割以上の者が悩みやストレスの原因として挙げている項目はない。しかしながら、「同居の主な介護者」では、「家族との人間関係」（30.3％）、「家族以外との人間関係」（24.9％）、「自由にできる時間がない」（21.1％）、「家族の病気や介護」（66.2％）を、２割以上の者が悩みやストレスの原因として挙げている。

　50歳台になると、「収入・家計・借金等」「家族の病気や介護」「自分の仕事」の３項目が、介護者か否かにかかわらず悩み・ストレスの原因として２割以上の者に挙げられ、この年齢階級で初めて「家族の病気や介護」が共通の問題として上がってくる。ただし、「同居の主な介護者」のほうでは72.1％と約７割の者が悩みやストレスの原因としてそれを挙げており、「一般」の20.4％に比べると非常に高い割合である。これらの項目以外に、２割以上の者が悩みやストレスの原因として挙げている項目は「一般」ではみられず、「同居の主な介護者」では、「家族との人間関係」（20.7％）、「自由にできる時間がない」（20.7％）、「自分の病気や介護」（25.6％）が挙げられている。

　以上のように、「同居の主な介護者」はすべての年齢階級において、両者共通の項目に加え、３項目〜４項目を２割以上の者によって悩み、スト

第1章　高齢者の介護を担う家族が抱える問題の再検討

レスの原因として挙げられており、問題が生じる領域の広がりが確認できる。一方、「一般」では、両者共通の項目以外に2割以上の者が悩み、ストレスの原因として挙げる項目はほとんどなく、「29歳以下」での1項目（「自分の学業・受験・進学」）のみであった。「同居の主な介護者」として高齢者の介護を担う家族では、「介護」に関する問題にとどまらず様々な領域に問題が生じやすく、重層的な生活問題を抱えるケースが少なからず存在することが指摘できよう。

　とくに20代、30代といった若い年齢で「同居の主な介護者」となっている者の問題に着目する必要があろう。「29歳以下」では「自分の健康」について何らかの問題、不安を抱えている者が2割以上みられた。この年齢で健康を害することになれば、高齢者の介護を行っている現在のみならず、将来の就労・収入、交友関係、結婚等にも支障が出てくる可能性が指摘できる。また、「30歳台」では「結婚」や「子どもの教育」の問題を挙げる者が2割以上いた。晩婚化が進む現在[9]、30歳台は結婚、出産・子育て等家族を形成するうえで重要な時期となっている。「結婚」は高齢者の介護を担う者自身の、「子どもの教育」は子どもの将来を大きく左右するものである。すなわち、20歳台の健康問題、30歳台の結婚、子育ての問題は、単に介護を担っている期間の生活に影響を与えるだけでは済まされず、介護を担っている者とその子どもの将来の生活、人生にまで影響を及ぼす重要な事柄であると言え、このようなケースが存在する現状は留意する必要がある。

　第2に、60歳台以降の者の状況をみていきたい。まず60歳台では、「収入・家計・借金等」「自分の病気や介護」「家族の病気や介護」の3項目が、介護者か否かにかかわらず悩み・ストレスの原因として2割以上の者が挙げ、それに加えて「一般」では「自分の仕事」（20.6％）を2割以上の者が挙げていた。そして、「同居の主な介護者」では、「家族との人間関係」（21.8％）、「自由にできる時間がない」（23.9％）を2割以上の者が悩みやストレスの原因として挙げている。なお、この年齢階級で「一般」の2割以上の者が挙げていた「自分の仕事」は、50歳台までは「同居の主な介護者」も含め、者であるか否かにかかわらず共通して2割以上の者が悩み、

46

ストレスの原因として挙げた項目に入っていた。しかし、60歳台以降は「一般」のみでそれは残り、「同居の主な介護者」では悩みやストレスの原因として「自分の仕事」を挙げた者は9.9%と減少している。60歳台は就業している者としていない者とが混在していると考えられるが[10]、この結果は60歳台以降の「同居の主な介護者」は仕事を継続することが難しい環境にあり、すでに退職していることが影響していると推測できる。なお、70歳台、80歳台では、「自分の病気や介護」のみが、介護者か否かにかかわらず悩み・ストレスの原因として2割以上の者に挙げられ、「一般」では2割以上の者が挙げたそれ以外の項目はなく、「同居の主な介護者」についても、「家族の病気や介護」（70歳台で74.6%、80歳台で73.2%）のみであった。

　60歳台は介護に関する問題以外にも重層的に問題を抱えている状況がみられたが、70歳台以降の高齢期になると、自分や家族の健康問題に集約されていた。「老々介護」として表現される高齢の家族介護者の健康問題や介護負担はきわめて重要な問題である。しかし、生活問題の重層性という面では、60歳台以下において顕著にみられた。このような就業年齢の家族介護者が抱える重層的な生活問題もまた看過できない重要課題であると言えよう。

3 「労働者」としての家族──労働者家族の脆弱性と生活問題

　高林（2008）は、障がい者とその家族の抱える生活問題について「他の社会問題から切り離すのではなく、働く人たちとその家族、地域住民との共通課題として位置付けること」の必要性を唱え、「資本主義社会における障害者の労働問題・生活問題が（機能障害をもたない）労働者とその家族のそれと基本的には共通の社会的構造によって生み出されている」と指摘している。そして「障害者とその家族が社会福祉の対象となるのは、……〈中略〉……労働者階級の一員として社会問題（労働問題）を基盤とする社会的問題（生活問題）を抱えているため」とし、「障害者とその家族の生活問題は、労働者とその家族の生活問題の一環といえる。」と結論

第 1 章　高齢者の介護を担う家族が抱える問題の再検討

づけている。

　ここでは、障がい者とその家族の抱える生活問題が社会問題（労働問題）を基盤とするものであり、働く人たちとその家族、地域住民の共通課題であると指摘されている。これは同様に、介護を要する者である高齢者とその介護を担う家族の生活問題にも置き換えることができる。すなわち、高齢者の介護を担う家族とは「労働者」であり、彼らの抱える生活問題は社会問題、労働問題から派生する働く人びととその家族、地域住民の共通課題としてとらえうるということである。以下、この節では「労働者」としての高齢者の介護を担う「家族」に着目したい。

(1)　高齢者の介護を担う者の年齢

　高齢者の介護を担う家族は 60 歳以上の高齢者が多く、介護の問題は育児問題と比すると、現役の労働者の問題として扱われることは少ない。そこで「平成 22 年度国民生活基礎調査」（厚生労働省）をみると、要支援・要介護の高齢者の「同居の主な介護者」は 60 歳以上の者が 62.1％を占め、やはり従来より問題視されている「老々介護」の現状がうかがえる。しかしながら、50 歳台以下の就業年齢に該当する「同居の主な介護者」も 4 割近くにのぼっており、とくに「50 歳台」は「60 歳台」の次に多く、26.6％と全体の 4 分の 1 以上を占める。また、近年、60 歳以上の者の継続雇用等が奨励されており、「平成 20 年高年齢者雇用実態調査」（厚生労働省 2010）によると約 6 割の事業所が 60 歳以上の者を雇用しており、年金支給年齢の引き上げといった社会的背景等をふまえると、この傾向は今後も強まると考えられる。実際、「平成 24 年就業構造基本調査　結果の概要」（総務省統計局 2013）によると、60 歳〜 64 歳の有業率は男性が72.7％、女性が 47.3％となっている。

　そこで 60 歳〜 64 歳までも就業年齢とみなすと、65 歳以上の「同居の主な介護者」は 44.7％となっていることから、半数以上（55.3％）が 64 歳以下であり、高齢者の介護を担う者の多くは現役の労働者とその家族であると言える。そして 65 歳以上の者も現役の労働者である可能性はあり [11]、しかも「高齢期」とは就業年齢時からの蓄積によって形成されるものであ

48

ることをふまえると、65歳以降の者も労働者の延長線上にあり分離するべきではないであろう。このように、高齢者の介護を担う家族の多くは現役のもしくは元「労働者」であり、彼らの抱える問題は労働者の抱える問題とみなすことができる。

(2) 高齢者の介護を担う家族が抱える生活問題と労働問題の関連性

　高齢者の介護を担う家族の多くが就業年齢に属しており、また先述したように就業年齢に該当する者の場合、生活問題の重層性が顕著に現れていた点をふまえると、高齢者の介護を担う家族の抱える生活問題が「労働問題」と関連して生じる可能性が指摘できる。以下、高齢者の介護を担う家族が抱える重層的な生活問題と労働問題との関連性を先行研究より検討したい。

　浜岡（2008）は、高度経済成長期から1990年代の社会と家族の変化についてふれ、資本主義の発展と人びとの貧困化によって家族の小規模化、小「核家族」化が起こったことを指摘している[12]。そして「核家族」、小「核家族」は家族周期のうえで必然的に高齢夫婦のみ世帯、単独世帯を、夫婦の離死別により「単親世帯」となる構造上の脆弱性を有していることを指摘している。そして、家族機能のなかでも保護機能の弱体化についてふれ、小「核家族」は生活の再生産のために要する最低限の機能しか有していないため、生活上の事故への対応力が弱くなり、家族に子どもや病人等介護を要する者が生ずる等、「日常的なささいな生活の起伏」が生じた場合に対応が困難であることを指摘している[13]。

　また、三塚（1997）は、生活問題の階層性についてふれ、生計中心者が無職の世帯、または就業・雇用が不安定な世帯は、世帯規模が小さく、世帯員の就労者も少なく、かつ不安定就労の場合が多く、住居の質も劣悪なところに住まざるを得ず、医療、社会福祉などの機関、施策も情報が得られないがために利用が困難な世帯が多いとしている。逆に、生計中心者が安定した雇用を得ている場合、世帯数の多さ、世帯員の就業・雇用の安定性が指摘できるとしている。そして階層によって、世帯構成、子ども・老人・障害者を扶養・介護する能力、家計支出の構造や内容、健康状態に違

いが現れるとしている。この三塚の指摘は、家族の抱える重層的な生活問題（家族成員の介護、経済的状況、健康状態、住居の状況等にかかわる問題）が就労条件の問題と強く関連していることを示唆している。

　以上の議論は、多くの労働者は脆弱性をはらんだ小「核家族」を形成せざるを得ず、生活上に少しの変化が生じただけで生命、生活の再生産が困難になり、そのすべての家族成員の生命、生活、人生に深刻な影響が生じやすいことを示唆している。これは「労働者（とその家族）」である高齢者の介護を担う家族にも当然あてはまることである。脆弱性を内包する「労働者（とその家族）」である彼らは、高齢者の介護の必要性が生じた際、同居をして、もしくは別居のままそれに対応しようとするわけであるが、十分に対応しうるだけの時間的、経済的、人的余力を有しておらず、生活の様々な領域に困難、支障が生じやすいことが指摘できる。とくに、家族の生計中心者の労働の質が重要な意味を有しており、無職または不安定就労である場合はその脆弱性はより強まり、「介護が困難」という介護問題のみにとどまらず、経済、健康、住居等に関する重層的な生活問題へと展開し、すべての家族成員の生命、生活、人生に重大な影響を及ぼすことになる。就業年齢で高齢者の介護を担う家族の場合、生活問題の重層性がより顕著に現れていたが、それは労働者家族の脆弱性の結果であると理解できる。

4　「地域住民」としての家族──重層的な生活問題・労働問題との関連性

　高齢者の介護を担う家族とは、それぞれの地域社会で生活を営む「地域住民」であることを最後に付け加えたい。地域社会における人間関係の形成、住民同士の交流や支え合いは、高齢者の介護を担う家族に限らず、すべての人びとにとって重要であることは広く指摘されている。たとえば三塚（1997）は、「生活問題をとらえる基本的な枠組み」の一つに、住民自治の基礎となる「くらしを支える条件」（地域における日頃の人間関係や地域への参加等）を、「くらしの基盤」（ライフ・ライン、病院等）、「行政の世紀人による条件整備」（行政による施策や施設等）とともに、人びと

の「くらしの中身」を規定する要素の一つとして挙げている。2008年に厚生労働省は「地域における『新たな支え合い』を求めて——住民と行政の協働による新しい福祉——」（これからの地域福祉のあり方に関する研究会報告書）を示し、地域における住民同士の社会的な関係性のなかであらゆる人が自己実現、尊厳ある生活を可能にできるとしている。また、先述の森岡・望月（2007）が示した家族役割のなかには「家族を親族・近隣や地域の諸機関に連結する、渉外的代表的役割」が挙げられている。

　このように、地域社会のなかで人間関係を形成し、地域住民の一員として暮らしていくことは、家族成員の生命、生活、人生に欠かせないものであると言えるが、これは必ずしも容易なことではなく、地域社会における人間関係の希薄化は今なお重要課題の一つとなっている。一方、地域社会における孤立、排除に関する先行研究をみると、岩田（2008）は、離婚、疾病、失業等による「社会からの引きはがし」、不安定就労を背景とした「社会への不確かな帰属」の積み重ね等によって社会的排除が形成されることを、河合（2009）は、都市高齢者の社会的孤立が「階層的格差」や「家族、地域社会の脆弱化」等によって生み出されることを指摘している。岩田が指摘する社会的排除の要因は失業や不安定就労といった労働上の問題が強く関連しており、河合が指摘する社会的孤立の要因である「階層的格差」はもちろんのこと、先述したように「家族の脆弱化」も労働問題と関連するものである。また、江口（2007）は、労働者は勤務形態の特徴（長時間勤務、交代制等）によって地域社会に基盤を形成することが困難にさせられること、そして流動性の高い生活を強いられることによって地域社会に根づきにくく、地域社会のなかで孤立、分散した存在となりやすいことを指摘し、「労働生活が全生活を併呑しており、地域生活の余地を奪っている」と指摘している。このように、地域社会における豊かな人間関係の構築の困難さは、単純に人々の意識、やる気の問題であるとは言い難く、労働問題、労働者家族の脆弱性によって引き起こされる面があると言える。

　高齢者の介護を担う家族も「労働者（とその家族）」であることをふまえると、これらの指摘は彼らにも該当するものである。さらに、家事、育

児、介護等の家庭生活と職業生活が安定してはじめて家族介護者に地域社会とのかかわりを持つ余裕が出てくるという報告もあり（濱島 2008）、重層的な生活問題を抱えた高齢者の介護を担う家族の場合、地域社会において豊かな人間関係を構築することが困難となる可能性が高いことが指摘できる。すなわち、地域社会において豊かな人間関係を構築することは、人が人らしく地域社会において暮らすために不可欠な基本的条件であるが、高齢者の介護を担う家族は重層的な生活問題をともなう労働者家族の脆弱性から、それが困難になりやすい状況にあることが指摘できる。

Ⅲ　小　　括
──多角的・構造的視点にもとづく家族介護（者）問題の理解の必要性

　高齢者の介護を担う家族とその抱える問題をとらえる視点に関する再整理を試みてきた。以下、要点をまとめ、高齢者の介護を担う家族のとらえ方とその支援・援助政策に関する検討の視点について、若干の提言を行いたい。

　第1に、「介護者」としての家族について整理した。家族が行う介護とは、着替え、入浴、排泄、食事の介助といった身体的な介助、身の周りの世話、掃除、洗濯、調理等の家事や金銭管理、精神的援助に加え、看護・医療（医療的ケア）までをも含めた包括的なケアであるとみなす必要がある。日本では看護と介護を分離した専門職養成・資格制度、介護・医療サービス体制がとられているが、家族ではそれらを一連のケアとして行っていると言える。家族介護（者）問題とは家族看護（者）問題である、という認識に立つ必要がある。

　第2に、「生命・生活の再生産を担う者」「労働者」「地域住民」としての家族について論じ、彼らの抱える問題が相互に関連しており、とくに労働者家族が必然的に有する生活の脆弱さから生じるものであることを指摘した。まず、高齢者の介護を担う家族は家族成員の生命、生活の再生産を可能とすべく様々な機能・役割を遂行するが、高齢者の介護の必要性が発生することによって、介護を行うことが困難、負担であるといった介護問

Ⅲ 小 括

題が生じるのみでなく、家事、就労・収入、人間関係、子育て、結婚等、彼らの生活、人生の様々な領域に問題は広がり、重層的な生活問題を抱えるに至ることを示した。そして、この生活問題の重層性はとくに就業年齢の者に顕著に現れていること、そして彼らが抱える重層的な生活問題は高齢者の介護を担う者のみならず、すべての家族成員の生命、生活に影響すること、しかも介護期間中のみならず将来の生活、人生にまでその影響は波及しうるものであることを指摘した。さらに、上記の高齢者の介護を担う家族全体の生命、生活、人生にかかわる重層的な生活問題は、労働者家族としての脆弱性によって構造的に生み出されるものであることも指摘した。そして、地域社会における豊かな人間関係構築の困難もまた生活問題の重層性と労働者家族の脆弱性から生じていることを示した。

　高齢者の介護を担う家族への支援は、高齢者の介護ニーズを充足し、心身の負担を軽減しながら家族が介護を継続できるようにする「家族介護の継続」支援のみでは不十分であり、彼らの健康、就労、所得の保障や子どもの養育・教育保障までをも含める必要がある。当然ながら、そこには仕事や子育て、友人付き合い等他のことを行えるようにするための「介護役割からの脱却」に向けた支援も含まれる。とくに高齢者の介護を担う家族の諸問題が労働者家族の脆弱性から派生することをふまえると、彼らへの就労・雇用、所得の保障は不可欠な要素となろう。

　家族介護者への支援政策とは、高齢者の介護ニーズ充足のための「介護保障」政策の一環としてではなく、介護を要する高齢者を抱える家族の生命、生活、人生を包括的に守り、保障することを目的とする「生活保障」政策として展開される必要がある。高齢者の介護を担う家族が抱える問題を介護ニーズの充足の問題として表面的にとらえ、その背景にある労働者家族の脆弱性への対策を怠り、狭義の家族介護を前提として介護保険サービスの提供や家族介護の継続支援を展開するのみでは、それは高齢者の介護を担う家族が抱える問題の一部を表面的に対応する対症療法にとどまり、問題の根本的な解決には至らないであろう。「介護者」「生命・生活の再生産を担う者」「労働者」「地域住民」としての家族とその抱える問題を多角的かつ構造的にとらえたうえで、「生活保障」をめざした関連諸施策の総

第1章　高齢者の介護を担う家族が抱える問題の再検討

合的かつ包括的な展開を検討する必要がある。

〔注〕

1）　なお、これに関連して湯原（2013、2014）は、4つのモデルのうち日本における
　　法制度では第2モデルにとどまっていることを指摘し、3番目、4番目のモデルを
　　念頭に置いた家族介護者の支援制度の必要性を指摘している。
2）　たとえば、「国民生活基礎調査」（厚生労働省）では「要支援、要介護と認定され
　　た高齢者の同居の主な介護者」を、「平成21年度介護と仕事の両立の実態把握に関
　　する調査」（厚生労働省委託事業・みずほ情報総研）では「要介護、要支援と認定
　　された高齢者の介護を行っている家族」に回答を求めており、①医療と介護を区別
　　してとらえている介護保険制度の仕組みのもとで、要介護・要支援と認定された高
　　齢者の、②同居の家族を調査・分析対象となる「家族介護者」として扱っている。
3）　近森（2005）は、血圧測定、皮膚・尿等の観察など高齢者の容体を把握するため
　　の観察項目、褥瘡処置、吸引、浣腸等医療的な処置を必要とする高齢者に実査され
　　る項目、日常的な食事、排泄などの援助項目の実施状況を調査し、専門職との差異
　　はあるものの、家族が看護・医療（医療的ケア）（医療）を実施していることを示
　　している。また、髙木（1998、2011、2012）は、看護と介護の「分離論」の根拠の
　　乏しさ、自ら行った看護・介護労働者の実態調査より、両者は本質的に同じであり
　　分かつことはできないこと、安上がりのケア労働者をつくり出す政策的意図によっ
　　て分離されたに過ぎないことを指摘している。
4）　「平成22年度国民生活基礎調査」では、「従たる介護者がいる者」は43.0％を占
　　めており、続柄では「子」（56.7％）、「子の配偶者」（21.0％）が多い。また、そのう
　　ち同居の者が半数を超えるが、別居の者も43.5％を占める。さらに、介護の実施頻
　　度をみると、別居の者でも「ほぼ毎日」が30.9％と3割を占め、次いで「週に2〜
　　4日」（22.7％）、「週に1日」（19.3％）となり、従たる介護者が別居の場合であって
　　も、7割程度が毎週介護を実施していることがわかる。
5）　布施（1984）は、「家族」とは、①成員が婚姻または血縁関係、②人間の生命と
　　生活の再生産を期待される、③住居・食事・家計をともにする生活の相互保障を行
　　う、④性愛や肉親愛等の愛情の絆で結合されている人間社会の基礎単位として説明
　　している。
6）　森岡・望月（1997）は、「役割とは期待された行動様式」であるとし、ある家族
　　成員が他の家族成員に対してある役割を遂行すること期待する「役割期待」、また
　　ある家族成員自身が自分の行うべき役割を認知する「役割認知」があり、この役割
　　期待、役割認知、そして役割の遂行にかかわる「状況」を考慮に入れて役割をとら
　　えなおす「役割規定」が行われ、それに沿って「役割遂行」がなされるとしている。
　　そして、これらを繰り返すなかで「修正」が加えられ、その「役割過程」を通して
　　行動様式の結晶化に至るとしている。
7）　むろん、全体として半数近くの者が何らかの悩みを抱えていることは、決して無
　　視できるものではなく、介護の必要性の有無にかかわらず、普段の生活を営むだけ
　　でも多くの困難を抱える状態であることには留意したい。これは後の章で述べる労
　　働者家族の生活の余力の無さにも通じるものである。
　　　なお、平成22年国民生活基礎調査の世帯票、健康票は、層化無作為抽出した
　　5510地区のすべての世帯（約29万世帯）、世帯員（約75万人）を対象とし、介護
　　票はその地区内から層化無作為抽出した2500地区内の介護保険法の要介護者およ

び要支援者（約7000人）を対象としている。「一般」は世帯票、健康票の対象者の、「同居の主な介護者」は介護票の対象者の集計結果である。「一般」のなかにも「同居の主な介護者」が含まれるが、大多数が「同居の主な介護者」以外の者であると推測されるため、「一般」は主な介護者以外の者の傾向が色濃く映し出されていると考えられる。

8）「同居の主な介護者」「一般」ともに、悩みやストレスがあると答えた人数を分母とし、項目ごとに、ストレスの原因として選択した者の割合を示している。

9）「平成23年版子ども・子育て白書」（厚生労働省）によると、平均初婚年齢は男性30.5歳、女性28. 8歳となり、25歳〜39歳の未婚率の上昇が指摘されている。

10）「高齢者雇用安定法」では、①定年年齢の引き上げ、②継続雇用制度の導入、③定年制の廃止のいずれかの措置を講ずることを事業所に義務づけており、平成23年度の高年齢者雇用就業対策（厚生労働省）でも、65歳の定年の引き上げ、継続雇用制度の導入等の促進、が掲げられている。

11）なお、「平成24年就業構造基本調査　結果の概要」（総務省統計局2013）では、65歳〜69歳でも有業率は男性が49.0%、女性が29.8%となっている。

12）浜岡は、「資本主義下では、労働者家族という消費単位を小さくすれば、資本にとって支払う賃金が少なくてすむ」ため夫婦制家族が増大し、「労働力の供給が維持できる最下限に世代的再生産が縮小させられる傾向にある」とし、小「核家族」化が資本主義下で生み出される構造について説明している。

13）ここでは「高齢の夫婦」や「高齢期の単身」世帯に関する警告を主に行っているが、介護殺人・介護心中事件では就業年齢の小「核家族」が介護疲れや経済的困窮をともなって事件に至ることを指摘する先行研究も多く（羽根2006、太田1987、山中2004、湯原2011等）、小「核家族」に「介護」の必要性が生じた際の脆弱性は高齢期に限らず、就業年齢の場合も指摘できよう。

第 2 章
家族介護者の生活運営の実態とその問題

　第 1 章では、家族介護者を多角的にとらえる必要性、そして彼らの抱える重層的な生活問題と労働者家族の脆弱性との関連について、先行研究から再整理、指摘を行った。これをふまえ、本章では、家族介護者の重層的な生活問題の実態とそれを生み出す構造を、とくに労働者としての生活の脆弱性との関連で実証的に示すことを試みる。

　そこで、就労している（していた）家族介護者に対して行ったインタビュー調査をもとに、家族介護者の生活実態として、彼らが行う「生活運営」に着目し、Ⅰ節では家族介護者の生活運営の実態と問題点について論じる。Ⅱ節では、彼らによる生活運営の特徴、問題点の「階層性」について分析を加え、労働者としての生活の脆弱性と家族介護（者）問題との関連について論じていきたい。

　なお、第 1 章では、家族介護者とは「広義の家族介護（身の周りの世話や家事、金銭管理、精神的援助、生活経営の援助、看護・医療（医療的ケア）までをも含めた包括的なケア）を行う、同居・別居の家族・親族」であるとした。以下、第 2 章においてもこれを前提として議論を進めていきたい。

第2章　家族介護者の生活運営の実態とその問題

I　就労する家族介護者による「生活運営」の実態と問題点
──介護保険制度・介護休業制度の効果と課題

1　背景と目的

　家族介護者の生活実態、抱える問題をとらえる試みとしては、これまでも示してきたように、介護負担感、介護ストレス、生活時間に関する研究が盛んに行われている。しかしながら、家族介護者を「介護者」としてとらえ、「介護」問題を中心として議論されていること、また笹谷（2012）が指摘するように、生活全体をとらえる視点や社会構築性の視点が弱いという面で十分とは言い難い。また、家族介護者の生活時間に関する研究は、介護の側面のみならず他の生活行為の時間数を尋ねており、その点では彼らの生活全般に焦点を当て、客観的なデータにもとづく研究であるといえるが、生活行為の積算時間の長短に関する分析であるところに限界があり、生活時間の内容に関する質的な分析が必要である。

　以上のことから、家族介護（者）問題をとらえるためには、家族介護者を高齢者とセットとなった「介護者」としてではなく一個人としてとらえたうえで、彼らの生活実態と抱える問題を客観的かつ多角的に把握し、分析する必要があると言える。そこで本章では、第1に、家族介護者を一個人としてとらえ、その生活実態を把握するべく、彼らが行っている介護・世話のみならず、仕事、家事・育児、地域への参加等様々な生活行為に着目したい。そして、彼らがそれらの生活行為をいかに調整しながら暮らしているか、「生活運営」の実態を明らかにすることを試みる。第2に、その「生活運営」のなかで生じる健康、就労、生活上の問題を検討し、第3に現段階で家族介護者を支援する主要な政策として介護保険制度、介護休業制度を取り上げ、両制度が家族介護者の「生活運営」においていかなる効果を持ちえているか、その現状と課題を分析する。

Ⅰ　就労する家族介護者による「生活運営」の実態と問題点

2　研究方法

(1)　調査方法

　就労しながら高齢者の介護・世話を在宅（家族介護者の自宅または高齢者宅）で行う家族介護者に対して、インタビュー調査を実施した。今回はとくに多様な役割を有し、多様な生活行為を行うものとして介護をしながら就労している者（もしくは就労しながら介護していた者）を対象とした。調査時期は 2009 年 8 月〜 2010 年 3 月である。Q 県 P 市介護保険課を通して市内の全居宅介護支援事業所 9 ヶ所に調査協力を依頼し、そのうち 5 ヶ所から協力する旨の回答を得た。それら 5 ヶ所の各居宅介護支援事業所の介護支援専門員を通して、①就労しながら高齢者の介護・世話をしている者（もしくは現在は就労していないが過去に就労しながら高齢者の介護・世話をしていた者）、②介護支援専門員からみて介護・世話によって多くの困難・負担を抱えている者、以上の条件を満たす者を選定してもらった結果、上記条件をすべて満たす 12 名の家族介護者に対してインタビュー調査を実施することができた。

　インタビュー調査は半構造化インタビューを行い、9 ケースは家族介護者宅で、2 ケースは居宅介護支援事業所のロビーの一角で、1 ケースは P 市役所の一室を借り、1 ケース約 1 時間半のインタビューを実施し、IC レコーダーに録音した。

　調査項目は、1）家族介護者の基本属性（性別、年齢、就労状況、家族構成、生計中心者等）、2）高齢者の基本属性（性別、年齢、家族介護者との続柄、同居別居、要介護度）、3）家族介護者による介護・世話の実施状況、4）介護・医療サービスの利用状況、5）生活運営の方法（家事・育児、介護・世話[1]、仕事、自由時間、趣味、友人付き合い、地域への参加等をどのように調整しているか）、6）介護保険制度、介護休業制度の利用状況とその効果、7）経済・健康・生活の状況、問題について尋ねた。

59

第2章　家族介護者の生活運営の実態とその問題

(2)　倫理的配慮

　書面で調査の目的、内容、分析方法、結果の公表について説明し、調査協力に同意を得られた場合は同意書に署名をしてもらった。また、ICレコーダーによる録音についても、調査協力者に口頭で使用目的、希望があればすぐに止めることを説明し、承諾を得たうえで行った。

(3)　分析方法

　分析方法は、佐藤（2008）による質的データ分析法を参考にした。最初にインタビュー結果を逐語録化し、生活行為（家事・育児、介護・世話、仕事、自由時間、趣味、友人付き合い地域への参加等）の遂行、調整に関する発言（生活行為の有無、遂行状況、遂行する生活行為の選択・優先順位、その理由等）を抽出し、定性的コーディングを行った。それらのコードの内容、意味、因果関係を検討したうえでカテゴリを作成し、各ケースの介護・世話、就労、生活の状況等をふまえ、先行研究と対比させたうえで考察を加えた。

(4)　「生活運営」の定義

　なお、ここで本章の重要なキーワードとなる「生活運営」の定義についてふれておきたい。岩田（1999：76-80）は、人間の生活に必要なものとして、収入の獲得を前提とした「必要財の確保」、この必要財を用いて行われる家事、自分や病人・高齢者等の身辺処理といった「家事労働と世話（ケア）」、そして前者2つ（必要財を確保することと家事やケアを行うこと）の「選択や決定を全体として管理していく作業」である「選択と生活運営」を挙げている。

　この「選択と生活運営」とは、稼いで得た金銭を、何に、どのくらい使用するか（または使用しないか）、家事、介護等、必要な生活行為をいつ、だれが、どのくらいの時間をかけて、どのように行うか（または行わないか）を、自分や他の家族成員の状況（世帯の財力、家族成員の人数、能力、精神力、体力、使用できる時間の量、介護を要する家族の人数、必要とす

る介護の程度等）、また自分や家族の好み、意志、そして市場サービスや社会サービスの状況等を考慮しながら、現実的に生命、生活を維持、展開することができるように管理、運営することであると理解できる。

そこで本章では、「選択と生活運営」から金銭管理を除いた部分、すなわち介護、家事、仕事等、様々な生活行為を行わなければならない家族介護者が、自分と家族の生命、生活を成り立たせるために行う生活行為の取捨選択、配分にとくに着目し、それを「生活運営」と呼ぶこととする。

3　調査結果

(1)　家族介護者の「生活運営」の方法

分析対象となったケースの概要は、**表2-①**のとおりである。年齢は50代〜70代、性別は男性1名、女性11名であった。介護者の職業は、正規職員が4名（医療関係1名、事務職2名、教育関係1名）、非正規職員が4名（販売関係1名、福祉関係3名）、個人経営の自営業が3名、現在は無職の者が1名であった。同居の家族構成は、家族介護者と介護を要する高齢者の2人暮らしが4ケース、家族介護者、その配偶者、介護を要する高齢者の3人暮らしが4ケース、家族介護者、その配偶者と子（もしくは子のみ）、介護を要する高齢者の3世代家族が2ケース、家族介護者、配偶者と子（もしくは子のみ）が2ケースであった（介護を要する高齢者は別居）。また、介護を要する高齢者の年齢は60代〜90代、男性3名（夫2名、義父1名）、女性9名（実母5名、義母4名）、要介護度は要支援1〜要介護5（要介護4は除く）までおり、家族介護者と同居が10ケース、別居が2ケースであった。

家族介護者が行っている「生活運営」の方法について、【削減・縮小】、【労働の過密化】、【生活運営の限界】のカテゴリが見いだされ、**表2-②**に示した。

表2-① ケースの概要

事例 No.	【介護者の基本属性】①性別・年齢②職業③同居家族	【高齢者の状況】①続柄・年齢②要介護度③同居・別居	【介護・世話の状況】①介護・世話の期間②利用サービス③他の家族による介護・世話の状況	【過去・現在の介護者の健康状態】
1	①男性・50代②自営業（従業員無・個人経営）③実母	①実母・70代②要介護3④同居	①4年間②ヘルパー週2回・訪問リハ週1回。有償ボランティア月2回③無し（介護を要する高齢者との二人暮らし）	いらいらする。手が震える位の時がある。
2	①女性・50代②非正規職員（派遣社員）③実父・実母	①実母・80代②要介護5③同居	①10年間②ヘルパー・訪問看護を組み合わせて週5日、1日2回ずつ③実父が、日中の見守り、昼食介助、地域の会合等への出席、ケアマネとの打ち合わせをしている。	睡眠不足。高血圧。潰瘍性大腸炎で通院中。
3	①女性・60代②自営業（従業員無・個人経営）③夫・義母	①義母・80代②要介護2③同居	①3年間②デイ週3日、ヘルパー週3回、ショート2泊3日月2回、民生委員のお弁当配り③無し。（夫は長時間労働のため難しい。地域の会合、行事への参加は時々している。）	うんざりする。何もしたくない。交通事故を起こしたことあり。メニエルがある。
4	①女性・50代②非正規職員（パート）③夫・義父・息子（1人・未婚）	①義父・70代②要支援1③同居	①半年間②デイ週1回、③無し（夫、息子とも に長時間労働で多忙。また介護自身、介護を好む。それを自分の役割だと思っている。）	片頭痛・腰痛。股関節が悪く不安。
5	①女性・40代②非正規職員（パート）③夫・息子（2人・中学生）	①実母・70代②要支援2③別居	①3年間②デイ週1回。社協のお弁当、社協のお弁当配布の訪問あり。③無し。（実父は高齢で持病あり、介護のことははわからず、難しい。夫は時々子どもと外食にいく。）	（認知症が悪化した時）いらいらして怒ってしまった。めまいが酷かった。
6	①女性・50代②非正規職員（パート）③実母・夫（単身赴任中）	①実母・80代②要介護1・認知症（意思疎通可）③同居	①1年半②デイ週4日・ショート2泊3日・月1回通院③無し（夫は単身赴任中。息子が高校生で家にいた頃は、どうしようもない時に見守りを頼んだこともあり。）	（認知症の症状が落ち着くまでは）睡眠不足だった。現在も精神的ストレスを大きい。

7	①女性・50代②正規職員③息子（1人・未婚）・社会人	①実母・80代②要介護3・認知症（意思疎通可）③別居	①4年間②デイ週4日利用。ショート月1回、1、2週間程度③無し（息子は仕事。姉の手伝いあり）	肩こりがひどい。
8	①女性・50代②正規職員③義母	①義母・80代②要介護3・認知症（意思疎通困難・徘徊個あり）③同居	①4年間②ショート月28日利用③義弟夫婦に、仕事中少しみてもらうことがある。（娘はまだ若く、結婚して独立。介護の話はしない）	（ショート利用までは）心に余裕なく、外出する気も出なかった
9	①女性・50代②無職（介護で退職）③夫（出張中）義母・息子（1人・社会人）	①義母・90代②要介護2・認知症（意思疎通可）③同居	①3年間②デイ週4回・ショート月2回③1回2泊3日③無し（夫は出張中、息子は嫁という意識が強い家族）特に介護は嫁の役目	虚しさばかり。高血圧で服薬中。現サービス利用前は飲酒もあり。
10	①女性・50代②正規職員（在宅ワーク）③夫・義母	①義母・90代②要介護1③同居	①1年間②デイ月10回・通院月1回③無し（夫は出張が多い）	同居してしばらくは眠れず、ご飯も食べられず、足が動かなくなり、帰宅もできなかった。
11	①女性・70代②自営業（従業員無・個人経営）③夫	①夫・70代②要介護5③同居	①5年間②訪問入浴週2回、訪問リハ週1回、ヘルパー週3回③無し（高齢者との二人暮らし）	高齢者が入院中は動悸、血圧が上がった。現在も身体的疲労あり。
12	①女性・60代②正規職員③夫	①夫・60代②要介護3・認知症（意思疎通不可）③同居（現在、一時的に入院中）	①8年間②デイ週6日③無し（近所に息子夫婦がいるが、仕事がないように負担をかけないようにしている。夜に地域の会合、冠婚葬祭があるときは少しみてもらうことがある。	睡眠不足。メニエールがひどい。

出典：インタビュー調査結果をもとに筆者作成。

第2章　家族介護者の生活運営の実態とその問題

表2-②　生活運営の方法

カテゴリ	コード	データの一部
削減・縮小	自由時間の削減	自分の時間が一番削られました (No.5) 自分の自由がなくなった (No.6) 自分の時間がとれない (No.12)
	趣味・友人付き合いの削減・縮小	2時間という時間の枠があるので難しい (No.1) 出かけられない、旅行に行けない……行動範囲が決まってくる……友人と話すとか出かけするとかも全然できない (No.2) 水泳を……介護を始めてやめた……買い物が趣味だったけど行かなくなった (No.3) おしゃれをやめた……服を買うのも美容院に行くのも……家でできる趣味（読書）をする (No.5) ……プライベートな人間関係は一切、切れた (No.7) 友人と会う回数はがくっと減りました (No.6)
	仕事の削減・縮小	[退職] 仕事を辞めた……(No.9) [仕事量の削減・縮小] ……仕事の日数を減らしたから……以前の半分以下 (No.1) 自分の収入が減った……赤字にならないように働いている (No.2) [介護で] 帰宅するたびに店は閉める……早退したり (No.3) ……早退したから……ちょっと抜けたり……パートだからでき……職場も近いんだけど……週2日にして朝10時の開店時間を11時に……たびたび介護で（家に）帰る (No.4) 母がいる限り正規職員は無理。以前は空きがあったら教えてほしいと頼んでいた [正規職を諦める] 定休は週1日だった……前に正規社員になったら休めなくなった (No.11) 踏み込んだ介護をすることになって慌てて取り消し……(No.6)
	地域参加の削減・縮小	「帰って」といいよ！と言ってくれる。(No.1) 近所付き合いは一切ない。会合とかには父や弟が出ます。私は出られないような状態じゃない (No.2) 夜に地域の会合……前からかかっている場合はノートを利用 (No.6) 近所とのおつきあいはすべてごめんなさいした。……お金を払えば許してもらえる (No.11)
労働の過密化	複数行為の連続遂行	朝はまずトイレに連れて行く……(その) 間に朝食の用意をして、トイレから帰り、食事。……トイレは9時、昼12時、3時、夕食の7時。9時のトイレのあと仕事にとりかかってお昼までのトイレまで。……お昼が終わったら仕事……3時にまたトイレなので1時頃から3時までの2時間しかできない (No.1) とにかく時間がすごく足りない……何かも介助が必要……休みの日はかえってフル回転。掃除、家で食事、お茶の準備をして、また店に戻る……開店時間がどうしてもずれてくる……どうしても遅れながら…… (No.2) [昼頃、家で食事、お茶。……朝10時位に実家に行く、住職……料理する。以前は掃除をする。午後はお客の予約、ケアマネの訪問という状態。……帰宅したら慌てて自分の家の洗濯物をとりこんで仕事へ行って、朝母が要介護2だったときは、仕事行って、夕方（母の家）……病院……体調がいいときは、一旦自分の家に行って自分の家……実家、夜に母の家がいるとか当番がいるとかも大変 (No.5) デイは……早迎えにして……仕事からも……

64

Ⅰ　就労する家族介護者による「生活運営」の実態と問題点

労働の過密化	複数行為の連続遂行	んなに急いで帰っても間に合わないので30分延長している……仕事、介護、家事とやらないといけないことがいっぱいで大変……子供会や小学校の役員の仕事なんかが重なると大変。(No.6)　朝5時半頃に自分の家の用を済ませて、綱渡り状態。6時過ぎには母の家へ……ご飯を作りながら母を送り出したら家に帰ってデイに来てもらったら仕事に……(デイの)バスを見に行く……8時半頃には仕事に出発して……一番最後に帰宅……もう行ったり来たりの生活。休む間もない毎日 (No.7)　寝るのを見て10時頃に帰宅 (No.12)
	複数行為の同時進行	……何をしている時も気にして……(No.6)　(ショートから)帰ってくると気が抜けない (No.8)　どこにいても(汚れ物を)取って洗濯したり整理したり……常に目で追っていないといけない……他のことをしながら介護をする。家事をしながら見守って、外の野菜を摘んでいる時も常に気にして、常にカーテン全部開けて。(No.12)　トイレに行っている間とかの隙をみて、ざっと(排泄を)しちゃう。……どこにいても何を見ながら動きを確認 (No.7)
生活運営の限界	家事・育児水準低下	自分が病気になったときは近づけない……(母の)食事(の用意)が困る……掃除とかは汚れるままにしておけば (No.2)　子どもとはあまりゆっくり関わる時間が取れなかった……(No.5)　現在は(義母の)お昼のお弁当を買ってきたり (No.3)　子どもとはあまりゆっくり関わる時間が取れなかったと思う (No.4)　子どもとどこかに行くのも無くなった。
	世話・介護の実施困難	おむつもしているのでいざとなったらきれいにしてもらう……(地域行事の当番の時)　朝8時に出ると9時のトイレに行けない……おむつの吸収度の高いものをつけてもらって……(No.1)　(病院から呼び出しがあったが)もう病院へは行かなかった。(No.3)　仕事中に(母の)調子が悪くなったら困る……特に集中しないと動けない……(夜間)連絡があっても「何もしなくていいから」、座っておいて、寝ておいて」と言うしかない……夜は私も行けない (No.5)　母がショートにしている時、私は帰れない (No.8)
	仕事のさらなる削減・縮小	(母が腰をひねって動けず)しょっちゅう病院に通って……病院がどんどんって(仕事が)間に合わなくなって……(母が腰を半分ぐらい減らしました。それでも病院に行ったりするとどんどん人間に合わなくなって、家事もしないといけないし、時間は迫るし、本当にイライラした (No.1)　父の用事で出ないといけない日は……その日は休みを取らせてもらって……(No.2)、開店時間がどうしてもずれてくる……どうしても遅れが……(No.3)　普通は日曜とかは休めない職種なんだけど (No.3)　義母のことで仕事を早退したり、休んだり……突然、血を吐いたって (No.4)　……(No.3)
	睡眠の削減・縮小	年寄りなので年中通して朝が早い。もう少し寝ないでと思っても待つのだなし。夜、漸く「今日が済んだ」と思ってもホッと座ると、疲れて寝てしまう (No.1)　……一晩目は緊張で眠らなくても大丈夫で二晩目はショートだから…… (No.8)　睡眠時間が3,4時間になって、夜中になると帰宅になるので、疲れた時は帰宅せずに寝て、夜中にやる……普通の人の決まりきった生活ができない。睡眠不足が一番ストレス (No.2)・(仕事を)していた時は、徹夜をする必要が……(No.9)　徹夜で(仕事を)やったりして (No.10)　9時頃からが自分の時間……睡眠不足でメニエルが…… (No.12)　寝る暇ないんですよ(夫が)寝ないんですもん (No.12)

注：……は中略の意。( )内は筆者の意。
出典：インタビュー結果をもとに筆者作成。

ⅰ）【削除・縮小】

　生活行為の【削減・縮小】がみられ、それには【自由時間の削減・縮小】、【趣味・友人付き合いの削減・縮小】、【仕事の削減・縮小】、【地域への参加の削減・縮小】があった。

　【自由時間の削減・縮小】とは、高齢者の介護・世話、家事等様々なことを行わなければならないために、自分の自由な時間が持てない、削られたことであり、「自分の時間が一番削られた」（No.5）、「自分の自由な時間がなくなった」（No.6）等が述べられている。また、【趣味・友人付きあいの削減・縮小】とは、自分の好きなことや趣味ができない、介護・世話にあわせて限定する、友人付き合いができなくなることである。やるべきことが多く時間がない、または高齢者の介護・世話のため家を長時間あけることができず、外出、旅行ができない、おしゃれ、買い物、美容院をやめた、友人と会う機会が減った、行動範囲が決められる、プライベートな関係が切れた、家でできる趣味（読書）に限定する、長年していた趣味（水泳、買い物）をやめたなどが述べられている。

　次に【仕事の削減・縮小】とは、退職する、仕事の量（生産量、日数・時間数）を減らす、または正規職となる機会を放棄することである。介護・世話によって退職したケースは１ケース（No.9）であった。仕事の量の削減・縮小はとくに自営業、非正規雇用、在宅ワークのケースでみられ、正規雇用ではみられなかった。自営業のケースではトイレ介助や食事準備等の介護・世話に合わせて仕事をするため生産性が半分以下になった（No.1）、介護・世話のためたびたび帰宅する必要があり、店をそのたびに閉めなければならない（No.3、11）、店の営業日・営業時間を減らした（No.11）ことが述べられている。また、非正規雇用のケースでは、介護・世話をするために勤務日数を減らした、時々仕事を抜ける（No.2、4）ことが、在宅ワーク（正規雇用）のケースでは、介護・世話に合わない仕事を断っている（No.10）ことが述べられている。また、高齢者の介護・世話をするためには時間に融通のきく非正規雇用でなければ難しいと考え、正規職になることを諦めたケースもみられた（No.4、6）。最後に【地域参加の削減・縮小】とは、地域の行事、会合等への参加、近所付き合いが十

分にできなくなることである。やるべきことが多く余裕がないため、または介護・世話のため家から離れられず、近所付き合いができない（No.2、6、11）、地域の会合や行事も先に帰らせてもらう（No.1）ことが述べられている。とくにNo.1の地域は多くの行事、当番があり、可能な限り「自分ひとり全部でるように」しており、拘束時間が長いとき、神楽で夜中にまで及ぶときのみ帰してもらっていると述べている。ただし、地域の人に了解をとる（No.1）、お金を支払う（No.11）、実父や近居の弟が参加する（No.2）、夫が地域の会合や行事に時々参加してくれる（No.3）、事前にわかる時はショートを利用する（No.6）ことも述べられ、最低限の地域での役割は様々な手段を用いて果たそうとしている。

　最後に、「家事・育児」、「介護・世話」を【削減・縮小】するケースはみられなかった。なお、これらを【削減・縮小】することなく遂行するため、家族介護者本人のみならず、同居、もしくは近居の他の家族・親族の手助けを得て行っていることが述べられていた。

　「家事・育児」に関しては、No.5において、夫（50代、正規雇用）が時々、子どもたちを外食に連れて行ってくれることが述べられている。これは夫の手助けが「家事・育児」の【削減・縮小】を食い止めているととらえることができよう。

　「介護・世話」については、恒常的に他の家族とともに行っているケースとしてNo.2があった。同居する実父（80代、持病、障がい等はとくになし）が、介護者が仕事中の見守り、昼食（アイスクリーム、ゼリー等。調理は介護者）の介助、ケアマネとの打ち合わせを担い、「介護・世話」の【削減・縮小】が生じないようにしている。一方、恒常的ではないが、変則的に同居・近居の家族・親族による援助を得て、「介護・世話」を維持していることが多くのケースで述べられていた。これは仕事で、また突発的なことが生じて介護・世話を行うことができないとき、最終的な手段として、「時々」、「1回だけ」、「やむを得ないときだけ」、変則的かつ限定的に、同居している他の家族、または近居の家族・親族に高齢者の見守り、話し相手を頼んだことがあるというものである。たとえば、近くに住んでいる、実父のいとこの嫁に仕事で動けないとき、1回だけ来てもらったこ

第2章　家族介護者の生活運営の実態とその問題

表2-③　「家事・育児」「介護・世話」を維持するための変則的な援助の例

項　目	データの一部
「家事・育児」	外食は（自分は）ずいぶん行っていない……主人が子ども2人を連れて行ってくれるので。子どもは不満に思ってないと思う……(No.5)
「介護・世話」	【同居の家族による援助】息子も塾とかで11時頃に帰ってくる……本人も家にいたくなかったんじゃないかな……なのでどうしもないときしか頼んでいない (No.6)、弟夫婦や親族が（自分が仕事をしている）昼間ちょっと様子をみてくれたり……(No.8)、夜に地域のこと、冠婚葬祭とかがあるときは(近居の)息子……にちょっと見ててってお願いしたり……(No.12) 【近居の家族・親族による援助】（実父のいとこの）お嫁さんがいつでも行ったげると言うので、自分が仕事でいけないときに一回、行ってもらった (No.5)、 【近所の人による援助】夜に地域のこと、冠婚葬祭とかがあるときは……（話しやすい）近所の人にちょっと見ててってお願いしたり……(No.12)

注：……は中略の意。（　）は筆者が加筆した。
出所：インタビュー調査結果より筆者作成。

とがある（No.5）、子どもが高校生で家にいたときは、どうしようもないときだけ見守りを頼んだ（No.6）、（仕事があって帰れないとき）近居の義弟夫婦にちょっとだけ見てもらったことがあった（No.8）、近居の息子や近所の人に、夜の地域の会合、冠婚葬祭があるときのみ、見ていてもらうことがある（No.12）ことが述べられている（**表2-③参照**）。

ⅱ）【労働の過密化】

　様々な行為を【削減・縮小】してもなお、仕事、介護・世話、家事、介護保険サービスや病院への対応等行うべきことが数多くあり、労働密度を上げてそれらを行う【労働の過密化】がさらにみられた。これには【複数行為の連続遂行】と【複数行為の同時遂行】があった。なお、ここで言う「労働」とは家事・育児、介護・世話等、家庭内での労働を含む。

　【複数行為の連続遂行】とは、仕事、介護・世話、家事・育児、移動等様々な生活行為を連続して集中的に行っていることである。これはほとんどのケースで共通して述べられていたが、就労形態によって若干の差がみられた。被雇用者である家族介護者の場合、定められた就業時間を守るた

め、デイ・サービスの利用時間を延長する、または送迎の順番を早めたり最後にしてもらうことで、出勤、帰宅時間にぎりぎり間に合うよう調整している。そのため就業時間は何とか確保されるが、早朝から出勤までの時間、そして就業時間終了直後からの時間、休日といった就業日・時間以外をフルに使い、その限られた日にち、時間内で集中的に家事・育児、介護・世話、自宅と高齢者宅の移動等を連続して行っている（No.2、5、6、7）。たとえば、No.7（正規雇用・別居）は「朝 5 時半頃に自分の家のことを済ませて、6 時過ぎには母の家へ……ご飯を作りながら母を起こして、8 時半頃にデイに来てもらって、送り出したら仕事に……（デイの）バスも……一番最後におろしてもらうようにして……仕事が終わって、母の家に行って、夕ご飯を作って、母が寝るのを見て 10 時頃に帰宅……もう行ったり来たりの生活。」と述べている。ケースによっては、さらに子どもにかかわる事柄（子どものお弁当作り、子ども会、小学校役員等）が入るケースもある（No.5、No.6）。そして「体がいくつあっても足りない」（No.5）、「綱渡り状態」（No.6）、「休む間もない毎日」（No.7）と述べられている。

　また、就業時間に融通がきく自営業の家族介護者のケースでも、仕事、家事、介護・世話、自宅と店との移動等、様々な生活行為が集中的に連続して行われており、とくにそれが就業時間内に及んでいる点が被雇用者のケースと異なる点である。「（昼頃家で食事、お茶等の）準備をして、また店に戻る……病院へ行くことも……午前中はヘルパー、住職……午後はお客の予約、ケアマネの訪問という状態……スケジュールがきちきち」（No.3、自営業、同居）などが述べられ、No.3 は急いで店から自宅へ戻る途中、交通事故にあったこともある。また、No.1（自営業・同居）でも 2、3 時間ごとのトイレ介助や食事準備の合間に仕事をしなければならないことが述べられている。自営業の場合、仕事の時間、量を自分の裁量で柔軟に調整できるが、それゆえに「仕事」と「高齢者のための介護・世話、家事」との境界線が曖昧となり、就業時間内も常に高齢者の介護・世話、家事、介護保険サービスや病院への対応を行う必要が生じている。しかも、定められた就業時間がないとはいえ、生活を成り立たせるためには一定以

第2章　家族介護者の生活運営の実態とその問題

上働く必要がある。高齢者のために必要な介護・世話、家事の実施、ホームヘルパー、ケアマネージャーの訪問や通院への対応、そして必要最低限の仕事の量、質の確保、どれも放棄することはできず、同時にこれらすべてを満たすため、様々な生活行為を集中的に連続して行わなければならない状態が生じている。

　次に【複数行為の同時進行】とは、他の生活行為を行うと同時に高齢者の状態・行動を常に気にかけていることである。これは、認知症の症状が進んでいる高齢者のケース（No.6、No.12）でみられ、安全を確認し、徘徊、排泄がないか常に気かける必要（No.8、No.12）や、高齢者がトイレに行っている隙に隠している汚れ物を探し出すといった介護・世話のタイミングを見計らう必要（No.6）があり、常に注意を払いながら家事、畑作業等を行っていることが述べられている。

ⅲ）【生活運営の限界】──さらなる削減・縮小、水準の低下

　以上のような【削減・縮小】、【労働の過密化】を行ってもなお、【生活運営の限界】が生じることが述べられており、そのなかには【家事・育児の水準低下】、【世話・介護の遂行困難】、【仕事のさらなる削減・縮小】、【睡眠の削減・縮小】がみられた。

　【家事・育児の水準低下】とは、突発的な出来事ややるべきことの多さのため、不本意ながら掃除や食事の準備、子どもとのかかわりが十分に行えないことである。家族介護者の風邪によって掃除や食事の用意ができない（No.2・非正規雇用・同居。高齢者は要介護5の寝たきり状態のため流動食である。そのため昼間、介護をしている実父では作れず、近所の店にも売っていない。）、仕事、介護・世話、家事、自宅と職場、高齢者宅の移動、ホームヘルパーやケアマネージャー、病院への対応等の調整、実施が困難になり、不本意ながら高齢者の昼食を市販の弁当に変える（No.3）、子どもとのかかわりや外出を諦める（No.4、No.5）ことがあると述べられている。

　また【世話・介護の遂行困難】とは、突発的な予定外のことが生じ、いつもは行っている介護・世話を行えなくなることである。夜間の地域の行

事・会合に出かけなければならず、普段はトイレを使用する高齢者におむつで我慢してもらう（No.1）、予定外の病院からの呼び出しがあっても行くのをやめた（No.3）、仕事中や夜間に高齢者の突然の状態変化が起こったとき、対応できないためそのまま放置する（No.5、No.8）ことがあると述べられている。

　そして【仕事のさらなる削減・縮小】とは、想定外の出来事が生じる、またはやるべきことが多いため調整がつかず、急きょ仕事量を減らす、仕事を早退する、休むことである。高齢者が腰を痛め通院が重なり生産量を急きょ減らした（No.1）、（高齢者に）突然の吐血があり、早退したり、休暇をとった（No.4）、協力者である父親が用事で外出することになり（普通は日曜は休めない職種だが）休暇をとった（No.2）、やるべきことが多く開店時間を縮めざるを得なくなった（No.3）ことが述べられている。なお、正規雇用では「仕事のさらなる削減・縮小」を述べるケースはみられなかった。

　また、【睡眠の削減・縮小】とは、通常の睡眠の量や睡眠のリズムを確保できないことである。やるべきことが多いため睡眠時間が3、4時間になる（No.2）、徹夜で仕事をする（No.9）、または毎日疲れ果て、介護・世話から解放された後、または帰宅後すぐに寝てしまい、夜中に起きて仕事などやるべきことをする（No.1、No.2）ことが述べられている。たとえば、No.2（非正規雇用・同居）は「睡眠時間が3、4時間になることも……時間がめちゃくちゃ。やらなければならないことがあるので、疲れたときは帰宅後すぐに寝て、夜中に起きて、それをやる……普通の人の決まりきった生活ができない……」と述べている。また、やるべきことの多さに加え、高齢者の起床や昼夜逆転の状態に合わせるために睡眠の量、リズムが確保できないケースもみられた（No.1、No.8、No.12）。No.12（正規雇用・同居）では、「9時からが自分の時間……睡眠不足でメニュエルが……だって寝ないんですもの」（No.12、正規雇用、同居）等が述べられていた。

　なお、以上の「削減・縮小」は、先述したような生活運営として意図的に行う自由時間、趣味・友人付きあい、仕事の【削減・縮小】とは異なるものである。生活運営として意図した【削減・縮小】および【労働の過密

第2章　家族介護者の生活運営の実態とその問題

化】を行ってもなお、やるべきことの多さ、突発的な出来事によって、不本意ながら家事・育児、介護・世話、仕事、睡眠を適切に行えない「生活運営」の「限界」としての「削減・縮小」である。

(2)　介護保険制度利用による「生活運営」上の効果

　以上の生活運営の方法をふまえ、介護保険制度の利用、とくに居宅サービスの利用、および仕事と介護の両立を支える介護休業制度の利用が生活運営を行ううえでいかなる効果を持ち得ているかみていきたい（**表2-④参照**）。

　まず、介護保険制度の利用では【削減・縮小の防止】、【労働の過密化の緩和】、【生活運営の限界への対応】のカテゴリが見いだされた。

　【削減・縮小の防止】には、デイ・サービスの利用で家事がしやすくなった（No.10）とする【家事の実施】やデイ・サービスを利用している間に仕事に行く、デイ・サービスの利用によって仕事ができた、続けられた（No.3、6、8、10）、ホームヘルプサービス利用でできた空き時間に仕事で外出する（No.1）等の【仕事の実施】があった。また、ショート・ステイを利用して地域の会合に行く（No.6）という【地域への参加】、ホームヘルプサービスを追加で利用し、夜の友人との集まりに出かける（No.1）、デイ・サービスの間に習い事に行く（No.6）、友人に会いに行く（No.10）といった【趣味・友人付き合いの実施】もみられた。以上はとくにデイ・サービス、ショート・ステイの利用で多く述べられ、ホームヘルプサービス利用について述べたのはNo.1のみであった。さらに【困難な家事、介護・世話の代替】があり、自分で行うことが苦手な、または技術的に困難な家事、介護・世話を介護保険サービスが代替してくれることが述べられている。ホームヘルプサービスの利用では、高齢者の部屋の掃除をしてもらえる、風呂に入れてもらえる（No.1）、また（高齢者がおむつパットを外した手で家を汚してしまうことに毎日悩まされているが、）パット交換をしてもらえる（No.3）、ホームヘルプサービスや訪問看護の利用で、家族では気づかない高齢者の変化に専門職が気づいてくれる（No.2）ことが述べられている。また、デイ・サービスの利用では、手遊びで高齢者を明

I　就労する家族介護者による「生活運営」の実態と問題点

るい気分にしてくれる、入浴、爪切りをしてもらえる（No.5）ことが述べられている。ここではホームヘルプサービス利用による効果を述べるケースが多くみられた。以上、居宅サービス利用によって家事、仕事、地域参加、趣味・友人付き合いが実施できるようになること、家族介護者では困難な介護・世話を居宅サービスによって行ってもらえることは、これらの行為の【削減・縮小の防止】ととらえることができる。

次に【労働の過密化の緩和】があり、それにはデイ・サービス、ショート・ステイ利用による【休息の確保】がみられ、その間はほっとできる（No.9）、勤務日よりも多くデイを利用することでフリーの日を作っている（No.6）ことが述べられている。ホームヘルプサービスの利用ではこれに該当する発言はなかった。

最後に、【生活運営の限界の防止】では、ケアマネージャーがショート・ステイ利用中の突然の高齢者の体調変化に対応してくれることが述べられている（No.8）。ただし、これはケアマネージャーが自宅に近いショート・ステイの事業所に属するという偶然の条件が背景にあり、ケアマネージャー個人による個別的な対応であるため介護保険サービスとして制度的、組織的に行われる【生活運営の限界の防止】とは言い難い。

なお、以上の介護保険サービス利用による「生活運営」上の効果は【部分的な「生活運営」効果】であることも述べられ、そこには【サービス利用上の制約】、【経済的制約】、【手間の発生】があった。まず、【サービス利用上の制約】とは、介護保険サービスの利用日数、時間の制限のため、介護保険サービスを利用しても【困難な介護・世話の代替】、【自由時間・休息の確保】といった「生活運営」上の効果が限定されることである。ヘルパーが着替え、清拭をしてくれるが夏場はその必要回数が多く、排便した際にも必要になり、通常の利用日数、時間では対応できない（No.2）、高齢者の状態を考えると毎日必要だがホームヘルプサービスが来る日数は少なく、必要な時に必要な助けがない（No.5）など、ホームヘルプサービスの利用日数、時間帯が限られているため、仕事や別居で家族では対応できない突発的なことやその時々の状態に合わせた介護・世話の代替が難しいことが述べられている。また、デイ・サービス、ショート・ステイであっ

第2章　家族介護者の生活運営の実態とその問題

表2-④　介護保険の居宅サービス利用による生活運営

カテゴリ	コード	データの一部
	家事の実施	【デイサービス】デイを利用して家のことがすごくしやすくなりました（No.10）。
	仕事の実施	【ホームヘルプサービス】ヘルパーさんが3時半頃来られると夕方（のトイレの時間）までずっと空く。その時に（仕事で）いろいろ出かける（No.1）。【デイサービス、ショートステイ】2時、3時に（店を閉めて）帰らなきゃいけない……が2日続く時はショートを前もって頼む（No.3）。それ（デイ）がないと仕事ができなかった（No.6）。……仕事を続けてこられたのは介護保険の（デイ）サービスのおかげ（No.8）。会社に行ったりするのも義母がデイでいない時にする（No.6）。
「削減・縮小」の防止	地域への参加	前から（地域や職場の会合が）わかっている場合はショートを利用する（No.6）。
	趣味・友人付き合いの実施	【ホームヘルプサービス】夜に友人との集まりがあるときはデイ、ヘルパーさんに追加で来てもらう（No.1）。【デイサービス】習い事をしてる……デイのときに（No.6）。友人に会いに行ったり……母が（デイで）いないときに（No.10）。
	困難な家事、介護・世話の代替	【ホームヘルプサービス】母の使うところも掃除してもらえる……お風呂はその時に入る……お風呂に入り難い……（No.2）。パッドを触ることがない……（ヘルパーさんが気付いてくれるのが安心……）専門職の誰かが気付いてくれるので本当に役に立ってる（No.3）。……ある……（ヘルパーさんがパッド交換をしてくれるので）……本当に役に立ってる（No.3）。【デイサービス】……お風呂も丁寧に洗ってくれて、爪切りまできれいにしてくださるのは本当に助かる（No.5）。
「労働の過密化」の緩和	自由時間・休息の確保	デイを週4日にして、1日（仕事も介護もない）フリーの日を作った……ショートも入れた。その間休める。たとえ仕事が入っていても、母がいないというだけで一息つける（No.6）。時間が自由に使える。ほっとできる。ショートやデイに行ってくれている時間があるとほっとする（No.9）。
「生活運営の限界」への対応	緊急時の臨機応変な対応	（ショート利用中に体調変化があっても）ケアマネさんが（施設に）いろいろと連れていってくれたりかかりつけ医に連れていってくれたり臨機応変に対応してくれる（No.8）。

Ⅰ　就労する家族介護者による「生活運営」の実態と問題点

部分的な「生活運営」効果	利用日数、時間帯の限定	ヘルパーさんが着替えや清拭をしてくれる……便をしたときにも、もう一回着替えないといけない……夏はもう一回着替えてくれるんだけど、そういうのが一杯ある……サービスが入ってくれるなら昼間なら。夜や日曜日は大変(No.2)。(母は)いつ動けなくなるかわからないし、薬は確実に切れるんだから、ヘルパーも本当は毎日必要だけど来るのは3日だけ(No.5)。(週3日の勤務に合わせて)デイ週3日から出かける自分が(仕事全く休みがない。家にいる時は常に母がいっ)この1年間全く休みがない。自分の休みの時は(デイ、ショートの利用日ではないので)べったり母のところといった(No.7)。(ショートから)帰ってくると徘徊が起きるんです……夜中3時に、鍵をあけて弟夫婦のところへ行ったり、夜中12時に出て行ったりが……何回か繰り返されて……いつ何時何があるか、という不安があります……帰ってくると気が抜けない(No.8)。
	手間の発生	出かける前に用意をしないといけない……ふらっと行くわけにはいかない(No.1)。
	経済的制約	泊数をもう少し増やそうかなとも思うんだけどどれだけお金がかかるから……でもある程度は使わないと仕事ができない(No.3)。経済的には大の車……1時間デイを延長すると4,5千円かかってしまう……結局、働いても自己負担分の方がかかってしまい(No.6)。施設に入ったらお金が足りないかも(No.12)。

注：……は中略の意。( )は筆者が加筆した。
出典：インタビュー調査結果をもとに筆者作成。

第2章　家族介護者の生活運営の実態とその問題

ても、勤務日に合わせて利用すると、その利用日以外は仕事が休みである
にもかかわらず、常に高齢者と一緒にいなければならなくなり、出かけら
れない、気が抜けない（No.6、7、8）ことが述べられている。また【経済
的制約】とは、利用料負担のため介護保険サービス利用を抑制することで
ある。ショート・ステイの泊数増や施設入所をためらっている（No.3、
12）、仕事のためのデイ・サービスの延長料金が負担になっている（No.6）
ことが述べられている。「生活運営」上の効果は経済的に許す範囲内のも
のであるととらえることができる。さらに、ホームヘルプサービス利用が
逆に【手間の発生】につながるとするケースもあり、No.1（自営業・同居）
は「出かける前に用意をしないといけない……ふらっと行くわけにはいか
ない」とし、ホームヘルパーが高齢者の介護・世話を行えるよう事前に準
備する必要があることを述べている。

(3)　介護休業制度の未利用とその理由

　今回の調査では、介護休業制度を利用しているケースはみられなかった。
その理由として【職場環境の問題】、【経済的理由】、【裁量内での個別の対
応】、【デイ・サービスの利用】、【家族介護の限界】がみられた（表2-⑤参
照）。まず【職場環境の問題】では、介護のために休む先例がなく、過去
に介護のために辞めてきたという【職場の意識慣習】（No.2、8）、経営状
態が悪いため使えないとする【職場の経営状況】（No2）、職場の人手不足
のため休めないという【職場の人員不足】（No.8）がみられた。

　また【経済的理由】では、生活があるため収入減をともなう介護休業制
度は使えない（No.8）ことが、【デイ・サービスの利用】ではデイ・サー
ビスの利用で対応できたことが述べられている（No.7）。ただし、この
ケースでは、高齢者の状態が現在よりも介護を要する状態ではなく、まだ
デイ・サービスに通えていたときに週6日ものデイ・サービスを利用でき
ており、高齢者の状態とサービス利用量の多さがその背景にあると考えら
れる。

　とくに多く述べられていたのは【裁量内での個別の対応】であり、パー
トで時間をずらす（No.5）、自分でシフトを組めるので介護・世話の都合

I　就労する家族介護者による「生活運営」の実態と問題点

表2-⑤　介護休業制度を利用しない理由

カテゴリ	コード	データの一部
職場環境の問題	職場の意識・慣習	介護のことなんかで休める職種じゃうちはないので……一旦辞めて、ということになる……それで辞めた人も大勢見てる（No.2）・（介護休業制度は）うちの職場では聞いたことない（No.8）
	職場の経営状況	うちの会社は使わせてもらえない……会社の経営状態が悪いから（No.2）
	職場の人員不足	（職場は）少人数なので休めない（No.8）
経済的理由	経済的理由	生活があるし（No.8）
裁量内での個別の対応	非正規雇用による調整	パートで時間をずらせばいい（No.4）
	職位による調整	（責任者であるため）自分でシフトを組めるので（No.7）
	休暇・休憩時間の利用	近いからちょっと帰ることもできる（No.5）有給休暇を取って対応して……（No.12）
	個人的関係での調整	仲間がいい人ばかり……融通を利かせてもらえる……母の具合が悪い時とか3，4時間、外に出ることもできる……（No.5）職場の人もわかってくれる。……長年勤めている……自分の裁量である程度コントロールできる（No.12）。
デイサービスの利用	デイサービスの利用	軽度のときはデイに（週6日）行けていたからそれで対応できた。（No.12）
家族介護の限界	介護レベルの問題	（認知症の）症状が重くなってからは自分では介護できない（No.12）
	長期間の介護	（介護・世話の）期間が決まってるなら使えるかもしれないけど……回復が見込めないから（No.12）

注：……は中略の意。（　）は筆者が加筆した。
出典：インタビュー調査結果をもとに筆者作成。

に合わせて仕事を調整できる（No.7）、至近距離にあるため介護が必要になるたびに帰ることができる（No.5）、有給休暇を使う（No.12）、勤務年数も長いため、職場の人も理解してくれる（No.12）ということが述べられている。

　さらに、【家族介護の限界】を述べたケースもあった（No.12）。これは、夫に50代で認知症が発生し、その進行も早く、短期間で重度化したケースであるが、家族で介護できるレベルではないため休業して時間を創出し

ても意味がない、ということを述べている（No.12）。

4 考 察

　就労している家族介護者は、まず様々な生活行為を【削減・縮小】し、それでもやるべきことが数多く残るため【労働の過密化】を進めて生活運営を行っていた。また介護保険制度の居宅サービス利用では【削減・縮小の防止】や【労働の過密化の緩和】の効果がみられた。しかし【生活運営の限界】が生じることや介護保険サービス利用が【部分的な「生活運営」効果】であることも示された。また、介護休業制度は利用するケースがなく、多くが仕事の調整を個人的に対応していた。以下、家族介護者の生活運営とその問題点について考察を加えたい。なお、家族介護者による生活運営とその問題点について図式化し、**図2-①**に示した。

（1） 家族介護者による「生活運営」の現状とその問題点

ⅰ） 必要最低限の行為のみの遂行と孤立化・生活の質の低下

　様々な生活行為の【削減・縮小】では、とくに【自由時間の削減・縮小】、【趣味・友人付き合いの削減・縮小】といった家族介護者のみに影響が及ぶと考えられる行為を優先的に【削減・縮小】していた。この「自由時間」、「趣味・友人付き合い」の【削減・縮小】は生活時間に関する先行研究と一致する（新居ら 2012、伊藤 2013）。ただし「趣味」に関しては、完全にやめるのではなく、短時間でできる外出や家でできる読書を行うなど、時間的、場所的に可能なことに限定することで少しでも行おうとしているケースもみられた。

　一方、「家事・育児」、「介護・世話」は【削減・縮小】することなく行おうとしていた。これは（No.2 を除いたすべてのケースで）基本的に家族介護者本人のみで行おうとしていたが、ときには、同居・近居の家族・親族の援助を得ていることが述べられていた。ただし、これは「最後の手段」として用いられており、できる限り他の家族・親族の生活にまで影響が及ばないよう、配慮していた。具体的には、近居の息子には負担をかけ

Ⅰ 就労する家族介護者による「生活運営」の実態と問題点

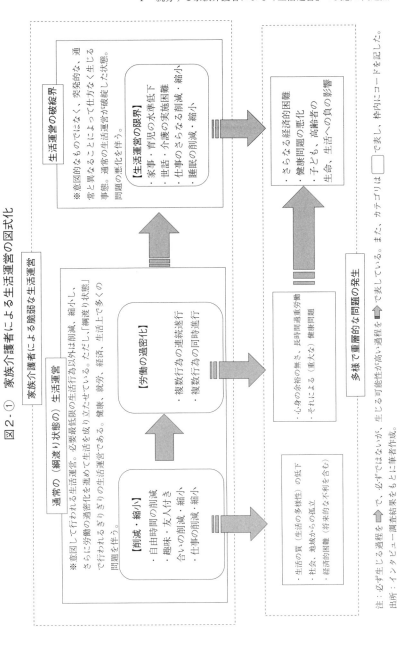

図2-① 家族介護者による生活運営の図式化

第2章　家族介護者の生活運営の実態とその問題

させたくないため、なるべく頼まないようにしている（No.12）、近居の娘
がいるがすでに家庭を持ち、まだ若いことから、介護については話もしな
いようにしている（No.8）ことなどが述べられている。また、実際に、変
則的に家族・親族から援助を得ているケース（No.5、6、8、12）では、家
族介護者の援助をしている夫、弟、息子たち自身も正規雇用の仕事に従事
し（近居の義弟、息子については自分自身の家庭を持っており）、生計中
心者として家庭を経済的に支えなければならない状況にある。また、No.5
の実父のいとこの嫁は自分自身も義母の介護をしている。No.6の子ども
についても、（仕事はないが）学校があり、当時は受験生で塾にも通って
いた（現在は子どもも別居し、夫は単身赴任中のため、家族介護者と高齢
者の2人暮らしとなっており、家族介護者のみですべてを行っている）。
これらを見ると、いずれのケースにおいても、介護・世話の状況や介護者
の都合に合わせて、自由に時間を調整し、いつでも援助することが可能な
同居・近居の家族・親族は存在していない。すなわち、彼らの援助は容易
に得られるものではなく、それを恒常的な介護・世話の担い手として、家
族介護者が使用する（期待する）ことは、家族・親族に負担をかけたくな
いという心情的な要因が作用するだけでなく、物理的にも、経済的にもき
わめて困難であると言える。必然的に、同居・近居の家族・親族による援
助は、最終的な手段として、まれに、変則的に得るのみになる。そしてこ
のことは、家族介護者は最終的な手段を用いてでも、「介護・世話」は何
とか遂行しようとしていることの現れでもあると言えよう。

　このように、「家事・育児」、「介護・世話」については、いかなる状況
にあっても遂行しようとする理由として、これらの行為が高齢者や家族の
生命、生活を維持するために最低限必要なものであり、それを「削減・縮
小」することは現実的には困難であることが考えられる。なお、「家事」
については、先行研究で介護者の「家事」時間の長期化を伊藤（2013）、
小林（2002）が指摘しており、今回の調査でも高齢者の介護・世話のため
に家事（高齢者宅の掃除、洗濯、買い物、食事の準備、高齢者の排泄物に
よって毎日汚染される住居の掃除等）が増加したことを多くのケースが述
べていたが[2]、これらの家事は【削減・縮小】せず、すべてこなしていた。

Ⅰ　就労する家族介護者による「生活運営」の実態と問題点

　また【地域参加の削減・縮小】があり、「地域参加」は高齢者や家族の生命、生活に直結する行為ではないため【削減・縮小】されていると考えられる。これは家族介護者は社会との接点を持つことが困難になるとする先行研究とも一致する（伊藤 2013、小林 2002）。しかし、上述したように、地域社会で暮らすためには最低限の地域参加、近所付き合いが必要であることから、他の家族に頼む、または謝罪や金銭の支払いにより地域の人に了解を得る、介護保険サービスを利用するなどによって「最低限の地域での役割」は何とか果たそうとしていることもうかがえた[3]。

　以上のように、家族介護者はまず必要不可欠な行為以外を削ることによって他の様々なことを行えるようにし、また同時に、最低限の地域での役割や趣味・好きなことは行おうともしていた。しかし、このような必要最低限の行為の遂行に絞り込んだ生活運営は、結果として人間関係の断絶、社会からの孤立につながると言える。「最低限の地域での役割」を果たしたとしても、家族介護者自身が地域住民の一員として豊かな人間関係を地域社会で築くことは困難な状況にあることには変わりない。また、矢野（1999）は長時間労働等によって生じる「選択的余暇の多様性の減少」を指摘しているが、家族介護者は同様に選択肢のない限定的な余暇を過ごしていると言える。これらの結果として、家族介護者の生活の質の低下が指摘できる。

ⅱ）　仕事の削減・縮小と経済的不安定

　不可欠であるはずの「仕事」でも【削減・縮小】が、とくに自営業、非正規雇用、在宅ワークといった就業時間が柔軟なケースで述べられた。ただし、これは「退職」ではなく、仕事の日数、時間数、生産量の削減・縮小、正規職を諦めるというかたちで行われており、高齢者と家族の生命、生活をまもるために必要な最低限の仕事量、収入は確保しようとしていた。たとえば No.2 は、「赤字にならないぎりぎりのところ」で働いていると述べている。そもそも経済的余裕がなければ退職することは困難であり、そのような状況にないケース[4]では、自分の裁量で就業時間を調整し、一定の収入を得ながら介護・世話、家事等を行う以外に選択肢はなかったと言

81

える。また、正規雇用ではこのような柔軟な働き方は難しいため、結果として不安定な非正規雇用にとどまり、就業時間を調整しながら介護・世話を行うという選択を余儀なくされていた。また、これらのケース（自営業、非正規雇用）の多くは【生活運営の限界】でも【仕事のさらなる削減・縮小】を行っている（No.1、3、4）。

労働政策研究・研修機構（2006）は非正規雇用者のほうが正規雇用者よりも「早退」「遅刻」「欠勤」というかたちで労働時間の調整を行っている者が多いという結果を示しているが、今回は非正規雇用者に加え、自営業、在宅ワークの者が労働時間を頻繁に調整していた。このように自営業、非正規雇用、在宅ワークの者が仕事を削減・縮小、いわば仕事を調整弁とした生活運営を行うことは、即座の収入減をもたらし、雇用・労働条件の充実の機会を逸することにつながるものであり、しかも介護中のみならず将来にわたっても経済的困難、不利をもたらしうるものである。

このように家族介護者が【仕事の削減・縮小】を行うことには、先に述べたような家族介護者の就労・収入を保障する制度として十分に機能していない介護休業制度、家族介護者の就労状況に配慮していない介護保険制度が背景にあり、結果として家族介護者は個人的なこととして仕事を調整せざるを得ない状況にある。このような働き方の選択は家族介護者自身の「自己選択」であるかもしれないが、十分な制度的支援がないなかで、高齢者介護と就労・収入の確保を両立させるためには、不本意であっても選択せざるを得なかったものであり、「自己責任」では片付け得ないものであると言える。

ⅲ）　生活の細分化による【労働の過密化】とその問題点

必要最低限の行為以外の【削減・縮小】を行っても【労働の過密化】を行わざるを得ない状況がみられた。まず、被雇用者の場合は、とくに就業時間と介護保険サービスの利用時間の調整の困難さ、両者の時間の緊張状態があった。それを基礎として、就業時間外、休日における早朝から夜中まで、介護・世話、高齢者宅の家事、自分の家の家事、子どもの世話、高齢者宅と自宅の移動等を休む間もなく行う【複数行為の連続遂行】の深刻

さがみられた。

　一方、自営業の場合、仕事の時間、量を自分の裁量で柔軟に調整できるが、そのため「仕事」と「高齢者のための介護・世話、家事」との境界線が曖昧となり、就業時間内も常に介護・世話、高齢者の家事を行う必要が生じ、彼らの就労を確保することが困難な状況が生じていた。しかしながら、生活のためには一定以上働く必要があり、介護・世話、家事の実施、ホームヘルパー、ケアマネージャーの訪問、病院への対応と最低限の収入の確保が常にせめぎ合い、それらをすべて満たすため、集中的に連続して行わなければならない状況にあった。

　また【複数行為の同時進行】は、とくに認知症で目が離せないケースでみられ、このようなケースでは【労働の過密化】が起こりやすく、注意を要すると言える。

　以上のような家族介護者の【労働の過密化】は「長時間過重労働」の状態ととらえることができる。就労している家族介護者は家庭外での労働に加え、帰宅後も休む間もなく、介護を担っていない者が通常行う以上の家庭内労働（家事労働、介護労働）に服しており、早朝から夜遅くまで休息のない労働の連続である。この「長時間過重労働」が脳・心臓疾患等の健康問題を引き起こす可能性が高いとする指摘は多い（小木 1994、厚生労働省 2010、福地 2008）。もちろん、家庭内労働と家庭外労働を同等に扱うことについては議論の余地があるが、今回の調査では介護・世話を始めて生じた健康上の問題をすべてのケースが訴えている（**表 2-①参照**）。家族介護者の介護負担等に関する研究では、介護、家事、仕事等を「遂行できない」ことが注目されるが、「遂行できている」状態であってもそこには【労働の過密化】がある場合があり、それによる家族介護者の健康問題に留意する必要がある。

　なお、以上の【労働の過密化】では「生活の細分化」が対になっている点を指摘したい。家族介護者の生活は、通常の家事、仕事の時間に加え、介護・世話のタイミング、高齢者のための家事、デイ・サービスの送迎時間やホームヘルパーやケアマネージャーの訪問、通院等によって細く区切られた時間の連続となっている。行うべきことが多く、まとまった時間を

第2章　家族介護者の生活運営の実態とその問題

とることもできず、細分化された限定的な時間内ですべてを行う必要があるため【労働の過密化】が生じている。この「生活の細分化」の解消も重要課題の一つである。

　また、とくに子育てをしているケースでは生活の細分化がさらに進むことが指摘できよう。家族介護者（夫婦）、高齢者に加え、子どもの生活リズムや子どものための食事の用意が必要となり、たとえば学齢期の子2人を抱える No.5 では、高齢者は午後5時半から6時頃に食べて夜8時に寝るが、子どもは午後6時、7時に帰宅し、それから夕食を食べ、就寝は11時になること、また食事についても、柔らかいものしか食べられない高齢者用、肉中心の洋食を好む子ども用、さらに夫用も用意しなければならないことを述べている。子ども会、学校での役割が加わることもある。このように子育てと高齢者介護を同時に行うケースでは「生活の細分化」と【労働の過密化】が進み、負担の多い生活運営が強いられることが指摘できる。しかも【生活運営の限界】では、現在または過去の子育ての不十分さを挙げるケースがみられ（No.4、5）、このようなケースにおける子どもへの負の影響も懸念される。

iv）　生活運営の脆弱性

　【削減・縮小】、【労働の過密化】を行ってもなお【生活運営の限界】が生じていた。これは家族介護者が行う生活運営の脆弱さの結果と言える。家族介護者の生活運営は【労働の過密化】で示したように、危ういバランスの上でかろうじて成り立つ綱渡り状態の運営であり、通常通りの生活であれば乗り越えることができるが、仕事、介護・世話、家事等にいつもより時間がかかってしまう、高齢者の状態変化など、通常とは異なる突発的ことが生じると即座に家事・育児、介護・世話、仕事、睡眠が適切に行えない事態につながっていた。

　また、前述したように、家族介護者は、家族、高齢者の生命・生活に直結する「家事・育児」、「介護・世話」、「最低限の地域での役割」をいかなる状況下でも遂行しようとしていたが、それは同居・近居の家族・親族の援助を得て、すなわち家族・親族という私的なネットワーク内での役割分

Ⅰ　就労する家族介護者による「生活運営」の実態と問題点

担、労働力配分の変更によって可能となっている側面があった。しかし、このような家族・親族の援助は容易に得られるものではなく、最終的な手段として限定的に得られるのみであることも指摘した。これらの援助を得るためには、一定の条件を備えた家族でなければならない。**表2-⑥**は同居・近居の家族・親族の有無と役割分担の状況について整理したものである。No.1、11（および現在のNo.6）のように、現在、高齢者と家族介護者のみの２人暮らしであり、介護を要さない同居・近居の家族・親族がいないケースでは、そもそも援助を得ることは不可能であり、すべて家族介護者のみで行わなければならない。また、恒常的に同居の家族（実父）とともに介護を行っているNo.2も、実父が高齢であり、身体的機能の低下もみられることをふまえると、現在のぎりぎりの生活運営を保つことについて将来的な不安が生じる。そして、介護を要さない同居・近居の家族・親族がいるケース（No.3、4、5、6、7、8、9、10、12）であっても、その家族・親族（夫、息子、義弟）は正規雇用の職に就き、生計中心者として自分の家庭を支えなければならず、常に、援助可能な状態とは言い難い。とくに、No.3、4は長時間労働で多忙を極めていることが述べられている。これらをふまえると、家族介護者の生活運営を支える同居・近居の家族・親族の援助は、彼らの健康、就労状況によって容易に左右される不確実なものであると言える。ここでも、家族介護者の生活運営の脆弱さを指摘することができよう。

　生活運営の破綻が【介護・世話の水準低下、妥協】にいけば、高齢者の生命、生活に悪影響を及ぼし、【仕事の削減・縮小】へいけばさらなる経済的困難を生じさせる。そして【睡眠の削減・縮小】が生じた場合は、【労働の過密化】で述べた健康問題が生じる危険性がさらに高まると考えられる。小田切（2008）は労働者の慢性疲労の背景として長時間労働に加え、疲労の回復に必要な睡眠時間の確保の困難さがあるとしている。また、先述の厚生労働省の示した「労働時間外の負荷要因」においても、「交代制勤務・深夜勤務」（勤務と次の勤務までの時間、深夜時間帯の頻度等）が挙げられている。「睡眠の削減・縮小」をして仕事等やるべきことを行う状況は、勤務と次の勤務までの時間の短縮化、深夜時間帯の労働への従事

第 2 章　家族介護者の生活運営の実態とその問題

表 2-⑥　同居・近居の家族・親族との役割分担の状況

分　類			ケース No.	役割分担の状況（要約）
【分類Ⅰ】介護を要さない同居・近居の家族・親族がいない			No.1 No.11	2 ケースとも介護を要する高齢者 (No.1 は実母、No.11 は夫) と介護者の 2 人暮らし。選択肢なく、仕事、家事・育児、介護・世話等、すべてのことを介護者本人が行っている。
【分類Ⅱ】介護を要さない同居・近居の家族・親族がいる	Ⅱ－1 同居・近居の家族・親族が何らかの役割を担っている	恒常的	No.2	No.2：同居の実父（80 代。持病、障がい等はとくになし）が、日中の見守り、昼食（主にアイスクリーム、ゼリー等）の介助、地域の会合への参加、ケアマネとの打ち合わせを担っている。
		変則的	No.3,5,6,7, 8,12	No.3：夫（生計中心者、正規雇用。長時間労働で多忙）が地域の会合、行事への参加してくれることがある。 No.5：夫（生計中心者、正規雇用）が子どもたち（中学生 2 人）を、時々、外食に連れていく。近くに住む、実父のいとこの嫁（義母を介護中）に、仕事で動けない時、1 回だけ来てもらったことがある。 No.6：子どもが高校生で家にいた時は、どうしようもない時だけ見守りを頼んだ。現在は夫も単身赴任中で、介護者だけでしている。 No.8：近居の弟夫婦（仕事あり）に仕事中、ちょっとみてもらうことが時々あった（現在は、ショートステイ利用を増やし、介護者のみですべてしている。近居の娘は結婚して家庭があり、まだ若いため、介護の話はしない）。 No.12：近居の息子（社会人・既婚）に、夜の地域の会合、冠婚葬祭がある時のみ、みてもらうことがある（ただし、負担をかけさせたくないため、なるべく頼まないようにしている）。
	Ⅱ－2　すべて介護者のみで行っている		No.4,9	No.4：夫（生計中心者、正規雇用）と同居の息子（社会人）がいるが、両者とも長時間労働で多忙。また介護者本人が介護することを好んでおり、自分の役目であると思っている。 No.9：夫（生計中心者、正規雇用）と同居の息子（社会人）がいるが、夫は出張中であり、息子も仕事がある。とくに、高齢者、夫ともに介護は嫁（妻）の仕事、という意識が以前から強く、介護者はそれに従わざるを得ない状態にある。

出典：インタビュー調査結果をもとに筆者作成。

を意味しており、この項目に該当すると言える。

【削減・縮小】、【労働の過密化】によって生活運営が行われ、表面的にはワーク・ライフ・バランスが成立しているようにも見える。しかしながら、それは最低限行う必要があること以外はすべて削り、家事、介護・世話、仕事、介護保険サービス、通院、子育てによって細分化された生活のなかで【労働の過密化】を進め、かろうじて成り立っている脆弱なバランスであり、高齢者とその家族の生命、生活、人生を脅かす事態が生じやすいことが指摘できる。

(2) 「生活運営」からみた介護保険制度の効果と問題点

介護保険制度の居宅サービス利用では家事、仕事、地域への参加、趣味・友人付き合い、介護・世話における【削減・縮小の防止】の効果がみられ、【家事の実施】、【仕事の実施】、【地域への参加】、【趣味・友人付き合いの実施】が述べられていた。これらに共通することは、居宅サービス利用によってまとまった時間を確保でき、生活の細分化を緩和し、その間に家事、仕事、地域への参加や趣味・友人付き合いを行っているということである。なお、これはデイ・サービスやショート・ステイ利用で顕著にみられ、ホームヘルプサービス利用では No.1 が【仕事の実施】、【趣味・友人付き合いの実施】を述べるのみであった。ホームヘルプサービスは特定の行為をピンポイントで代替するサービスであり、それによってまとまった時間を確保できるわけではないことが背景にあると考えられる。ただし、No.1 は 3 時間ごとのトイレ介助と 1 日 3 回の食事準備のため生活が細分化されており、ホームヘルプサービスによるトイレ介助の代替だけで数時間を確保できる状態にある。そのためホームヘルプサービスの利用でも【削減・縮小の防止】の効果が得られたと考えられる。「生活の細分化の緩和」はデイ・サービス、ショート・ステイのほうがホームヘルプサービスよりも期待できるものの、No.1 のように介護・世話が一定時間ごとに複数回必要となるケースでは、特定行為を代替するホームヘルプサービスでもその効果が期待できると言えよう。

なお、ホームヘルプサービス利用では、家族では【困難な家事、介護・

世話の代替】についてとくに述べられている。専門職が自宅に訪れ、特定の介護・世話、家事を行うホームヘルプサービスは、ある特定の家事、介護・世話の実施に困難を感じているケースにおいて、介護・世話、家事の【削減・縮小】を防止するのに有効である。

また、【労働の過密化の緩和】がみられたケースもあり、現在無職で高齢者と同居し、常に高齢者とともにいる No.9、就業日に合わせてデイ・サービスを利用し、休日は常に高齢者と一緒にいる No.6 であった。しかし、No.9 はデイ・サービスを利用することで、No.6 は就業日以外にもデイ・サービスやショート・ステイを利用することで、高齢者から離れられる何もない「フリーの日」を作り、自由時間、休息を確保していた。「フリーの日」を作るサービス利用の重要性が指摘できる。なお、【労働の過密化の緩和】ではホームヘルプサービスを挙げたケースはなく、これは生活の細分化の緩和が特定のケースに限られ、また高齢者と離れてフリーな日を作り出すことにはならないことが影響していると考えられる。

以上の介護保険サービス利用による「生活運営」上の効果は【部分的な効果】であることが述べられていた。介護保険サービスの利用による介護負担感の軽減、生活満足感への影響を示す先行研究もあるが（人見 2002、北浜 2003）、「生活運営」に着目した場合、その効果は部分的なものにとどまっていると言える。

まず、介護保険サービスの利用日・時間が限定されている【サービス利用上の制約】のため、必要とするときに必要な援助を受けることができない、利用日・時間以外では【労働の過密化】が生じる、家族では実施困難な介護・世話の代替ができず、介護・世話の【削減・縮小の防止】の効果が望めないことが述べられていた。なお、デイ・サービス、ショート・ステイのような「一時的な介護労働からの解放」では介護負担感の本質的な解消にはいたらないとしている研究もあり（筒井 2010）、本研究結果と共通する課題が指摘されている。

さらに、ホームヘルプサービス利用による【手間の発生】も述べられていた。特定行為をピンポイントで代替するのみのホームヘルプサービスはそれに付随する一連の諸行為までは援助内容に含まず、それを家族介護者

Ⅰ　就労する家族介護者による「生活運営」の実態と問題点

が行わなければならないことがあるため、結局は家族介護者がやるべきことが増え、生活の細分化、そして【労働の過密化】を招くこがあると考えられる。デイ・サービス、ショート・ステイは就業を促進するが、ホームヘルプサービスは就業を抑制する効果があるとする先行研究もあり（大日1999）、ホームヘルプサービス利用が逆に生活運営の妨げになる場合があることが指摘できよう。

　ただし、これはデイ・サービスでも同様のことが指摘できる。すなわち、就業時間と整合性のない利用時間の設定が、仕事とデイ・サービス利用の調整を困難にしていることは【労働の過密化】でも指摘したが、その家族介護者の就業時間に配慮していないデイ・サービスの利用時間が生活の細分化と【労働の過密化】を促していると言える。デイ・サービス、ホームヘルプサービスを規定する介護保険制度は、そもそも高齢者の介護ニーズの充足を目的としており、家族介護者の生活運営を保障する視点は有していない。そのため、家族介護者は介護保険サービスに生活を合わせ、その隙間を埋めるように介護・世話、家事を行う必要が生じ、それが生活運営の妨げとなってくることが指摘できる。

　最後に、利用料負担による【経済的制約】もあり、介護保険サービス利用による「生活運営」上の効果がみられるケースはあるものの、その効果は家族介護者の個々の世帯の経済状態が左右していると考えられる。

　以上のように介護保険サービス利用による「生活運営」上の効果が部分的であるという問題は、介護保険制度が家族介護を前提として設計されていることが背景にあると考えられる。すなわち、介護保険サービスを仕事、家事、介護・世話の状況など、介護者側に合わせて柔軟に利用することが困難な仕組み、一般の就業時間と整合性なく設定されることが多いデイ・サービスの利用時間、必要とされる多様な介護・世話の一部をピンポイントで代替するような仕組みになっているホームヘルプサービスの特性から生じている。これは介護保険という制度そのものが高齢者の介護・世話を中心にして仕事、家事・育児、近所づきあい等を自由に調整し、介護・世話を部分的に代替する介護保険サービスに合わせて、柔軟に対応してくれる家族がいることを前提としていると言える。しかしながら、このような

89

前提は家族介護者の生活実態には即しておらず、結果、今回の調査で示されたような脆弱な生活運営を家族介護者に強いることになっていることが指摘できる。

（3） 介護休業制度の問題点と家族介護の限界点の検討の必要性

介護休業制度は利用せず、個人の裁量内で仕事の量・質を調整しながら生活運営を行っていた。これは職場環境の問題、経済的支援の不十分さなど様々な要因があり、それは今後、明らかにしていく必要がある。しかし、今回の調査結果は、介護・世話のために仕事を調整することが「個人的なこと」として処理され、家族介護者の就労に関する社会的支援が十分に機能していない現状を少なくとも示していると言える。

上述してきたような家族介護者による生活運営の実態をみると、家族介護を前提とし、就労状況との整合性を持たない介護保険制度を背景として、家族介護者は介護保険サービスでは補えない介護・世話の穴を埋めるように、介護・世話、介護保険サービスの状況に合わせて仕事を調整している。それをふまえると、家族介護者の就労を保障する制度として、介護・世話を必要とする全期間において柔軟に働くことを可能とする制度が必要とされていると理解できる。しかしながら、現行の介護休業制度では、短時間勤務制度等の導入率の低さ、勤務日数縮小を可能とする制度の不在、介護休暇の少なさ（年間5日間）、短時間勤務制度等の利用期間の制限[5]、さらにそれらの制度利用にともなう収入減に対する所得保障の不在からもわかるように、家族介護者の柔軟な働き方とその間の生活を保障する機能はきわめて不十分である。その結果、有給休暇の利用、介護保険サービスの追加利用、職位を利用した勤務日・時間の調整、ある程度就業日数、時間を調整できるが不安定な非正規職にとどまる等により、個人的に仕事の量・質を調整して対応せざるを得なくなる。さらに、自営業にいたっては介護休業制度という社会的支援そのものが存在しない。健康状態、家族状況、雇用・労働条件、経済的状況などで様々な事情、制約を有する家族介護者が個々の裁量内で仕事を調整するには限界があり、それが先述したような様々な問題をともなう脆弱な生活運営として現れている。

最後に、家族が担える介護・世話のレベルではないため、介護休業制度
利用による介護時間の創出では意味がないとする発言もあった（No12）。
このケースはデイ・サービス利用で仕事に行け、介護休業制度を利用する
必要がなかったとも述べているが、これは認知症がまだ軽度であったとき
の話であり、重度化したあとはデイ・サービスに行くこともできず、介護
休業制度を利用して自分が在宅するようにしても、認知症の症状が深刻な
ため、介護・世話を行える状況ではないとしている。また、先に述べた
「生活運営の限界」が生じるケースには高齢者の介護・世話を家族が担う
ことそのものに無理があるケースが含まれている可能性もある。たとえば、
No.2 は要介護 5 で寝たきりの高齢者を自宅で介護しながら、フルタイム
で働いている。昼間は父親がいるが、高齢のため見守りやアイスクリーム
やゼリーなどの食事介助程度しかできない。また No.8 は、体調変化が、
突然しかも頻繁に起こる別居の母親の介護・世話、家事をパートではある
が働きながら、しかも子育てもしながら行わなければならない。

　介護保険制度のみならず、介護休業制度もまた休業や短時間勤務等で仕
事を削減・縮小させ、家族にある一定の介護・世話を担わせる家族介護を
前提とした制度である。今後、家族介護の現状とその限界性を厳密に検証
する必要があり、介護休業制度の充実とは別に、介護・世話の役割から解
放される（介護の負担を軽減する、ストレスを一時的に解消することとは
異なる）、いわゆる「介護の脱家族化」に向けた高齢者福祉、家族介護者
のための制度・政策を検討する必要があろう。

5　小　括

　家族介護者の生活運営の実態とその問題点を明らかにすることを試み、
家族介護者の生活の質の低下、孤立化、健康問題、経済的問題を生じさせ
うる脆弱な生活運営の現状を示してきた。そして、家族介護を前提として
「生活運営」上の効果は部分的なものにとどまる介護保険制度、柔軟な働
き方と生活を保障する機能が不十分な介護休業制度を背景として、家族介
護者が個人的な事柄として生活運営を行わざるを得ない状況にあることを

第2章　家族介護者の生活運営の実態とその問題

示してきた。脆弱な生活運営を解消するため、高齢者の介護ニーズの充足のみでなく、家族介護者の生活運営を保障する視点に立った介護保険制度が必要であると言える。生活の細分化を緩和するデイ・サービス、ショート・ステイを個々の経済状態に左右されることなく、就業日・時間外も余裕をもって利用できる仕組み、就労や地域での役割、子育てに配慮したサービス利用時間の設定が不可欠であろう。またそれと連携して、介護休業制度の充実も欠かせない。高齢者の介護・世話の状況や介護保険サービスの利用時間に配慮した柔軟な働き方を可能とし、またそれによる収入減を補い、高齢者とその家族の生活を保障する仕組みにする必要がある。さらに今回は自営業、非正規雇用のケースの就労の不安定さが示され、彼らの就労保障と所得保障の必要性、そして子育て世帯や目が離せない状態の認知症高齢者のケースへの支援の必要性も示唆された。

　家族介護者は健康、就労、生活上において様々な犠牲をはらいながら脆弱な生活運営を行い、高齢者や家族の生命、生活を守ろうとしている。これは家族介護者の選択の結果ではあるが、他に選択肢がないなかで行わざるを得なかった選択である。脆弱な生活運営とそれによって生じる諸問題は、家族介護者個人の選択、生活運営の失敗というよりも、むしろ彼らを支える制度の不備から生じていると言えよう。今後、家族介護者がその生命、生活、人生において犠牲をはらうことなく、時間的、経済的、身体的・精神的に余裕のある生活運営を行いうる社会的システムを構築する必要がある。それには前章でも指摘したように、高齢者の介護ニーズの充足を目的とする「介護保障」ではなく、彼らが抱える多様な問題に対応し、その生命、生活を総合的に保障する、家族介護者のための「生活保障」の制度・政策として検討する必要があろう。宮本（2008：2、12）は「生活保障」とは社会保障（社会保険・公的扶助・社会サービス）と雇用保障（雇用の創出・拡大を実現する諸施策）を柱とするものであり、その実現には両者の連携が必要であるとしている。しかしながら、家族介護者には社会保障に分類される介護保険制度・サービスと雇用保障の一つである介護休業制度が用意されるのみであり、医療保障、所得保障、教育保障等の他領域において彼ら独自の問題に焦点を絞り、彼らを対象とする制度・サービ

スは用意されていない。しかも現在、彼らに用意されている介護保険制度、介護休業制度であっても、先に指摘したような問題（介護保険制度は家族介護を前提として部分的に介護・世話、家事を代替するのみであり、介護休業制度は柔軟な働き方と所得を保障する機能が不十分である等）を多く含み、しかも両制度の連携はみられず、別々の制度として存在し、機能している。すなわち、家族介護者のための、介護、雇用・就労、所得、健康・医療、教育[6]に関する総合的な生活保障の制度・サービスの展開が欠如しており、その整備が急務である。

　最後に、本調査、研究の限界と課題について述べたい。今回の調査は調査対象者の選定をケアマネージャーに委ねており、ケースに偏りがある。とくにケアマネージャーと良好な関係を築いていて、最も過酷な時期を高齢者の状態の改善等によって乗り越え、インタビューを受ける余裕が出てきた小康状態にあるケースが大多数である。そして、特定地域の一部のケースの質的分析であることから、本研究のみをもってその結果を一般化することは難しい。また、介護休業制度利用者はおらず、十分な分析を行うことはできなかった。制度的な不備を背景とした脆弱な生活運営が家族介護者の生命、生活、人生に及ぼす問題については、その因果関係も含め、さらなるデータの蓄積、分析が必要である。

II　家族介護者の「生活運営」問題と階層性

1　背景と目的

　ここでは前節で示した家族介護者の「生活運営」の実態、問題と家族介護者の世帯の「階層性」との関連について分析、検討を試みたい。

　すでに家族介護者の介護負担感に関する研究では、家族介護者の就労状況、経済状態との関連性が指摘されている。杉原ら（1998）は主介護者のストレスと介護期間の影響を分析し、主介護者が経済的に困窮している、

もしくは無職の場合に長期間の介護の悪影響が強く出る傾向があることを指摘している。また、中谷ら（1989）は、常勤職に就いている主介護者のほうが介護負担感が低いことを、中西（2013）は、男性主介護者では世帯年収が低いほど介護負担感が高く、女性主介護者では正規就労に従事している場合に介護負担感が低いことを指摘している。これらは経済的困窮を抱える世帯の家族介護者のほうが介護負担感が高くなり、安定した就労状況にある家族介護者のほうが介護負担感が低くなることを示していると言える。また、第1章では小「核家族」を基礎とする労働者はその生活に脆弱性をはらんでおり、とくに生計中心者が無職、不安定就労である場合はそれが顕著に現れるとする指摘があり（浜岡 2008、三塚 1997）、これは家族介護者においても同様のことが言えることを、また家族介護者に特徴的にみられる多領域にわたる重層的な生活問題は就業年齢に多いことを示した。さらに前節では、介護保険サービスの利用による「生活運営」上の効果には経済的制約があり、経済的に許す範囲での介護保険サービス利用に限られるため、個々の世帯の経済状態が介護保険利用による生活運営効果を左右することも指摘した。

　以上をふまえると、家族介護者による「生活運営」問題は家族介護者とその世帯の就労状況、経済状態と関連している可能性があると考えられる。この点を明らかにすることは「脆弱な生活運営」が生じる構造を明らかにすることにつながり、家族介護者の「脆弱な生活運営」とそれにともなう健康、就労・収入、生活上の多様かつ重層的な問題を解決するためには不可欠であると言える。そこで本節では、これまで論じてきた就労している家族介護者の生活運営を世帯の「階層性」から再分析することとする。さらに、各階層の生活運営と介護保険サービスの利用状況との関連についても加えて検討を行う。

2 「階層性」によるケースの区分

(1) 階層の区分方法

　前節で示した12ケースを三塚（1997）が示す6つの階層[7]に依拠して区分した。ただし、事業所規模によらず経営状況が苦しい事業所も存在することをふまえ、「30人以上事業所」は「経営難」か否かによっても区分した。その結果、「個人経営の自営業」、「30人未満事業所・正規職員」、「30人以上事業所・非正規職員」、「30人以上事業所（経営難）・正規職員」「30人以上事業所・正規職員」の5つの階層に分けられた。これらをさらに家族介護者による「経済的困難の主訴」の有無で分けた（**表2-⑦参照**）。

　以上の結果、「経済的困難の主訴あり」（9ケース）は「個人経営の自営業」（2ケース）、「30人以上事業所・非正規職員」（1ケース）、「30人以上事業所（経営難）・正規職員」（2ケース）、「30人以上事業所・正規職員」（4ケース）で構成され、「経済的困難の主訴なし」（3ケース）は「30人未満事業所・正規職員」（1ケース）、「30人以上事業所・正規職員」（2ケース）で構成された。

　さらに、「経済的困難の主訴あり」群のうち、「個人経営の自営業」、「30人以上事業所・非正規職員」、「30人以上事業所（経営難）・正規職員」までを「不安定な就労」群とする。そして「経済的困難の主訴あり」群の「30人以上事業所・正規職員」、および「経済的困難の主訴なし」群の全3ケースを「安定した就労」群とする。なお、ここには三塚（1997）が「不安定雇用労働者層」と位置づける「30人未満事業所・正規職員」のケースも含まれるが、このケースの勤め先は経営がきわめて安定した個人病院であり、実際に正規職員として長年安定して勤務してきていることをふまえ、これも「安定した就労」群に含めた。

第2章　家族介護者の生活運営の実態とその問題

表2-⑦　家族介護者の生活運営（階層別）

経済的困難に関する主訴	生計中心者の職業		ケースNo.	①生計中心者②家族介護者の仕事	①利用している介護サービスの種類と回数②要介護度	同家計内の他の就業者・扶養者人数	同居家族
	安定性	事業所規模と雇用形態					
経済的困難の主訴あり	不安定な就労	個人経営の自営業	1	①家族介護者本人②個人経営の自営業	①訪問介護週3回②要介護3	就業者1名被扶養者1名	実母（被介護者）
			11	①家族介護者本人②個人経営の自営業③年金が主な収入源（夫の厚生年金と自分の国民年金）。	①訪問介護週6回②要介護5	就業者1名被扶養者1名	夫（被介護者）
		30人以上事業所・非正規職員	2	①家族介護者本人②30人以上事業所・派遣社員	①訪問介護と看護の組み合わせ1日2回×週5回②要介護5	就業者1名被扶養者なし	実父（年金生活）・実母（被介護者）
		30人以上事業所（経営難）・正規職員	3	①夫②個人経営の自営業	①デイ週3回、訪問介護週3回、ショート月2回②要介護2	就業者2名被扶養者なし	夫・義母（被介護者）
			4	①夫②30人以上・介護職・パート（施設勤務・夜勤なし。開設当時から勤務）。	①デイ週1回②要支援1	就業者2名被扶養者なし	夫・義父（被介護者）・子（社会人）
	安定した就労	30人以上事業所・正規職員	5	①夫②30人以上・保育士・パート	①デイ週1回②要支援2	就業者2名被扶養者2名	夫・子（2人）
			6	①夫②30人以上・介護職・パート（デイサービス職員なので夜勤なし）	①デイ週4回、ショート月1回②要介護1	就業者2名被扶養者2名	実母（被介護者）
			7	①家族介護者本人②30人以上事業所・正規職員（看護師・施設勤務だが夜勤なし）	①デイ週4回、ショート月1回②要介護3	就業者1名被扶養者なし	子（社会人）
			12	①家族介護者本人②30人以上事業所・正規職員（事務）	①デイ週6回②要介護3	就業者1名被扶養者1名（被介護者）	夫（被介護者）
経済的困難の主訴なし	安定した就労	30人未満事業所・正規職員	8	①家族介護者本人②30人未満事業所（病院）・正規職員（個人病院受付。経営は安定。夜勤・残業はなし）	①ショート月28日間②要介護3	就業者1名被扶養者なし	義母（被介護者）
		30人以上事業所・正規職員	9	①夫②現在は無職（通信教育の添削15年間続けた。介護のため退職）。	①デイ週4回、ショート月2回②要介護2	就業者2名被扶養者なし	義母（被介護者）
			10	①夫②30人以上事業所・正規職員（自宅で教室。講師）	①デイ週10回②要介護1	就業者2名被扶養者なし	夫・高齢者

※「削減、縮小」および「生活運営の限界」については各項目に関して発言があった場合に○を記載している
※「家事・育児」の「削減・縮小」など、関連する発言がなかった項目は表に入れていない。

96

Ⅱ 家族介護者の「生活運営」問題と階層性

削減・縮小				労働の過密化	生活運営の限界				健康問題	備考
自由時間	趣味友人付き合い	仕事	地域		家事育児	世話介護	仕事	睡眠		
	○	○	○	○		○	○	○	精神的症状	仕事減で収入減。一時期はイライラ、ストレスで手が震えるほどだった。現在は仕事の量・質を諦めることで、マシになった。
	○	○	○	○			○		動機・高血圧・疲労	夫の病気のため、食事にかなり配慮が必要だが、食費は切り詰めることは考えないようにしているとのこと。自分の医療費は節約している。夫の医療費と介護サービス費を最優先している。自分も食べることだけはしっかりすることにしている。馴染みの客との付き合いが友人付き合いと同じであり、仕事の削減は友人付き合いの削減につながる。
	○	○	○	○	○	○		○	高血圧・潰瘍性大腸炎（通院）	仕事減が収入減。配偶者はおらず、自分が生計中心者。しかし派遣社員であり、転職は何回もあり、体調を崩して無職、バイトの期間もあった。働かないと家族の生活が成り立たないし、将来への備えが必要とのこと。日曜は休めない職種だが、父に急用があると、同僚に頼んで休まざるを得ない。
		○	○	○	○	○		○	精神的症状メニエル（通院）	仕事減で収入減。介護のため急いで帰宅中、自動車事故を起こしたことがある。夫は過去に勤務先が2回倒産し、現在の勤務先も経営難。勤務時間は長時間。高齢者の状態や病院からの呼び出し等で頻繁に店を閉めざるを得なくなる。
		○		○	○	○			片頭痛・腰痛・関節痛	夫の前勤務先は経営難となり転職。しかし現職も近年経営難で給与が大幅カット。勤務時間は長時間。本人の職場は自宅から車で2,3分と至近。また施設開設当時から勤務しており、非常に融通がきく。高齢者の状態によって、少し帰ることが頻発。正規職員にという話もあるが、介護を考えると無理。
○	○	○		○			○		精神的症状	実父母の買い物の立て替えが大変。節約に節約を重ねている。介護のため半日しか働けず、雑務だけで終わり、(保育園の)子どもと関われない。
○	○	○		○			○		精神的ストレス	年金で実父母は生活できる。家計は別なのでそちらの経済的負担がかかることはない。子ども達の学費・下宿代がかかる。
○	○	○		○			○		ひどい肩こり	家のローン有り、家計は火の車。いざとなったら家に固執する気はない、と。自分で仕事時間を決められる。本当は良くないが自分の事情に合わせてスケジュールを組んでいる。そのため仕事へのしわ寄せは少ない。
○	○	○		○			○	○	メニエル	デイが就業時間に徹底して合わせてくれる。自分が何としても働かないと暮らしていけない。長く勤めているため、職場の仲間が一番の話し相手。仕事の時は介護のことを忘れられる。
○				○					精神的症状	ショートを大幅に増やしてから精神的負担も緩和された。仕事がなければノイローゼになっていたかも。ケアマネに全てをさらけ出している。近所、親族からの理解、協力も得られている。結婚前に銀行勤務。その紹介で結婚後も臨時職で数カ所勤務を続け、現職に。
		○		(○)			(○)		精神的症状、高血圧	介護のため仕事を辞め、時間的余裕はできたが、張り合いをなくした。デイ、ショートを利用し始めて元気になってきた。しかし高血圧はそのまま。現在はやめた。表の()内は仕事をしていた時の状態。
		○		○				(○)	精神的症状	義父、義母をずっと世話してきたのでもう慣れた。義父が生きていた頃の方が大変で、食事の味がしない、足が動かず帰宅できない等の症状が出た。表の()内は仕事を最大限にしていた時の状態。

第2章　家族介護者の生活運営の実態とその問題

(2)　区分結果にもとづく各群の特徴

「経済的困難の主訴あり」群および「経済的困難の主訴なし」群に含まれるケースの概要を以下に示す。

ｉ）「経済的困難の主訴あり」群

「経済的困難の主訴あり」群には、「不安定な就労」群（5ケース）と「安定した就労」群（4ケース）が混在している。

まず、「不安定な就労」群をみると、No.1とNo.11は「個人経営の自営業」で、両ケースとも本人と高齢者との2人暮らしである。なお、No.1には妻がいるが、遠く離れた場所で暮らし、生計もまったく別である。被扶養者は要介護の高齢者のみであるが、県外で大学に通う子の学費を支払っており、負担が大きいことを述べている。そして両ケースともに就業者は家族介護者本人のみであり、自営業であるが自転車操業状態で貯金はまったくできないと述べている。

またNo.2は、「30人以上事業所・非正規雇用」で、地元の大手企業に勤務しているが、派遣社員であり、派遣された企業も経営状況が思わしくないことを述べている。被扶養者は要介護の実母のみであり、実父のほうは年金収入があるが、実際には家族介護者本人の収入が家族3人の生活を支えている。また、自分の将来について不安を口にし、独身であるため老後に備え貯蓄しておかなければならないと述べている。これらのケースでは高齢者の介護・生活費用の多くは高齢者自身の収入・貯蓄から支払われているが、介護・世話の必要の有無にかかわらず、そもそもの生活を保持するだけでぎりぎりの状態にあると言える。

次に、No.3、No.4をみると、両ケースとも夫が生計中心者であり、「30人以上事業所」で「正規職員」として働き、また家族介護者自身も働いている。本来ならば、「安定した就労」群に分類されるが、両ケースともに生計中心者の夫の職場が経営難や倒産に見舞われ、何度か転職を重ねている。そして現在の職場もまた経営難となり、長時間勤務や給与カットが生じていると述べている。また、家計を補う家族介護者自身の就労も個人経

営の自営業やパートであり、両ケースとも介護のため就労が制限されていることを訴えている。そして No.3 では高齢者の年金額が低いため、介護、生活費用を家族介護者の世帯が負担しなければならず、生計中心者と家族介護者の不安定な就労、収入とケアに要する費用の出費が経済的困難の主訴の背景にあると考えられる。ただし、No.4 では高齢者の介護・生活費用は高齢者自身の収入・貯蓄から支出できていると述べられている。また、以前は核家族で暮らし、夫は転職を重ね、団地を転々とする生活をしていたが、約20年前から夫の実家に戻り、同居するようになった。もともと、代々その土地に大家族で暮らし、家族の協力態勢を築き、とくに自分たちより上（両親以上）の世代はその地域において安定した地位を築いてきた家柄であり、地域の会合にも使われる立派な一軒家を有している。夫の現在の職もその近隣ネットワークによって見つけている。とくに近年は夫の職場の経営難が生じたため経済的な不安を感じているが、家族規模の大きさと昔からある安定したインフォーマルなネットワークが彼らの生活の助けになってきたと考えられる。

　一方、「安定した就労」群をみると、全ケースの生計中心者が「30人以上事業所・正規職員」であるが、各々の事情から経済的困難を訴えている。まず、No.5、No.6 は扶養すべき子どもが2人ずつおり、No.5 はとくに介護をしている両親の買い物の立て替え費用が負担になっていること、No.6 は県外で大学に通う子どもがいるため、その学費、下宿代がかかることを訴えていた。

　また No.7、No.12 は、現在は扶養すべき子どもはいないものの、生計中心者であった夫の死亡または疾病による就労困難のため、就業者は家族介護者自身のみとなり、経済的に苦しい状況を訴えている。具体的には、No.7 は子どもが幼少のときに夫が亡くなったため母子家庭となり、ひとりで子ども2人を独立するまで育て、持ち家を購入し、現在も家のローンを支払い、「家計は火の車」と述べている。そして No.12 は、主な生計中心者であった夫が50代から認知症を発症し、退職を余儀なくされている。それまでは共働きだったため「不自由を感じたことはなかった」が、現在は介護費用に加え、持家の固定資産税等の税金や、たとえ夫が要介護状態

第 2 章　家族介護者の生活運営の実態とその問題

であっても介護保険、健康保険の保険料はかかり、「年金がすべて飛んで
しまう」と述べている。生計中心者である夫が定年まで働けず、想定して
いた給与収入は無くなり、また退職金も減額されたことが推測され、収入、
貯蓄、年金等の予定が大きく狂ったと考えられる。しかし、出費は逆に増
加し、経済的に苦しい状況に追い込まれていることがうかがえる。

　以上のように、生計中心者であった夫の死去や疾病、その結果としての
世帯の就業者数の少なさ、また子どもや高齢者のケアにかかわる出費、保
険料、税金等の社会的支出が家計を圧迫し、安定した就労でありながらも
経済的困難を訴えるにいたっていると考えられる。

ⅱ）「経済的困難の主訴なし」群

　「経済的困難の主訴なし」群はすべて「安定した就労」群（3 ケース）
であった。とくに No.9、No.10 は両ケースとも就業者が 2 人おり、生計中
心者である夫の職は安定し、夫以外の就業者（息子や家族介護者）も安定
した職に就いている。そして被扶養者はおらず、要介護の高齢者の介護・
生活費用は高齢者本人の収入、貯金から支出しており、家族介護者の世帯
への経済的負担はない。これらのケースは安定した仕事に就いている就業
者が複数人おり、さらに高齢者も経済的に安定し、扶養すべき者もいない
ためそれにともなう出費もなく、経済的に余裕のある生活を送っているこ
とがうかがえる。

　一方、No.8 に関しては、子どもはすでに独立しているものの、生計中
心者であった夫を数年前に亡くしている。ただし、夫は生前、安定した職
に就いており、亡くなったときにはすでに子どもが独立し、養育費、教育
費等は不要となっていた。そして家のローンの支払いもないため、夫の死
後も重大な経済的問題は残されなかったと考えられる。また、高齢者の介
護・生活費用は、家族介護者の収入から補てんするときもあるが、基本的
には高齢者本人の収入（年金）から支出できている。ただし、現在は経済
的困難を感じるまでにはいたっていないものの、「自分が働いているから
何とかなっている」と述べており、先に示した 2 ケース（No.9、10）ほど
の経済的余裕を感じているわけでないことがうかがえる。

3 階層性と「生活運営」の関連性

以上をふまえ、ここでは「経済的困難の主訴あり・不安定な就労」群、「経済的困難の主訴あり・安定した就労」群、「経済的困難の主訴なし・安定した就労」群に分け、「生活運営」の現状と「介護サービスの利用状況」の特徴について、比較検討を行いたい。

(1) 「経済的困難の主訴あり・不安定な就労」群

「経済的困難の主訴あり・不安定な就労」群の「生活運営」の顕著な特徴として、以下の点が指摘できる。

第1に、多様な生活行為の【削減・縮小】が行われ、また【生活運営の限界】が他の2群と比べより多様な領域において生じている。No.4 では【削減・縮小】が[8]、No.11 では【生活運営の限界】が1領域に生じているのみであるが、それ以外のケースでは、「趣味・友人付き合い」、「仕事」、「地域参加」といった生活行為を削り、【労働の過密化】を行いながらも、「家事・育児」、「介護・世話」、「仕事」、「睡眠」において複数の生活行為に困難、支障が生じていることが示されている。すなわち、家族介護者に共通してみられる必要最低限以外の生活行為を【削減・縮小】するという生活運営を他の2群以上に行っているが、それにもかかわらず生活行為の遂行困難や質の低下が生じる【生活運営の限界】が様々な場面で起こっている。すなわち、前節で示した家族介護者の「生活運営の脆弱性」が際立ってみられ、その生活運営は破綻寸前ととらえることができる。この場合、生活行為の多様性がなくなることによる生活の質の低下、人間関係が断絶されることによる孤立化、また無理をした生活運営による健康問題、仕事の削減による経済的困難等、多様で重層的な問題の発生へとつながる可能性が高いことが指摘できる。

第2に、全ケースが「仕事」の【削減・縮小】を行ったうえで、【生活運営の限界】としてもさらに「仕事」に【削減・縮小】が生じていることに着目したい。これは生活の基盤となる就労が抑制され、生活運営の調整

第2章 家族介護者の生活運営の実態とその問題

弁と化してしまっていることを意味する。「経済的困難の主訴あり・不安定な就労」群は、自営業や非正規雇用といった不安定な職に就いている家族介護者で構成されているため、このような就労の抑制、調整弁化は、彼らの収入減、経済的困難に直結すると同時に、非正規雇用では解雇の、自営業では顧客離れの危険性が増すことで彼らの就労はさらに不安定になる可能性が指摘できる。

第3に、「地域参加」の【削減・縮小】はこの群でのみ、とくに生計中心者が自営業、派遣社員といった不安定な職にある家族介護者自身である3ケース（No.1、No.2、No.11）でのみみられる。自分が生計中心者であるとともに、勤務時間の減少が直接的に収入減につながる不安定な就労であることを背景として、彼らはできうる限り働かなければならず、また高齢者の介護・世話も行わなければならない状況下にあり、地域社会で暮らすためには必須となるはずの地域参加、近所付き合いが困難になっていることがうかがえる。たとえば、No.1は地域の行事、集まりが多い地域に住んでいるが、拘束時間が長時間にわたる場合は他の住民に話して帰らせてもらっており、No.2は近所に住む弟や同居の実父に出てもらい、自分自身が地域のことに参加することは無理だとしている。そしてNo.11も、お金を支払うことで免除してもらっていると述べている。しかも、3ケースとも友人付き合いの【削減・縮小】も述べていることから、彼らはプライベートでも地域社会においても孤立化する傾向にあることが指摘できる。

なお、「経済的困難の主訴あり・不安定な就労」群では「自由時間」の【削減・縮小】を述べたケースはみられなかった。しかしながら、彼らの生活は介護の必要性の発生にかかわらず、それ以前からすでに仕事、家事・育児等で過密状態にあり、むろん、介護を始めたあとも「自由時間」がない生活を送っている。すなわち、介護によって特別に「自由時間」を削ることはなかったと理解すべきであり、決して時間的余裕のある生活を送っているわけではない。

以上のように、「経済的困難の主訴あり・不安定な就労」群は、多様で重層的な問題をともなう、破綻寸前とも言えるきわめて脆弱な生活運営を特徴としている。このような生活運営が行われるにいたる原因には様々な

Ⅱ　家族介護者の「生活運営」問題と階層性

ことが考えられるであろうが、ここではその一つとして、彼らが利用している（利用できる）介護保険サービスに着目したい（**表2-⑧参照**）。

　この群では、訪問系介護サービスを主に利用しており、とくに No.1、No.2、No.11 は要介護の高齢者がそれぞれ要介護3、要介護5、要介護5と相当量の介護・世話を要する状態であるにもかかわらず、施設に入所することなく、通所系・短期入所系介護サービスを利用することもなく、住宅で訪問系介護サービスを利用するのみで対応している。これには要介護の高齢者が通所系、短期入所系介護サービスの利用を嫌がる（No.1）、身体的状態（寝たきり、医療（医療的ケア）の必要性）から通所系介護サービスの利用は困難（No.2、11）など、それぞれの理由があるが、訪問系介護サービスの利用料は、施設入所や通所系、短期入所系介護サービスに比べ安価であるという特徴がある[9]。それがこの群において、訪問系に限定

表2-⑧　階層性と介護保険サービスの利用状況

経済的困難の主訴の有無	生計中心者の就労の安定性	ケースNo.	要介護高齢者の介護度	介護保険サービスの利用状況		
				訪問系サービス：訪問介護・訪問看護（回数／月）	通所系サービス：通所介護・通所看護（日数／月）	短期入所系サービス：ショートステイ（日数／月）
主訴あり	不安定な就労	1	要介護3	12	0	0
		11	要介護5	24	0	0
		2	要介護5	40	0	0
		3	要介護2	12	12	6
		4	要支援1	0	4	0
	安定した就労	5	要支援2	0	4	0
		6	要介護1	0	16	6
		7	要介護3	0	8	14
		12	要介護3	0	24	0
主訴なし	安定した就労	8	要介護3	0	0	28
		9	要介護2	0	16	6
		10	要介護1	0	10	0

出典：インタビュー調査結果をもとに筆者作成。

第2章　家族介護者の生活運営の実態とその問題

して介護保険サービスを利用しているケースが多くみられる理由の一つであると推測できる[10]。しかしながら前節では、訪問系介護サービスは生活を細分化し、逆に【労働の過密化】を生じさせる場合があり、生活運営の妨げにもなりうる点を指摘した。すなわち、訪問系介護サービスを主として利用している（利用せざるを得ない）状況が複数の生活行為における【削減・縮小】、【生活運営の限界】を誘発し、家族介護者に共通してみられる「生活運営の脆弱さ」をより一層、顕著なものにしていると考えられる。

　なお、訪問系介護サービス以外を利用しているケースには No.3 と No.4 があった。両ケースとも、生計中心者である夫が、経営難であるものの「30 人以上事業所」で正規雇用として働いており、家族介護者自身も非正規雇用や個人経営の自営業ではあるが働いているため、先に示した No.1、No.2、No.11 と比べると、まだ介護サービス費に支出できる経済状態にあると言える[11]。ただし、前節で指摘したように通所系、短期入所系介護サービスはまとまった時間を確保でき、生活運営を助ける効果がある程度は期待できるが、利用できる日数や時間帯の制限がある。今回のケースにおいても彼らの就業日・就業時間のすべてをカバーできるほど利用されているわけではなく、No.3 は週の半分は訪問系介護サービスのみの利用であり、また No.4 の通所系介護サービスは週 1 回のみの利用である。そのため、複数の生活行為において【削減・縮小】、【生活運営の限界】が生じ、やはり「脆弱な生活運営」となっていると考えられる。

　なお、No.4 に関して付け加えると、このケースは過去に曽祖父や祖父母の介護のときにも介護保険（老人福祉）サービスをまったく利用していない。「それが当然」であり、「介護保険を使うのは申し訳ない」ということが述べられていた。そのため、このケースの特徴である強固な家族の協力態勢を用いて必要な場合は随時、家族内で協力しているが、基本的には嫁または娘である家族介護者が職場、自宅、時間、病院を行き来し、職場（自宅から至近）からたびたび帰る、パートにとどまることをしてまで、全面的に介護・世話を担ってきている。このような性別役割分業意識にもとづく介護役割や介護保険に対する認識が私的な範囲で介護態勢を築き、

104

介護保険サービスの利用を抑える大きな理由になっていると考えられる。しかし、それは他方で生活運営を脆弱なものとし、家族介護者が健康問題、就労上の問題[12]を抱える要因にもなっていることに留意したい。

(2) 「経済的困難の主訴あり・安定した就労」群

「安定した就労」でありながら、先述したような個々の事情によって「経済的困難の主訴」があるこの群では、複数の生活行為の【削減・縮小】が顕著にみられ、【労働の過密化】も生じているが、【生活運営の限界】はそれほど多くみられないことが特徴として挙げられる。

「自由時間」、「趣味・友人付き合い」「仕事」の【削減・縮小】を全ケースが行っており[13]、必要最低限以外の生活行為を削り、生活を成り立たせようとしている点は先の「経済的困難の主訴あり・不安定な就労」群と同じであり、生活の質の低下、孤立化、健康問題や経済的困難等、多様で重層的な問題を生じさせうることが指摘できる。ただし、【生活運営の限界】がみられるのは「介護・世話」または「睡眠」のいずれか1つの領域においてのみとなっており、先の群との違いがここに現れている。むろん、1領域だけであっても【生活運営の限界】が生じることは彼らにとっては重大な問題であり、とくに「介護・世話」、「睡眠」における困難、支障は、高齢者の生命、生活の質の低下、家族介護者の健康問題にもつながるものであり、軽視することはできない。以上より、この群は複数の生活行為の「削減・縮小」および【労働の過密化】を行うことで、ぎりぎりの生活運営を行い、何とか生活を成り立たせていると言える。ただし、これは危ういバランスの上で成り立つ「脆弱な生活運営」であるため【生活運営の限界】が生じる場合もみられ、生活の質の低下、孤立化、健康問題や経済的困難等の多様な問題が生じうることが指摘できる。

次に、この群の介護保険サービスの利用状況をみてみたい。同じ「経済的困難の主訴あり」群でも先の「不安定な就労」群とは異なり、通所系、短期入所系の介護サービスを多く利用しているという特徴がみられる。「安定した就労」を背景として、訪問系介護サービスより利用料はかかるが、まとまった時間を確保しうる通所系、短期入所系の介護サービスを多

第2章　家族介護者の生活運営の実態とその問題

く利用している（利用できる）と考えられ、それが【生活運営の限界】を防ぎ、脆弱性や多様な問題をともなうことには変わりないが、ぎりぎりの生活運営をとりあえず保つことを可能にしていると考えられる。

なお、通所系、短期入所系の介護サービスは訪問系介護サービスよりも利用料負担が大きく、しかも就業時間に合わせてデイ・サービスの延長を行っているケースでは（No.6、No.12）追加料金も発生しており、前節で示したように、それによる経済的負担についても言及している（**前節表2-③参照**）。生活運営を成り立たせるための通所系・短期入所系の介護サービスの多用が、「安定した就労」群でありながら「経済的困難の主訴」につながる理由の一つになっていると考えられる。

(3)　「経済的困難の主訴なし・安定した就労」群

この群の特徴的な点として、他の2群に比べ【削減・縮小】、【生活運営の限界】ともに挙げられている領域が少なく、全ケース1領域のみであることが挙げられる。

詳細をみると、No.9、No.10では「仕事」の【削減・縮小】のみが挙げられており、同居する高齢者に介護の必要が生じたことによって、No.9は退職し、No.10は仕事の量を減らしている。両ケースとも生計中心者が安定した職に就いていることから、自分自身の「仕事」の「削減・縮小」による経済的困難はとくには生じていない。ただし、この選択は彼らの本意ではなく状況的にそうせざるを得なかったことが述べられており、とくに退職をしたNo.9では生きがい、張り合いの欠如、高血圧の症状が現在もあり、また仕事を減らしたNo.10でも精神的症状（足が動かず帰宅できない、食べ物の味がしないなど）が出たことが訴えられている。たとえ安定した生活運営を行えていても、家族介護者には生活の質の低下や精神面の問題が生じていることが指摘できる。

一方、No.8は、自分自身が生計中心者であるため仕事を辞めることはできないとし、また仕事で外とのつながりやいろいろな人と話す機会も得られ、「仕事がなければノイローゼになっていたかも」とも述べており、経済面、精神面、社会生活や人間関係の面でも「仕事」が重要な存在であ

106

ることがうかがえる。そして「仕事」を保持するなか、「自由時間」の【削減・縮小】や「介護・世話」における【生活運営の限界】が生じている。しかし、ショート・ステイを利用してから精神的負担も緩和したと述べ、とくには経済的困難を抱えることもなく、基本的には安定した生活運営を行っていると言える。

　最後に、この群の介護保険サービスの利用状況の特徴をみると、通所系、短期入所系の介護サービスの多用が挙げられ、3ケースとも訪問系介護サービスは利用していない。そしてNo.8は、1ヶ月のほとんどをショート・ステイ利用で対応しており、高齢者の介護は月2日間のみであり、「それだからもっている」と本人も述べている。No.9は通所系と短期入所系の介護サービスの利用を組み合わせて、No.10は通所系介護サービスの利用で対応している。No.10については、もしも要介護度が現在より軽くなった場合は有料でもいいから回数を多く利用したいと述べている。ある程度まとまった時間を確保し、生活運営を助けうる通所系、短期入所系の介護サービスのみを多く利用して対応していること、そして介護サービスの利用料も負担にはならない経済状態であることが、安定した生活運営へとつながっていると考えられる。

4　「階層」と「生活運営の脆弱性」との関連

(1)　各群における「生活運営」と介護保険サービス利用の比較

　「経済的困難の主訴あり・不安定な就労」群、「経済的困難の主訴あり・安定した就労」群、「経済的困難の主訴なし・安定した就労」群に分け、各群の「生活運営」に関する特徴を検討してきた。

　まず、就労状況、経済状態ともに最も不安定である「経済的困難の主訴あり・不安定な就労」群では、利用料を低く抑えられるが生活運営の妨げにもなりうる訪問系介護サービスの利用のみで対応し、破綻寸前ともとれる「きわめて脆弱な生活運営」が行われていた。とくに留意すべき点として、この「きわめて脆弱な生活運営」では「仕事」へのしわ寄せが顕著に

第2章　家族介護者の生活運営の実態とその問題

みられ、もともと苦しかった経済状態がさらに苦しくなっており、また不安定な就労がさらに不安定になる可能性もあった。もともとの就労・生活の脆弱性が「脆弱な生活運営」を不可避にし、孤立化、健康問題、経済的困難等多様な問題をともなう脆弱な生活運営が、さらなる就労・生活の脆弱化を進めるという悪循環が生じていると言える。

　逆に、就労状況、経済状態ともに最も安定した「経済的困難の主訴なし・安定した就労」群では、安定した経済状態を背景として通所系、短期入所系の介護サービスを多用し、経済的困難を抱えることもなく、安定した生活運営が行われていた。ただし、それでも介護のために退職や仕事の制限を余儀なくされ、精神面、生活の質の面で問題が生じていた。

　そして最後に、両群の中間的な状態といえる「経済的困難な主訴あり・安定した就労」群では、やはり多様な生活行為の【削減・縮小】や【労働の過密化】はみられたが、【生活運営の限界】は「経済的困難の主訴あり・不安定な就労」群ほど多くはみられず、生活運営を何とかぎりぎり行えていることがうかがえた。また、このような生活運営は、安定した就労を背景とした通所系・短期入所系介護サービスの多用で成り立っていると考えられ、それが逆に経済的困難として彼らの生活に負荷を生じさせている可能性も示された。このケース群は、現在は何とか生活を成り立たせているが、「脆弱な生活運営」であることには変わらず、たとえば介護保険サービスの利用者負担率の上昇、子どもの進学による経済的負荷の増大、もしくは生計中心者や家族介護者の就労困難、高齢者の状態・症状悪化等、何らかの変化が生じることで「経済的困難の主訴あり・不安定な就労」群と同様の「破綻寸前の生活運営」に陥る可能性があると言える。

（2）　介護休業制度の階層性と介護保険制度との負の相乗効果

　ここで、本来ならば介護保険制度とともに家族介護者の生活運営を助ける制度の一つである介護休業制度についてふれておきたい。今回の調査では介護休業制度を利用するケースはなく、当制度が家族介護者の生活運営において、とくに就業時間を調整し、介護中の就労、収入を保障する制度としては十分に機能していないことを前節で指摘した。いずれのケースに

おいても、そのメリットがあまり認識されていないと考えられる介護休業
制度であるが、とくに不安定な階層であるほどそのメリットが少なく、恩
恵を受けにくい仕組みとなっている点を付け加えたい（**表2-⑨参照**）。

　第4章で詳細に述べるが、介護休業制度は原則としてすべての職場に用
意される制度である。そして正規雇用の者であれば（労使協定の締結がな
い限り）制度対象となり、介護休業の取得や短時間勤務制度やフレックス
タイムなど、制度にのっとった就業時間の調整が可能となる。給与の40%
ときわめて低率ではあるが[14]雇用保険から介護休業給付金の支給があり、
休業中の所得保障が不十分ながらも行われ、制度利用中・後の仕事上の身
分も保障されることになっている。ただし、「平成25年雇用均等基本調
査」（厚生労働省2014）によると「短時間勤務制度」は事業所規模が小さ
いほど規定されている割合が低く、30人以上事業所で22.6%であるのに
対し、30人未満事業所では19.5%となっている。なお、500人以上事業所
では規定している事業所割合が30.6%になり、決して十分な普及率ではな
いが規模が小さい事業所よりも高い割合になっている。すなわち事業所規
模によって介護休業制度で整備されているメニューが異なり、たとえ正規
雇用であっても不安定な就労に分類される小規模事業所に勤務する場合、
介護休業制度によって受けられる恩恵が少なくなる傾向が指摘できる。

表2-⑨　介護休業制度による恩恵の階層性

就労形態・雇用形態			制度の有・無(対象)	介護休業	就業時間の調整	介護休業給付	身分保障
自営業			×	×	×	×	×
被雇用者	非正規雇用	勤務1年未満	×	×	×	×	×
		勤務1年以上勤務　雇用保険未加入	○	○	○	×	△
		雇用保険加入	○	○	○	△	△
	正規雇用		○	○	○	△	○

出典：筆者作成

第2章　家族介護者の生活運営の実態とその問題

　一方、非正規雇用も現在では制度対象となっており、介護休業制度利用による介護休業の取得も就業時間の調整も可能である。ただし、雇用期間が1年未満の者は（労使協定の締結がない限り）対象から除外され、基本的に1年以上勤めている者に限られる。さらに、雇用保険加入者であれば介護休業給付金が受けられるが、雇用保険未加入の者[15]はそれもなく、休業中の収入がゼロになる。また、制度利用中・後の身分保障についても、「不利益取り扱いの禁止」が定められているため、介護休業制度の利用、申し出を理由にして契約が更新されない、解雇されるなどは行われないことになっている。しかしながら、期間に定めのある不安定な身分の労働者にとっては、介護休業制度の利用・申し出が、雇用・労働条件や契約の更新に何らかのかたちで不利に働く懸念を払拭することは難しいことが推測される。すなわち非正規雇用（とくに雇用保険未加入）の場合、経済的にも状況的にも介護休業制度の利用はハードルが高く、現実的には利用は困難であると言える。また、自営業にいたっては、当然ながら介護休業制度そのものがなく、介護期間中、彼らの就労、収入を保障する公的な制度は存在しない。

　以上をふまえて今回のケースをみると、「経済的困難の主訴あり・不安定な就労」群の家族介護者は自営業、または非正規雇用で構成されている。まず、自営業の家族介護者であるNo.1、3、11には、もともと介護休業制度はない。高齢者の介護・世話等と就労・収入の確保がどちらも破綻することないよう、すべて個人的な裁量でマネジメントしなければならず、介護休業制度とは無縁である。

　また、非正規雇用の家族介護者（No.2、4）をみると、No.2（派遣社員）は生計中心者である自分が働かないと生計が立ち行かなくなるとしており、収入減をともなう介護休業制度を利用できる経済状態ではない。また、介護を理由に「休職できるような職場ではない……いったん辞めて、ということになる」、実際に「それで辞めた人も大勢みてる」と述べ、介護休業制度利用の申し出は退職に結びつくことを訴えている。同じく非正規雇用であるNo.4（パート）では、生計中心者である夫は30人以上事業所（経営難）の正規雇用であり、息子も同会社で働き、たとえ自分が仕事を辞め

ても「経済的には何とかなるかなって思う……今の生活が多少下がってく
るかなって思う」としている。しかしながら、夫の給与は大幅にカットさ
れ、同会社で働く息子の給与も低いことを訴えており、経済的に余裕があ
るわけではなく、収入減をともなう介護休業制度の利用という選択を積極
的にとれる状況にはない[16]。このように非正規雇用の場合も、経済状態や
身分保障の不安から介護休業制度を利用できる状況にはなりがたい。

　なお、No.3 および No.4 の場合、生計中心者は夫であり、どちらも 30
人以上事業所の正規雇用で働いている。しかしながら、性別役割分業意識
が背景となって嫁または娘である家族介護者がこれまでずっと介護を行っ
てきたという事情に加え、両ケースとも夫の会社が経営難であり、就業時
間が長時間におよび帰宅後も自宅で仕事をしなければならないほどである
こと（No.3）や給与の大幅カットがあったことが述べられている（No.4）。
生計中心者である夫の収入が 40%になれば生活が苦しくなることが明ら
かであり、たとえ生計中心者が正規雇用であっても、その就労が不安定な
ものであれば職場環境の問題、経済的理由から夫が介護休業制度を利用で
きる状態ではない。

　以上のように、安定した階層の正規雇用の家族介護者であれば原則的に
は介護休業の取得も就業時間の調整も公的な制度のもとで行うことができ、
介護休業中の収入（の一部）と制度利用中・後の仕事上の身分が保障され
る。そして、介護休業制度を利用した場合の収入減は数ヶ月間のみであ
り[17]、とりあえずその数ヶ月間の収入減を乗り越えられることが制度利用
の必須条件であると言える。もともと安定した就労状況、経済状態である
世帯の家族介護者の場合、それを乗り越えるだけの備え、余力を有してい
ると考えられ、彼らにとって介護休業制度を利用するということも選択肢
の一つとなりうる。しかし、上述したような不安定な階層の、しかも非正
規雇用の家族介護者では、まずは制度利用の対象外となる可能性があり、
またもともとの就労状況、経済状態の不安定さや経済的余力の無さから、
収入減（雇用保険未加入の場合は無収入）をともないながら介護休業制度
を利用することは、その期間がたとえ数ヶ月であっても生活を成り立たせ
ることを困難にする。しかもほんの数ヶ月間の休業や就業時間調整のため

第2章　家族介護者の生活運営の実態とその問題

に、介護休業制度利用後に職を失う危険性まで生じてくる。結果、たとえ介護休業制度が職場に用意され、自分にその利用資格があったとしても、制度を利用するメリットはきわめて少なく、現実的には介護休業制度の利用は選択肢にすらなりえない。

このように、介護休業制度から得られる恩恵は、安定した階層と比べ、不安定な階層ではより小さく（自営業の場合は皆無に）なっている。当制度の介護休業給付金、介護休業制度利用期間の不十分さなどから、いかなる階層であっても制度利用によるメリットは大きくなく、今回も実際に利用するケースはみられなかった。それでも介護休業制度の利用が選択肢の一つとなりうるか否かは、介護期間中の家族介護者の就労・収入を保障する公的なサポートが存在するか否かという重要な違いを生んでいると言える。高齢者介護によって就業が最も不安定になりやすい階層において、その就労・収入を保障する制度の恩恵がより小さいという介護休業制度利用による恩恵の階層差は、取り組むべき重要課題であると言えよう。

介護保険制度の居宅サービス利用は階層によって差がみられ、不安定な階層ほど安価ではあるが特定行為をピンポイントで代替し、生活運営の妨げになりうる訪問系サービスのみの利用で高齢者の介護・世話等に対応しようとしていることを示してきた。そのため、不安定な階層の自営業、非正規雇用の者ほど仕事を調整弁として生活運営を行わざるを得ず、その就労・収入がより不安定なものになる可能性があることを指摘した。すなわち、経済的制約がかかる介護保険制度の仕組みから、不安定な階層ほど無理のない安定した生活運営を行うのに適切かつ十分な介護保険サービスを利用することができず、介護中の就労・収入が脅かされやすくなる。そのため不安定な階層の者ほど介護期間中の就労・収入を保障する公的なサポートがより一層必要となるが、現行の介護休業制度の仕組みでは不安定な階層の者ほど経済的、職場環境的に利用することが難しい。介護保険制度、介護休業制度といった、本来、家族介護者の生活運営を助けるはずの制度は不安定な階層の者ほど利用が制限され、それが不安定な階層の家族介護者の生活運営を一層困難なものにしていると言える。両制度ともに彼らの階層による不利を助長することはあっても、それを解消しうる仕組み

にはなっていない。

　なお、現在、介護休業制度は安定した階層にもメリットが少ない制度であり、「平成24年就業構造基本調査」で示された利用率も正規雇用で16.8%、非正規雇用で14.6%と両者ともに低率であるため、当制度の階層差の問題は顕著に現れてはいないと考えられる。しかし、当制度が就労・収入を保障する制度として機能していないことによる不利益は、上述してきたように人員面、経済面で余力がなく、就労を調整弁化するしかない不安定な階層の者に集中している。今後、介護休業制度等、ワーク・ライフ・バランス政策の改善を進めるなかで階層による不利が生じないよう留意する必要があろう[18]。

5　「生活・就労の脆弱化の連鎖」と今後の課題

　本節では、「階層性」に着目した家族介護者による「生活運営」の分析を行ってきた。前節で示したように分析対象としたケース数の少なさや偏り、質的調査であることの限界性はあるが重要な知見も得られた。

　第1に、家族介護者に共通してみられる「脆弱な生活運営」は階層によって現れ方が異なり、不安定な就労状況、経済状態である階層のケースほどそれは顕著に現れ、安定した就労状況、経済状態である階層のケースではそれはほとんどみられず、安定した生活運営が行われていた。不安定な就労状況、経済状態である階層において、家族介護者による生活運営はより困難となり、多様な問題が生じる可能性が高いことが確認された。

　第2に、これは第1章でも指摘したような高齢者介護、家族介護の問題をいかにとらえるか、という本質的な議論にも重要な示唆を与えると言える。すなわち、家族介護者の世帯のもともとの不安定な就労状況、経済状態が、換言すれば、第1章で示したような労働者としての生活の脆弱性が、高齢者介護の必要が生じることによって「脆弱な（もしくは破綻寸前の）生活運営」を生み出す。そしてその「脆弱な生活運営」が健康問題、経済的困難、就労問題、孤立化、生活の質の低下など多様な問題をともないながら、家族介護者の就労状況、経済状態をより不安定で脆弱なものにする、

第 2 章　家族介護者の生活運営の実態とその問題

という悪循環がみられた。換言すれば、「生活・就労の脆弱化の連鎖」が生じていると言えよう（**図 2- ②参照**）。高齢者介護、家族介護の問題は、単に介護が困難、負担という問題ではなく、とくに就労状況や経済状態が不安定な階層において、高齢者とその家族の生命、生活、人生そのものを崩壊させうる問題として認識する必要性が再確認できる。

　第 3 に、階層と生活運営の関連性からみた現行の介護保険制度、介護休業制度の問題点も確認された。まず、介護保険制度についてみると、世帯の就労状況、経済状態によって介護保険サービスの利用に制限がかかっており、とくに不安定な階層の家族介護者の場合、他の介護保険サービスに比べて利用料は低いが生活運営を阻害しうる訪問系サービスしか利用できず、それが「きわめて脆弱な生活運営」を生じさせる一因となっていると考えられた。そして「きわめて脆弱な生活運営」によって就労状況、経済状態のさらなる不安定化、脆弱化が生じた場合、経済的制約はさらに強まり、介護保険サービスの利用抑制は一層増すと考えられる。その結果、健康、就労・収入、生活上の問題が深刻化し、生活運営が破綻し、高齢者虐待や介護殺人・心中にみられるような高齢者と家族の生命、生活そのものの崩壊を引き起こす可能性もある。また、たとえ生計中心者の就労が安定したものであっても、死亡や疾病による本来の生計中心者の欠如、それによる就業者数の少なさ、養育・教育費や保険料・税金等の負担によって経済的に余裕がなく、しかし介護と就労を両立させるため通所系、短期入所系サービスを多用してぎりぎりの生活運営を行うものの、その利用料負担がかえって経済的困難を生じさせているケースもみられた。現行の介護保険制度の仕組み（居宅サービスの種類、特徴とその利用料負担）は、このような「生活・就労の脆弱化の連鎖」を助長するものであると言える。

　また、介護中の就労・収入の保障を行うはずの介護休業制度については、就労状況、経済的状態が不安定な層ほど恩恵を得にくい仕組みとなっており、今回の不安定な階層の家族介護者の場合、経済的、職場環境的な理由からとても利用できる状況にないこと、また自営による本来の生計中心者の欠如、それによる就業者数の少なさ、養育・教育費や保険料・税業の場合は制度そのものが存在せず、その恩恵は皆無であることを指摘した。不

114

Ⅱ　家族介護者の「生活運営」問題と階層性

図2-②　生活・就労の脆弱化の連鎖

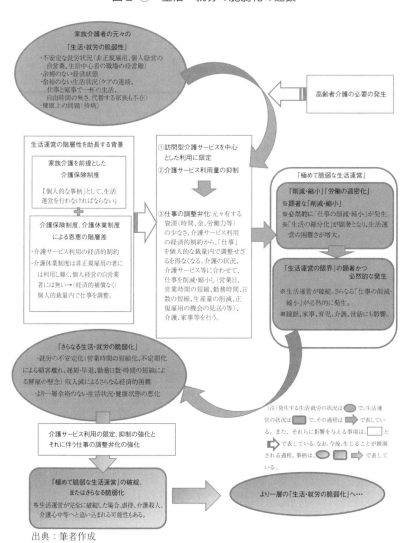

出典：筆者作成

第 2 章　家族介護者の生活運営の実態とその問題

安定な就労状況、経済状態の階層にある家族介護者において「脆弱な生活運営」が生じやすくかつ多様で重層的な問題を抱えやすいにもかかわらず、介護保険制度や介護休業制度の仕組みは彼らが適切かつ十分に制度を利用することが困難なものになっている。すなわち、両制度は階層性と強く関連する「脆弱な生活運営」、「生活・就労の脆弱化の連鎖」を解決しうる機能が弱く、逆に階層による不利（生活運営の脆弱化、生活・就労の脆弱化の連鎖）を助長する方向へ作用していることが指摘できる。

　以上をふまえ、今後の課題について若干の指摘を行いたい。まず、介護問題は、労働者としての生活の脆弱性、すなわち高齢者とその家族の介護の必要が発生する以前からある不安定な就労状況、経済状態から生じるものであるという認識に立つ必要がある。したがって、高齢者の介護ニーズの充足のみを意図した介護保険制度の展開では、高齢者介護、家族介護の問題の根本的解決にはなりえない。まずは不安定な階層の人びとの就労、収入、生活を保障する所得保障、雇用保障の政策の整備が基本条件である。そして高齢者介護の必要が生じた場合は、第 1 に家族介護者が就労・収入を確保するための介護保険制度の仕組みを構築する必要がある。それには介護中も無理することなく就労し、収入を獲得し続けられることをめざし、家族介護者の就労に合わせて介護保険サービスを十分に利用できるような仕組みにする必要がある。たとえば、高齢者の状態のみならず、家族介護者の就労状況に合わせた介護保険サービスの利用を可能とし、とくにデイ・サービスやショート・ステイといったまとまった時間が確保でき、「生活運営」上の効果が期待できる居宅サービスを十分に利用できるような仕組み（サービス利用料の設定、金銭的な支援）[19] が不可欠である。また、要介護度が高く、自宅からの外出が困難なケースもあり（今回は No.2、No.11 がそうであったが）、そのようなケースにも対応しうるよう、滞在型ホームヘルプサービスを検討することも有効であると考えられる。とくに No.11 は医療が必要なためにデイ・サービスは利用できないことを述べており、医療を提供する通所系、短期入所系の介護サービスの充実、もしくは医療を提供できる専門職養成も必要であろう[20]。

　第 2 に、逆に家族が介護を担っている期間の仕事上の身分と収入を保障

Ⅱ　家族介護者の「生活運営」問題と階層性

する仕組みの整備、充実が挙げられる。この点は介護休業制度のメリット
の少なさを指摘したように、日本ではきわめて遅れている点であると言え
よう。まず、インタビュー当時、育児休業と大きな差があった介護休業給
付金は、現在では同率の67％になっている。その十分さについて議論の
余地はあろうが、制度としては改良されたと言えよう[21]。しかし、介護休
業制度の利用期間（介護休業の期間や短時間勤務制度等の利用期間）を見
直す必要があり、とくに介護を行う全期間をカバーする仕組みでなければ
家族介護者にとっては意味がない。また、非正規雇用の場合の制度利用
中・後の身分保障を徹底するための取り組みも不可欠であり、企業への啓
発活動、奨励金、罰則等を検討することも一つの選択肢であろう。労働者
は機械とは異なり、その人生において介護、出産、育児、看病といったケ
ア役割が生じることによって働くことが困難な時期が生じる得るものであ
る。そのたびに雇用主側の都合で切り捨てることが認められてはいかなる
労働者も安心して働き、暮らしていくことはできない。家族のケアの必要
性が生じた際に、働き続けるようにする、もしくは働けない状況を受け入
れ、彼らの生活、就労を支える社会を、企業も含め、構築する姿勢が求め
られる。

　第3に、介護休業制度の充実は重要であるが、それでは対象とならない
者が生じる。自営業や非正規雇用でも勤務年数・日数が短い、雇用保険未
加入の者、そして日々雇の者、無職者である。彼らには最初に示したよう
に、最低でも現在の就労を続けられるような介護保険サービスの仕組みを
構築する必要があるが、一方では介護休業制度によらない介護期間中の所
得保障を行う必要性が指摘できる。この点については、介護保険制度導入
議論のなかで浮上し、結果として導入されなかった「家族介護に対する現
金支払い」を再度、検討するべきである。

　その他、彼らの健康問題に対応する医療保障制度の整備（受診を可能と
する介護保険サービス利用も含む）も必要となろう。以上をふまえると、
これまでも指摘したように、高齢者の介護ニーズを充足するための「介護
保障」や家族が介護を続けられるよう、介護に関する知識、技術の提供と
いった「家族介護の継続」支援の視点に立った家族介護者への支援・援助

政策だけでは、高齢者ケアを担う家族の脆弱な生活運営を解消し、彼らの
抱える多様な問題の解決と階層性による不利の解消は不可能と言える。上
述したような、家族介護者自身の生命、生活、人生を守るための介護、医
療、就労、所得、教育の保障を内容とする「生活保障」の視点にもとづい
た政策を、そのアクセスや受けられる恩恵に階層差が出ない仕組みで構築
する必要がある。

6　小括

　高齢者介護、家族介護の問題が深刻化し、限界にいたる状況は、個人的
な事情から生じるのではなく、浜岡（2008）や三塚（1997）が指摘したよ
うに労働者としての生活の脆弱性から生じるものであり、そこに経済的負
担を強いる介護保険制度（就労状況、経済状態が不安定な層ではとくに）
や恩恵が少ない介護休業制度の制度的不備が加わることで、社会構造的に
生み出されていることを認識する必要がある。彼らの生活運営を助け、そ
の生命、生活を保障することは社会の責任で行うべき事柄であると言える。
　2014 年、「医療・介護総合確保推進法」が成立し、介護保険制度の一定
以上の所得者は介護サービス利用料が 2 割負担に上がり、一方、低所得者
には介護保険の保険料が減額されることになった。今回の調査対象ケース
のなかにも介護サービス利用料が 2 割負担となり、保険料減額の対象には
ならない者がいると考えられる。「生活・就労の脆弱化の連鎖」が一層懸
念される状況にあると言えよう。
　今回は高齢者介護の必要性が生じた場合の階層による不利を解消する介
護保険制度・介護休業制度の必要性を指摘した。しかし、高齢者介護の必
要性が生じる前から時間的、経済的に余力ある生活を保障する所得保障、
雇用・就労保障が重要であり、それは家族介護（者）問題や高齢者虐待等
の問題の防止につながるであろう。なお、前節でも述べたように、今回の
調査、研究にはその普遍化について限界もあり、今後、さらなる調査、研
究を進め、データを蓄積する必要がある。また、今回、筆者の力不足のた
め十分に議論できなかった点として、ジェンダーとの関連性がある。根強

いジェンダー意識が高齢者介護に対する私的範囲内での対応を強め、脆弱な生活運営や家族介護者の精神的、身体的健康、就労や生活の質の問題につながっているケースもみられた[22]。本節は「階層性」に焦点を絞り、そこまでの議論を含むことはできなかったが、今回のケースの家族介護者はほとんどを女性が占め、彼らは高齢者ケアを妻、嫁、娘である自分が担うことを当然視する、または余儀なくされるなかで、そして家族介護を前提とする介護保険制度、介護休業制度を背景として、脆弱な生活運営を強いられていた。それは彼らが自分の健康、就労、収入、人間関係、生活の質等を犠牲にしていることを意味し、介護期間中に生じた健康上の問題、就労の中断、人間関係の断絶等の問題は彼らの将来にわたって負の影響を及ぼしうるものである。すなわち、高齢者ケアの負荷は不安定な就労状況、経済状態にある階層とともに、女性に集中していると言える。ジェンダー意識の払拭とそれを現実的に可能とする介護保険サービスの充実が必要不可欠な条件であることを最後に付言したい。

〔注〕

1) 介護保険制度の訪問介護の「生活援助」（掃除、洗濯、調理などの日常生活の援助）の範疇に入る行為を「家事」、「身体介護」（入浴、排泄、食事、着替え、清拭、身体整容、体位変換、起床・就寝、移動・外出、服薬の介助）および見守り、話し相手を含め「介護・世話」とした。また、「育児」には乳幼児期のみならず、学齢期の「子育て」も含めている。

2) No.1、2、3、5、6、7、8、9、11において家事の増加について述べられており、「とにかく食事、洗濯といった家事が増えた」（No.1）、「帰宅するとまず便がついているところ、義母が触っただろうと思われるところをすべて拭き掃除しないといけない」（No.3）、「毎日洗濯する。（中略）献立を2つ考えて2つ作る」（No.11）等が述べられている。

3) 調査対象地域は昔からの人間関係、地域行事、慣習が残るエリアであり、最低限の地域での役割を果たすことはその地域社会で暮らしていくために不可欠な事柄であると言える。

4) 離職したケースNo.9は生計中心者である夫が安定した収入を得ており、介護にかかわる費用はすべてそこから支出し、高齢者本人の年金はすべて貯金し、経済的には困っていないと述べていた。一方、仕事を続けているケースでは「私が働かないことには私の生活が成り立たない」（No.2）、「自分が働かないと絶対無理」（No.3）、「生活があるので、辞めることもパートに切り替えることもできなかった」（No.8）と述べられていた。

5) 「平成24年度雇用均等基本調査」（厚生労働省）によると、介護休業制度の規定を設けている事業所のうち短時間勤務制度は53.9％、フレックスタイム制度は

第 2 章　家族介護者の生活運営の実態とその問題

10.7%、始業・終業時刻の繰上げ・繰下げは 29.2%にとどまっている。また、これらの制度の利用可能期間を 93 日とするところが多数を占めている。

6)　近年、高齢のみならず障がいや疾病も原因に含むが、家族のケアを行っている若年齢の介護者たち、いわゆるヤングケアラー（もしくはヤングアダルトケアラー）の問題が、当事者、一部の研究者によって注目され始めている（澁谷 2014）。また、今回の調査では子育てをしながら介護を行っているケースにおいて、普段から、また子どもが進路選択の時も十分にかかわれないといった、子どもたちへの負の影響が述べられていた。高齢者介護の問題はその家族を含めた問題であり、家族介護者が成人とは限らず、また経済的困難を抱えやすく、子どもとのかかわりが十分にとりにくい家族介護者の子ども達のための教育保障にも目を向ける必要がある。

7)　三塚（1997：95-96）は生計中心者の雇用・労働条件にもとづく階層区分が実態に合っているとし、①「経営者層」（他人を 3 人以上雇入れて事業を営んでいる事業主と規模 100 人以上の部長以上の管理職）、②「ホワイトカラー層」（規模 30 人以上の事業所に勤めている事務・営業関係の労働者、専門・技術職、事務系公務員）、③「ブルーカラー層」（規模 30 人以上の事業所に勤めている現業・労務関係の労働者、現業公務員）、④「不安定雇用労働者層」（規模 30 人未満の事業所に雇われている労働者、運転手、大工、左官、調理士などの職人、商業・サービス業関係に雇われている店員、臨時・日雇い労働者、パートタイマー、内職労働者など）、⑤「自営業者層」（家族労働力が主体で雇用者がいても 2 人まで）、⑥「無業者層」（生計中心者が定年、老齢、失業、病気、障害、女性は家事や介護などの理由で働いていない、他の働き手のいない世帯）の 6 つの階層に区分している。

8)　このケースは、曽祖父、実父母、義母の介護を立て続けに行い、介護のために職場、両親宅、自宅、病院等を行ったり来たりする生活を送ってきた。したがって、もともと「自由時間」のない生活であったと言える。ただし、大家族で家族内の協力態勢が築かれているため、就業後や仕事が休みの日は他の家族にみてもらい「趣味や友人付き合い」を行うことがあると述べている。協力者の存在が家族介護者の生活の多様性に貢献しうることが指摘できる。

9)　訪問介護で身体介護が中心である場合、20 分以上 30 分未満では介護報酬が 255 単位、30 分以上 1 時間では 404 単位である。また、訪問看護でも 20 分未満で 318 単位、30 分未満は 474 単位となっている。それに対して、通所介護（通常規模）は要介護 3 でほぼ 1 日利用することを考えると、5 時間以上 7 時間でも要介護 1 で 606 単位、No.1 の要介護 3 は 820 単位、No.2、No.11 の要介護 5 では 1034 単位となっている。また、短期入所では最も安価な「併設型」であっても、要介護 1 で 612 単位、要介護 3 で 755 単位、要介護 5 で 895 単位になる。

10)　No.1 は介護サービスの利用料については「（高齢者本人と）相談して必要以上のことはしないようにしている」とし、No.2 も上限額は出ないようにして「余分なものはなるべく削っている」としており、介護サービス料金を気にして必要最低限の介護サービスのみになるようにしていることが述べられている。

11)　No.3 はショート・ステイの泊数について「まだ枠内にあって余裕があるみたい（中略）少し増やそうかと思うけどお金がかかるから。でもある程度は使わないと仕事ができない。」と述べており、経済的な事情と仕事の遂行とのはざまで介護保険サービスの利用量について悩んでいることがわかる。

12)　No.4 の家族介護者は片頭痛、腰痛、間接痛があり、将来的に介護ができなくならないか心配している。また、現在の仕事を大変気に入っており、職場からも正規職員に誘われている。しかし介護・世話のため「正規職員だと無理」と述べ、その機会を逸している。

II　家族介護者の「生活運営」問題と階層性

13)　No.7 と No.12 の家族介護者については、正規雇用で働いており、収入減につな
がるような「仕事」の「削減・縮小」ではない。たとえば、No.7 は職場で責任あ
るポジションについているため自分のスケジュールに合わせてシフトを決めること
ができ、「仕事」へのしわ寄せはでないようにしているが、有給休暇で対応するこ
ともあると述べている。また、No.12 も有給休暇を使って何とか対応しているとし
ており、長く勤務している職場なので自分の裁量でもある程度、仕事をコントロー
ルでき、同僚もわかってくれると述べている。安定した雇用形態で長期間勤め、仕
事の裁量権をある程度有することが、仕事へのしわ寄せを最小限に抑え、収入減を
ともなわないかたちにとどめることを可能にしていることがわかる。ただし、介護
休業制度といった公的な制度の利用はなく、個人的な範囲で対応していると言える。

14)　一方、育児休業給付金は数度の改正を重ね、平成 26 年 4 月 1 日からは育児休業
を開始してから 180 日間は給与の 67%（それ以降は 50%）となっており、40%の
まま据え置かれている介護休業給付との差は大きかった。ただし、平成 28 年 8 月
からは介護休業給付金もようやく同率の 67% になった。

15)　厚生労働省（2011）『平成 22 年就業形態の多様化に関する総合実態調査の概況：
結果の概要』によると、雇用保険の加入率は正社員が 99.5% であるのに対し、正社
員以外では 65.2% になっている。とくにパートタイム労働者に限ると、58.4% とい
う数値が示されている。非正規雇用では約 35%、パートタイム労働者では約 4 割
が雇用保険未加入となり、少数派であるとはいえ、かなりの割合を占めている。

16)　このケースに関しては、それ以外にも仕事を休む、減らすという選択肢を取り
難い理由があり「仕事は楽しい。本当に楽しい。」と述べ、介護での苦労も職場の
同僚に笑い話にして話すと述べており、仕事が生活の楽しみであり、ストレス解消
の方法でもある。

17)　介護休業は 93 日間まで、短時間勤務制度、フレックスタイム等は介護休業と合
わせて少なくとも 93 日間、深夜業の制限は 6 ヶ月までとなっている。ただし、こ
のように介護を行う全期間ではなく数ヶ月しか利用できない点は、当制度の問題点
でもある。

18)　R.M ティトマス（1967：40）は、企業福祉が「発達し、拡大されてくると、社
会政策の諸目的やその統一性と矛盾をきたす」ようになり、「特権的存在を助長」
するとしている。すなわち、「企業が個別に社会政策を実施することによって、社
会的不平等が拡大し固定化」することを指摘している（天野 2008：59）。介護休業
法では最低限クリアすべき全国一律の基準が示され、介護休業（3 ヶ月間）、介護
休暇（年 5 日）、法定時間外労働の制限、深夜業の制限等はどの職場においても必
ず整備されなければならないが、①短時間勤務制度、②フレックスタイム制、③始
業・終業時刻の繰り上げ・繰り下げ、④介護サービスを利用する場合の労働者の負
担する費用の助成といった、就業時間を柔軟にする、または介護費用を金銭的に補
助する制度については、これらのうちいずれかの措置を講ずるとされるにとどまる。
すなわち、企業側の裁量で、整備するメニューやその利用期間をある程度決めるこ
とができる。介護休業制度が企業をベースとして展開される制度である以上、ティ
トマスの指摘するような格差が生じることが指摘でき、それをいかに是正するか考
える必要がある。

19)　介護休業制度では、労働者が利用する介護サービス費用の助成も事業所が措置
し得るメニューの一つとなっており、その普及と充実を進める必要がある。また、
介護休業制度は不安定な階層の場合は利用が難しいことが多いため、介護休業制度
以外でも補助する仕組みを整備する必要がある。

20)　医療を必要とする高齢者の介護に関する問題は、第 3 章 II で論じるが、ここで

第 2 章　家族介護者の生活運営の実態とその問題

も少しだけふれておきたい。2012 年の社会福祉士及び介護福祉士法の一部改正により、介護福祉士が一定の研修・訓練を受けることでたんの吸引等医行為の一部を行えるようになった。このような動向はケアの質の保障の視点から適切ではなく、むしろ、看護職と介護職を分離した養成・資格制度そのものが見直されるべきであると考える。近年、ドイツでは疾病者看護師、小児疾病者看護師と高齢者看護師の養成教育、資格制度の統合化が進められている（髙木 2005・2011、濱島・髙木・芦田 2013）。また、欧州の国々（デンマーク、オランダ等）では看護師と介護福祉士という区別すら存在しない。家族介護は家族看護を含み、家族はこれらを一連のケアとして行っていることを第 1 章で指摘したが、その現状に対して、日本における専門職養成・資格制度、介護・看護サービス提供体制は介護と看護の分離を前提としたものとなっている。本来であれば、訪問系、通所系、短期入所系のあらゆる介護サービスがいわゆる介護と看護を一体的に提供できる専門職配置、設備になっている必要がある。この家族介護・看護の現状と介護と看護を分離する専門職養成・資格制度、介護・看護サービス体制の不一致、矛盾が、医療を必要とする高齢者とその家族の問題をより深刻化させていると言える。

21)　先述したように、現在は介護休業給付金も同率になっている。

22)　今回の 12 ケースのうち、男性介護者は 1 ケース（No.1・配偶者とは別居しており自分以外に介護を担える者はいない）のみであり、女性介護者は 11 ケースであった。そのうち 4 ケース（No.7、8、11、12）は夫の死去（No.7、8）、要介護状態（No.11、12）のため、他に介護を担える者が家族内におらず、彼らが介護を担わざるを得ない状況であった。ただし、No.2、3、4、5、6、9、10 は兄弟や夫がおり、しかも（No.2、5、6 を除き）夫の親の介護妻であり嫁である彼らが行っていた。No.4 はそれを「当然」ととらえており、義理の祖父母、義父母の介護を実父母の介護とともに立て続けに行ってきた。また No.3、9、10 の場合は、義父母の介護を当然視まではしておらず、No.3 は帰宅するのが苦痛になったことがあると述べ、No.9 は以前から義母に仕事を辞めるよう言われていたが介護をきっかけにそれに応じ、張り合いであった仕事がなくなり、「お手伝い」のように生きる毎日に虚しさを感じ、高血圧まで患ったと述べている。そして No.10 は「自己犠牲は当たり前」と述べて現状を受け入れているが、以前は帰宅しようとしても足が動かない、食べ物の味がしないなどの症状が出ていた。

第3章

家族介護者問題の政策的背景の検討
──1980年代後半から90年代の高齢者福祉・介護・医療政策に着目して

　これまで、家族介護者が抱える重層的な生活問題とそれを生み出す脆弱な生活運営の実態を、そしてそれは単なる個々の家族介護者の選択の失敗からではなく、介護保険制度、介護休業制度といった彼らを支援、援助するはずの制度上の問題点から生み出されていることを示してきた。本章では、家族介護（者）問題が今なお解決されることなく存在する政策的原因、背景について、とくに高齢者介護に直接的に関係する介護保険制度、医療制度について、福祉制度改革が新たな様相をみせる1980年代後半から介護保険制度の導入にいたる1990年代に着目し、検討していきたい。

I　介護保険制度における家族（介護）の排除と潜在化の構造

1　背景と目的

　家族介護者が多様な問題をともなう脆弱な生活運営を余儀なくされ、いまだ厳しい状況におかれているにもかかわらず、高齢者福祉政策、介護政策のなかで彼らの現状を打開する有効な対策がとられているとは言い難い。下夷（2007）は日本社会に残る家族神話（妻、嫁による介護の美化）を背景として、ケアワークの社会化が進むなかでも家族の位置づけは議論されず、とくに介護保険制度では「『あえて家族介護を評価・支援しない』と

第 3 章　家族介護者問題の政策的背景の検討

いう戦略」がとられ、「現実におこなわれている家族介護は政策的に支援
されないまま放置されている」としている（下夷 2007：224）。このよう
な状況下において家族介護者に対する支援の方法、制度・政策に関する研
究が行われ、とくに家族介護者に対する支援制度・政策に関しては、序章
で示したように諸外国の介護者支援政策研究を通して、介護者法の制定や
介護者アセスメントの必要性など、日本における今後の方向性が論じられ
ている（三富 2008・2010、湯原 2010 等）。

　家族介護者への支援政策を検討するためには、以上のような諸外国にお
ける先駆的な取り組みを学ぶとともに、日本において、家族介護者が厳し
い状況におかれ続ける原因、とくに高齢者福祉政策、介護政策の「政策的
背景」を分析、検討する必要がある。本来、高齢者とその家族がいかなる
状況におかれるかは、高齢者福祉、介護にかかわる政策のみならず、医療、
年金、雇用等様々な社会保障政策が影響するであろうが、ここでは、最も
直接的に影響を及ぼすと考えられる高齢者福祉政策、介護政策の分析に焦
点を絞ることにする。そのなかでも、とくに 1980 年代後半から 90 年代の
高齢者福祉政策、介護政策における家族（介護）の位置づけとその支援政
策に着目した分析が必要であると考える。その理由は、以下の 2 点にある。

　第 1 に、1980 年代後半から 90 年代は、政府が高齢者福祉政策、介護政
策について大きく方向転換したとされる時期であり、かつ介護保険制度の
導入に向けて本格的な議論が展開された時期である点が挙げられる。さか
のぼると 1970 年代初頭、高度経済成長が終焉を迎え、わが国は低成長時
代へと移行する。それを機に「福祉見直し論」が展開し、1979 年の「新
経済社会 7 カ年計画」では、それを象徴する「日本型福祉社会」構想が示
され、個人の自助努力、家族や近隣・地域社会の役割を強調し、国による
社会保障、社会福祉は最終手段として位置づけられる。そして 1980 年代、
政府は地方自治体への権限委譲、利用者負担の増加、福祉補助金の削減を
行い、高齢者福祉、介護サービス供給の量的抑制と国の財政負担の軽減を
進めていく[1]。

　しかしながら、急速に進む高齢化と核家族化、女性の社会参加等を背景
として、介護ニーズの増大と家族介護の限界は、政府も無視できないレベ

124

Ⅰ　介護保険制度における家族（介護）の排除と潜在化の構造

ルに達し、1980年代後半に入ると、政府、審議会等が示す各種答申、報告書等において介護負担の増大、家族介護の限界が明記され、高齢者福祉、介護に関する制度、サービスの必要性が指摘されるようになる。そして1989年の「高齢者保健福祉推進10カ年戦略」（ゴールドプラン）、1990年の福祉関係八法改正による在宅福祉の法定化、老人保健福祉計画策定の義務化、1994年の「新・高齢者保健福祉推進10カ年戦略」（新ゴールドプラン）へとつながる。しかし、このような高齢者福祉、介護サービスの量的整備を進めながらも、財政負担の軽減を図りたい政府としては、一層の費用抑制のための仕組みを必要とする。そこで1990年代には、高齢者福祉、介護政策において、市場原理、契約制度を導入し、利用者負担を強化する「社会保険方式」の導入を現実的に進めるための議論に着手し、1997年の介護保険法の成立、2000年の施行へといたる。

　このような1980年代後半から90年代における高齢者福祉、介護政策の動向について、菊池（2010：81）は「家族依存的な『日本型福祉』に代わり、『介護の社会化』を政策理念に掲げる介護保険制度の創設へ」向かったとし、富永（2001：194）は「福祉の下方修正に終始した1980年代に比して、1990年代に入るとともにその動きが逆転し、日本『福祉国家』が新しい段階に到達した」としている。また、森（2008：45）は、1980年代後半からの動向について家族介護を基礎とするが「高齢者介護が社会的な問題へと発展」したとしている。いずれも一定の進歩がみられた重要な時期として認識しており、この1980年代後半から90年代が日本の高齢者福祉政策、介護政策のターニングポイントとなり、その延長線上に介護保険制度を主軸とする現在の介護システムがあると言える。したがって、現在の家族介護（者）問題が生じる政策的背景を分析するためには、この1980年代後半から90年代に行われた政策転換について、とくにそこでの家族（介護）の位置づけとそれが家族（介護）にとっていかなる意味を有したかを検証する必要がある。

　第2に、この時期の高齢者福祉政策、介護政策における家族（介護）の位置づけとその支援政策に関する研究が必ずしも十分ではない点が挙げられる。そのなかでも比較的盛んに研究が進められているのが、家族（介

第3章　家族介護者問題の政策的背景の検討

護）に対する支援、援助の一つである家族への「現金支給」に関するものである。菊池（2000）は、日本型福祉社会から介護保険制度導入にいたる高齢者介護政策の転換における「家族介護への現金支払い」に関する議論を整理、分析している。また、増田（2002）は、1980年代後半以降の政策動向を整理したうえで、とくに1990年代における老人保健福祉審議会での介護手当の制度化に関する議論をまとめ、介護保険制度において、家族に対する現金給付が実現されなかった経緯について論じている。ただし、これらの研究はとくに家族（介護）に対する「現金支給」に焦点を当てており、家族（介護）の位置づけ、現金支給以外の支援政策に関して論ずるものではない。また、1970年代から90年代の高齢者福祉政策、介護政策における家族（介護）の位置づけと支援策を直接的に取り扱い、精緻な分析を行っている研究として岩間（2003）による研究がある。岩間は、日本型福祉社会から介護保険制度導入までの政策動向を整理し、1980年代末に「家族依存型」から「家族支援型」への政策転換が行われた点、および介護保険制度導入過程では「現金給付」に関する議論に終始した点を指摘している（岩間 2003：16-17）。これらは重要な指摘であるが、1980年代末の政策転換とその後の介護保険制度導入との関連性、その政策転換が家族（介護）にとっていかなる意味を有したかについては言及していない。一方、中井（2000）も、1970年代から90年代の高齢者福祉政策、各種審議会が示した政策文書の分析から家族の位置づけについて論究している。そしてこれらの政策では一貫して家族介護に期待し続け、介護保険制度も介護の社会化とは言えないと結論づけ、岩間とは異なる見解を述べている。中井の指摘はきわめて意義あるものであるが、家族（介護）の位置づけに関する分析を明確に行い、根拠として示している政策文書は代表的なものにとどまっているため、当時の政府の意向、論点の展開について議論するには、関連政策をさらに網羅的に分析し、そのうえでこの時代の高齢者福祉政策、介護政策における家族（介護）の位置づけを再検証することが必要である。また、家族（介護）の位置づけを理解するためには家族（介護）に対する支援政策との組み合わせで整理する必要があるが、岩間、中井の研究では現金支給に関する議論が中心であり、それ以外の家族（介

護）への支援政策の変遷の整理、分析までは行っていない。

　1980年代後半から90年代の高齢者福祉政策、介護政策における家族（介護）の位置づけとその支援政策に関する分析は、現行の介護保険制度下において家族介護者が厳しい状況におかれ続けている原因、背景を理解するうえで欠かせないものである。しかしながら、その時期に展開された介護保険制度の「現金給付」に関する議論の検討が研究の主流であり、家族（介護）の位置づけやその支援政策に関して十分な分析、検討が行われているとは言い難い。そこで本章では、とくに1980年代後半から90年代における高齢者福祉政策・介護政策として、厚生省、各審議会、懇談会、研究会が示した報告書、勧告等に着目し、それらの分析を通して、1980年代末に移行したとされる「家族支援型」福祉の家族（介護）にとっての意味の再検証、1990年代の介護保険制度導入議論における家族（介護）の位置づけと支援政策の整理、分析を行い、家族介護者が多様な問題を抱え、厳しい状況におかれ続ける政策的背景を示していきたい。

2　1980年代後半の高齢者福祉政策・介護政策における「家族介護の固定化」

(1)　「家族（介護）への支援」のための在宅福祉重視

　1970年代から80年代、「福祉見直し論」、「日本型福祉社会」構想に象徴される福祉抑制政策のもと、社会保障・社会福祉における個人、家族、地域の責任が強調され、国はそれを補完するものとされた。そして介護を要する高齢者は施設に入ることも、在宅で十分な介護サービスを受けることもできず、その介護を一身に引き受けた家族が限界にいたるという深刻な介護問題が噴出した[2]。この事態に対して、1980年代後半、国は市町村の役割重視、民間活力の活用、利用者の費用負担増、地域福祉の推進等で対応しようとする。そして、その対応策の一つに、家族の介護負担の軽減、介護機能の強化を目的とする「家族（介護）への支援」としての「在宅福祉の重視、拡充」があった。

　まず、1981年に中央社会福祉審議会が「当面の在宅老人福祉対策のあ

第 3 章　家族介護者問題の政策的背景の検討

り方について」（意見具申）において、今後は施設福祉対策の補完として
の在宅福祉ではなく、「居宅処遇を原則」として「在宅福祉対策の飛躍的
な推進」が必要であること、家族の過重負担を避け、負担軽減を図り、そ
の扶養機能を強化する必要性を掲げている。また、1985 年の社会保障制
度審議会の「老人福祉のあり方について」（建議）では、家族介護者の過
重負担の問題、要介護老人の増加や家庭の介護機能の低下を指摘したうえ
で、重介護を要する老人を対象に介護施設の整備を、そして一般の要援護
老人を対象として在宅サービスの拡充を示している。さらに、1986 年 4
月の「高齢者対策企画推進本部報告」（厚生省・高齢者対策企画推進本部）
は国民の自立自助と行政施策の組み合わせが重要であるとし、また家族介
護の限界性を指摘したうえで、地域における施策の体系化と家族への支援
システムの必要性、家族の介護機能強化のための在宅サービスシステムの
確立を唱えている。同年 6 月には「長寿社会対策大綱」（閣議決定）が個
人の自助努力、家庭・地域の役割重視を示したうえで「家族の介護負担の
軽減を図りつつ在宅介護サービスの拡充」を進め、在宅での看護・介護が
困難な場合に専門的なサービスを受けられるよう施設サービスを充実する
としている。さらに、同年同月に臨時行政改革推進審議会が示した「今後
における行財政改革の基本方向」では、個人の自立・自助、社会の互助・
連帯の重視、民間活力の活用の推進等を示し、とくに老人福祉サービスに
ついて「地域社会との密接な連携を持った在宅福祉を基本として対応して
いくための施策体系」を確立するとし、1988 年の「長寿・福祉社会を実
現するための施策の基本的考え方と目標について」（厚生省・労働省）で
も自立自助、社会連帯の精神を基本的な考え方としたうえで、高齢者が家
庭、地域で生活しうる総合的施策と家族への支援の整備、在宅サービスと
病院、施設の体系化、連携を図るとされている。そして 1989 年 3 月に示
された福祉関係三審議会合同企画分科会「今後の社会福祉のあり方につい
て」（意見具申）では、高齢者が住みなれた地域で暮らし続けられるよう
「在宅福祉サービスの拡充」が掲げられ、とくに老親の介護、児童の保育
等、家庭が有する機能を支援するという観点に立った在宅福祉サービスの
拡充等を図る必要性が示されている。

Ⅰ　介護保険制度における家族（介護）の排除と潜在化の構造

　さらに 1989 年 12 月の「介護対策検討会報告書」（介護対策検討会・厚生事務次官懇談会）では、家族介護を当然とする認識が在宅サービスの利用を妨げ、介護を抱えこみ、その結末としての家族介護の限界が、施設福祉に対する需要として顕在化しており、それが在宅福祉の展開を妨げていると指摘している。そして家族介護の重要性を強調したうえで、「無理を重ねる家族介護から在宅サービスを適切に活用する家族介護へ」の「発想の転換」を図る必要性が示される。なお、本報告書では、今後の増大する介護需要に対応するため「費用負担問題の検討の視点」の一つに社会保険方式の導入の可能性についてふれられており、その検討すべき要点を示している。また、「家族（介護）への支援」に関するものとして、家族に対する現金給付についても述べられている。ただし、そこでは公費を財源とした国の制度としての現金給付は「慎重に検討すべき」とされた。

　以上のような在宅福祉重視の方針を具現化するものとして高齢者保健福祉十か年戦略（ゴールドプラン）が 1989 年に策定され、「在宅福祉対策の緊急整備（在宅福祉推進 10 カ年事業）」を掲げ、ホームヘルパー、ショートステイ、デイサービスを「在宅福祉の 3 本柱」として目標値が示された。その後、1990 年には福祉関係八法改正があり、在宅福祉が法定化される。さらに 1993 年の「社会保障制度審議会社会保障将来委員会第一次報告」では、国民各自に生活の維持・向上の第一次的責任があるとしたうえで、「家族による介護を公的に支援」することによって高齢者の在宅生活を可能にするとしている。また、1994 年にはゴールドプランの目標値を上方修正した新ゴールドプランが示される。

(2)　「限定的・補足的な家族支援型」福祉の推進と「家族介護の固定化」

　このように 1980 年代後半から 90 年代初頭にかけて推進された在宅福祉の重視・拡充政策は、自助努力、自己の生活責任、自立を基本原則としたうえで、高齢者介護における家族役割の重要性を強調すると同時に、一方では家族介護の限界も認めている。そして家族の介護負担の軽減と介護機能の強化の必要性を指摘し、「家族（介護）への支援」を目的とした在宅福祉の重視、拡充を提唱している。

第 3 章　家族介護者問題の政策的背景の検討

　ただし、ここで提唱される在宅福祉の重視・拡充政策は、家族介護
（者）問題の根本的な解決に取り組み、「介護の社会化」の一つである「介
護の脱家族化」[3]をめざしたというよりもむしろ、個人の自助努力、家族
の責任を基本原則として貫き、限界にならない範囲で家族が介護を担うこ
とができるよう「家族介護の継続」を支援し、家族では対応できない部分
を在宅福祉が補うという程度のものであったと言える。このような指摘は
先行研究にもみられ、たとえば佐藤（1993：28）は、これらの政策を「国
の行財政合理化により、家族をベースとする介護機能重視、その限定的補
足としての家族支援体制の整備」と称し、「在宅ケア重視政策はそれ自体
国際的動向に即応するものであるとしても行財政合理化実現のための政策
であり、……〈中略〉……家族による介護にウェイトをかける、補足的な
社会的扶養の選択」であるとしている。また原田（1988：366）は、1980
年代の政策転換で家族は「社会保障の抑制の支え手」、「社会保障の担い
手」としての位置づけとなり、「家族に対する社会的援助は、そのような
意味での家族を維持・強化するためのもの」としている。さらに近年の研
究では、藤崎（2006：39）は、1990年代初頭に移行した「支援の論理」
による家族支援政策は高齢者介護における「家族の負担軽減をわずかばか
り図りつつ、ケア役割に縛りつける」性質を有していると指摘している。
また、実証的な研究としては、1996年に経済企画庁経済研究所の研究チー
ムが、在宅福祉重視政策は家族が賄う介護コストの増加につながるとする
興味深い報告を示している[4]。

　この時期の在宅福祉の重視・拡充政策が「家族（介護）への支援」を明
言し、放置されていた在宅の高齢者と家族に福祉サービス提供の道筋をつ
け、家族介護の負担を多少なりとも軽減したかもしれないという点では、
岩間（2003：16）が指摘したような「家族支援型」福祉への転換が起こっ
たと言えるであろう。しかしこれは他方では、一定の家族介護の重要性を
強調し、補足的に家族介護を支援するのみの在宅福祉の提供により、一定
の家族介護を家族の役割として固定化する性格を有するものでもあったと
言える。すなわち、1980年代後半から90年代初頭にかけた「家族支援型」
福祉への転換が家族（介護）にとっていかなる意味を持ち得たかに着目す

ると、これはあくまでも「限定的・補足的」な「家族支援型」福祉であり、一定の家族介護を前提とし、その固定化を進めるものであったと言えよう。

なお、とくに家族介護の「発想の転換」を示唆した1989年の「介護対策検討会報告書」（介護対策検討会・厚生事務次官懇談会）をもって「家族依存型」からの転換期とする指摘もあるが（岩間2003：12、菊池2010：81）、「家族支援」の方向性は上述したように、この報告書以前から示されている。そして本報告書でも、家族介護の重要性を強調し、家族（介護）への支援の必要性を示しており、これまでのものと大きな違いはみられない。ここで提唱される家族介護の「発想の転換」とは、施設福祉に対する需要を抑制し、それを在宅福祉に対する需要へと転換させることを目的として、家族による介護の抱え込み防止の必要性を指摘し、家族介護を基礎としながらも、限界に達しないよう「適切に在宅福祉を活用」していくことを推奨しているにすぎない。したがって、高齢者福祉・介護政策における家族（介護）の位置づけという面では、本報告書によって特段の変化が起こったとはみなし難い。

それ以上に本報告書で注目すべき点は、「社会保険方式」の可能性が示された点である。「適切に在宅福祉を活用」することを推奨した背景には、保険料を財源とする利用制度への転換という政策志向があると言える。また、ここでは家族に対する現金支給を行う「介護手当」についても言及されており、公費を財源とする介護手当は否定されたものの、裏を返せば公費を財源としない介護手当の可能性が示唆されたと言える。すなわち、増大する介護ニーズに対応しながらも、介護費用を抑制し、国の財政負担を軽減するため、政府は家族介護をベースとした「限定的かつ補足的な家族支援型」福祉の整備を掲げてきた。さらに、その「限定的かつ補足的な家族支援型」福祉であっても、その整備に要する財源を、国の財政負担を抑制しながら確保できる仕組みを構築したいという政府側の事情があった。それをふまえると、本報告書が「家族介護」と「限定的かつ補足的家族支援型」福祉を基礎としている点では従来のものと相違ない。ただし、その「限定的かつ補足的な家族支援型」福祉の財源を保険料とし、一定の利用料をサービス利用者に課しながら、効率化を促進することが期待された市

第3章　家族介護者問題の政策的背景の検討

場原理のもとで、人びとが「適切に在宅福祉サービスを活用」（選択、利用）する仕組みである介護保険制度の導入議論へと向かう布石となった点が、「発想の転換」と称せる本報告書の特徴的な点であったと言えよう。

3　1990年代における介護保険制度導入議論と家族（介護）の位置づけの変化

　以上のように、1990年代半ばまでの各審議会、懇談会、研究会による報告、勧告では、自助努力を基本原則とし、家族介護の限界を示しながらもその重要性を指摘し、家族（介護）を支援する介護サービス、介護システムの必要性を示している。これは1980年代からの「限定的・補足的な家族支援型」福祉の方針を引き継ぐものであり、それを基礎としながら、社会保険方式、介護保険制度に関する議論が加わり、あらゆる審議会、研究会、懇談会の見解はその導入へと収斂されていく。そしてこの社会保険方式、介護保険制度の導入議論と対になって、家族介護の制度的評価としての「現金支給」に関する議論の必要性が指摘されるようになる。以下、詳細をみていきたい。

(1)　「限定的・補足的な家族支援型」の継続と介護保険制度導入議論の展開

　1990年代に入っても、一定の家族介護の固定化を内包する「限定的・補足的な家族支援型」福祉の方針は貫かれ、それを基礎として介護保険制度の導入をにらんだ議論が加わる。

　まず、前節でも示したように1989年の「介護対策検討会報告書」（介護対策検討会・厚生事務次官懇談会）では家族介護の重要性の指摘と在宅サービスの適切な利用の推奨が行われるとともに、社会保険方式の可能性と議論の必要性が示唆される。また、家族に対する「現金支給」に関する記述もみられる。そして1990年代に入り、1993年の「社会保障制度審議会社会保障将来委員会第一次報告」では、とくに社会保障に関する公私の役割について、国のみが責任を負うことも、個人や家族だけが過重な責任を負うことも不可能であるとし、ただし国民各自に生活の維持・向上の第一次的責任があるとしたうえで、全面的な公的責任への切り替えではなく

132

「家族による介護を公的に支援」することによって高齢者の在宅生活を可能にするとしている。その翌年1994年9月に示された「第二次報告」では、自立と連帯の精神の重要性が強調され、在宅サービスの提供、家族への支援の必要性、介護負担軽減のための福祉用具開発等が示されるとともに、介護保険制度導入の必要性が示される。また、介護によって生じる家族の負担について「賃金相当額も介護費用に含まれる」とされ、家族介護による逸失利益についても言及している。また、同年12月には高齢者介護・自立支援システム研究会（厚生事務次官の私的研究会）が「新たな高齢者介護システムの構築を目指して」を示し、家族の重い負担と高齢者や家族を支援する社会的サービスの遅れ、家族のみによる介護の限界を指摘したうえで、「新介護システムの基本理念」として「高齢者の自立支援」を掲げている。そして高齢者自身による選択、在宅ケアの推進、利用者本位のサービス提供等の必要性を示し、今後の高齢者介護システムは「社会保険方式に基礎をおいたシステムが適している」としている。また、高齢者や家族によるサービス「選択」を助けるための情報提供、専門家による支援体制の必要性を示し、家族介護に対する制度的評価の必要性については「一定の現金給付が検討されるべき」としている。さらに1995年7月の「社会保障体制の再構築（勧告）──安心して暮らせる21世紀の社会を目指して──」（社会保障制度審議会）は、自助努力による生活維持が基本原則である点を確認したうえで、介護保障制度確立の重要性を強調し、公的部門の担う部分が多くなるが、「家族の役割がまったくなくなること」は否定し、「公私が相携える」ことの必要性を示す。そして、「安定的に適切な介護サービスを供給するには公的介護保険を基盤にすべき」という方針を打ち出す。また、同年同月の老人保健福祉審議会による「新たな高齢者介護システムの確立について（中間報告）」においては、高齢者介護における家族の存在の重要性を示すとともに、家族の介護負担も指摘し、「介護を要する高齢者やその家族に対し適切な社会的支援を行うシステムの確立」が急務であり、在宅介護を重視し、家族の過重負担を防ぐよう介護サービスの量的・質的拡充等を提唱している。そして社会保険方式に関する具体的検討の必要性を指摘し、家族介護への評価と現金支給すべきか

第3章　家族介護者問題の政策的背景の検討

否かの論点を提示している。また「介護支援体制の確立」として、十分な知識を有していない高齢者や家族が介護サービスを「適切かつ公平に利用」できるよう支援する「ケアマネジメント」の有効性を示唆している。

このように、1990年代半ばまでの各審議会、懇談会、研究会による報告、勧告では、生活への自己責任、自助努力、自立を基本原則とし、家族（介護）の限界を示しながらもその重要性を指摘し、家族（介護）を支援する介護サービス、介護システムの必要性を示している。これは1980年代からの「限定的・補足的な家族支援型」福祉の方針を引き継ぐものであると言える。そして、それを基礎としながら、社会保険方式、介護保険制度に関する議論が加わり、あらゆる審議会、研究会、懇談会等の見解はその導入を提唱していく。そして社会保険方式、介護保険制度の導入議論と対になって、家族（介護）への支援について新たな動きがみられる。その一つが家族介護の制度的評価としての「現金支給」であり、その議論の必要性が指摘されるようになる。これにより、家族（介護）への支援として、家族に対する「現金支給」の可能性が浮上してくる。

さらに、介護保険制度導入とともに台頭してくるのが、利用者による「選択」にもとづく「利用者主体」の考え方である。これは社会保険方式の可能性が示唆された1989年の「介護対策検討会報告書」で登場し、その後、1993年の社会保障制度審議会社会保障将来像委員会「第一次報告」、1994年の「第二次報告」、同年の「21世紀福祉ビジョン」、「新たな高齢者介護システムの構築を目指して」、1995年の「社会保障制度審議会勧告」、「新たな高齢者介護システムの確立について（中間報告）」（老人保健福祉審議会）にいたるまで、社会保険方式、利用制度、介護保険制度導入の提示とともに強調されている。たとえば、社会保障制度審議会社会保障将来像委員会「第二次報告」では、福祉の分野において「利用者の選択権」を尊重する必要性と措置制度見直しの必要性を指摘している。また、1995年の「社会保障制度審議会勧告」で「利用者が自分で選択してサービスを受けられるようにすること」が重要であり、「この観点から措置制度の見直しが求められている」とし、公的介護保険を基盤にすべきであり、それにより権利としての給付や利用者によるサービス選択が可能になると主張

している。そして同年「新たな高齢者介護システムの確立について（中間報告）」（老人保健福祉審議会）でも、措置制度について一定の評価を与えながらも「利用者自らのサービス選択がしにくい」等の問題があるとし、高齢者介護に対する社会的支援体制の整備として「利用者本位のサービス体制の確立」を掲げ、「高齢者自身による選択」を基本とすることの必要性を指摘している。そして社会保険方式は公費方式に比べ、「利用者によるサービスの選択の保障、サービス受給の権利性の確保という点で優れた制度」であるとしている。

　利用者による「選択」にもとづく「利用者本位」の考え方そのものは、社会福祉の理念、人権保障からみても重要なものであるが、とくにこの時代にこの考え方が強調された背景には、後の介護保険制度導入へと結びつけるため、「利用者による選択」を行うことができない権利性の低さが措置制度の短所であるとし、それと対比させて利用制度、社会保険方式の長所を強調しようとする政策的意図が働いていたと考えられる。そして、この利用者による「選択」にもとづく「利用者本位」の介護システムの導入を進めるために、高齢者や家族が適切に選択できるよう専門職がサポートする「選択の支援」としての「ケアマネジメント」が家族（介護）への支援に加わった。

(2)　介護保険法成立と家族介護支援事業の提示

　1990年代半ばまでに社会保険方式、介護保険制度の導入の方向性が確定し、1990年代後半は介護保険制度の具体的内容に関する議論が中心となる。そこでは「利用者」による「選択」、「利用者本位」の原則を推し進めることによって、一定の家族介護を前提とした「限定的・補足的な家族支援型」福祉が基礎となっているにもかかわらず、それは覆い隠され、家族（介護）は介護保険制度の直接的対象から排除され、潜在化させられる。そしてこれにともない、介護サービスの提供、現金支給、介護サービスの選択への支援、介護教室や介護者同士の交流会の開催など、多様な選択肢が浮上しつつあった「家族（介護）に対する支援」も、その範囲が狭められ、限定的かつ実行性が不確実な位置づけにとどまることになる。

第3章　家族介護者問題の政策的背景の検討

　1996年4月、老人保健福祉審議会は「高齢者介護保険制度の創設について（最終報告）」を示し、介護保険制度の具体的な内容を提示した。ここでは措置制度の問題点として、利用者本位のサービス提供や効率性の問題等を挙げ、「高齢者自らの意思に基づいて最適の選択ができる制度」や「高齢者の自立を支援し、その多様な生活を支える観点」から適切な介護サービスの効率的な提供の必要性等を指摘している。そして「介護保険制度の基本的目標」では、「高齢者介護に対する社会的支援」、「高齢者自身による選択」、「在宅介護の重視」等が掲げられ、「介護サービスは、（中略）自力で日常生活を送ることが困難な高齢者に対して提供されるもの」であり、「高齢者が利用しやすく、適切なサービスが円滑かつ容易に手に入れられるような」仕組みとすること、「高齢者自身がサービスを選択することを基本」とすることが述べられている（下線筆者）。この「最終報告」では、これまで強調されていた「家族（介護）への支援」を目的とした在宅福祉、介護サービスの拡充、介護システムの確立といった記述はみられず、介護保険制度の対象が「家族」から「高齢者そのもの」へと移行し、その目的が「高齢者の自立支援」へと絞りこまれていることがわかる。

　また、「家族（介護）への支援」に関するものをみると、「高齢者および家族を支援する仕組み（ケアマネジメント）」と、「人材の養成・確保、質の向上」のなかで「介護の知識・技術の普及、啓発」が示されているのみであり、いわば介護サービスの「選択への支援」と家族の「介護機能の維持・強化」を意図する支援に限定されている。なお、「選択への支援」であるケアマネジメントでは、「本人や家族の相談に応じ、そのニーズを適切に把握したうえで」ケアプランを作成し、「本人または家族の参画も得ながら行われること」が適当であるとされた。これは、1994年の高齢者介護・自立支援システム研究会の報告書で明記された「家族による選択」への支援が、家族の意向をくむという程度に弱められ、「高齢者による選択」への支援が中心となったと言える。なお、家族介護に対する「現金支給」についても、介護保険制度は高齢者の自立支援を目的とした「介護サービスの提供」が基本であることから「現物給付」を基本とするという方針を示したうえで、消極的意見と積極的意見を併記するにとどまった。

I 介護保険制度における家族（介護）の排除と潜在化の構造

　なお、この「最終報告」では新たに「要介護認定」についても示されており、認定基準は「高齢者をめぐる社会環境の状況に左右されることなく、あくまで高齢者の心身の状況に基づき客観的に行われることが重要である」とし、家族の状況は勘案せず、高齢者の状態のみから判定することが指示されている。そして、実際、そのあとに厚生省が示した要介護認定の調査項目は、「麻痺・拘縮に関連する項目」、「移動等に関連する項目」、「複雑な動作等に関連する項目」、「特別な介護等に関連する項目」、「身の回りの世話等に関連する項目」、「コミュニケーション等に関連する項目」、「問題行動に関連する項目」に区分される全73項目であり（厚生省老人保健福祉局 1999）、高齢者の状態のみを尋ねるものになっている。

　以上の老人保健福祉審議会の「最終報告」が示されたのち、厚生省はそれをふまえて1996年5月15日に「介護保険制度試案」を提示し、5月30日に「介護保険制度修正試案」を、6月6日に「介護保険制度案大綱」を示した。そして1996年11月に「介護保険法案」の国会提出、1997年の介護保険法成立へといたる。この「介護保険制度試案」から「介護保険制度大綱」にいたるまで、共通して「介護が必要な者が自分の意思でサービスの利用を選択」できる「利用者本位の制度」とするとしており、老人保健福祉審議会の「最終報告」と同様、「家族（介護）の支援」のための介護サービス、介護保険制度という記述はみられない。そして介護保険制度が「利用者＝介護が必要な者」のための制度であること、また「利用者」による「選択」にもとづく「利用者本位」の制度とすることが引き続き強調された。なお、老人保健福祉審議会の最終報告では「高齢者」という用語が使われていたが、介護保険制度における被保険者と給付対象者の範囲に関する議論のなかで、40歳〜64歳の者も、自分自身の介護リスクが高まることと、家族介護者として介護保険制度より間接的に恩恵を受ける可能性が高いことを理由に、第2号被保険者として「被保険者」に含まれることになり、彼らも「老化にともなう介護ニーズ」を有した場合は給付対象とされた。この経緯から「高齢者」ではなく「介護が必要な者」という表現になったと考えられるが、介護保険法ではさらに「被保険者の選択」という表現へと変更されている。このような用語の変化はみられるが、

第 3 章　家族介護者問題の政策的背景の検討

「家族（介護）への支援」ではなく、介護を必要とする「利用者」を対象
とし、その「利用者」本人の「選択」にもとづく「利用者本位」の制度と
する基本路線が最終的に示された。

　また、「家族（介護）への支援」に関する事項をみると、「介護保険制度
試案」で家族介護に対する「現金給付」は行わない方針が示され、最終的
には「介護保険制度案大綱」で確定する。ただし、「介護保険制度修正試
案」では「家族介護の評価、支援のため、保健福祉事業の一環として各種
の家族支援事業を行いうる」という文言が加えられる。この家族介護支援
事業は保険者である市町村が任意事業として行うとされており、2000 年 5
月 1 日付の「家族介護支援特別事業実施要綱」（老発第 472 号）で詳細が
示された。その内容として家族介護教室、介護用品の支給、家族介護交流
事業、家族介護者ヘルパー受講支援事業、徘徊高齢者家族支援サービス事
業、家族介護慰労事業が示された。これによって、「慰労金」というかた
ちでの「現金支給」が残されたとも言えるが、それまで議論されてきた家
族介護を制度的に評価するものとは性格を異にする [5]。そしてその他の事
業は介護の知識、技術の提供や一時的な心身の状態回復、介護の実施に必
要な物品や機器のリース料を支給するものであり、すべて「家族介護の継
続」を目的とした支援内容にとどまっている [6]。

(3)　介護保険制度における「家族（介護）の排除と潜在化」の構造

ⅰ)　介護保険制度における家族（介護）の排除

　1990 年後半の介護保険制度の具体的内容に関する議論のなかで、「家族
（介護）への支援」という文言は消え、家族（介護）の位置づけには大き
な変化が生じたことが指摘できる。もっとも明確に現れた変化が、介護保
険制度の対象から家族（介護）が除外される「家族（介護）の排除」が行
われた点である。

　その内容として、第 1 に、介護保険制度の「利用者」からの除外が行わ
れた。介護保険制度の「利用者」は「被保険者」であり、かつ要介護認定
によって「介護が必要な者」と認定された者に限定された。これにより家
族介護者は介護保険制度の直接的対象者から外され、間接的に恩恵を受け

るのみとされた。第2に、介護の必要度を判定し、利用できる介護サービスの種類、量を決定する「要介護認定」でも、家族状況は一切勘案されず、介護を要する者の心身の状態のみから判断する仕組みとされた。第3に、「選択への支援」についても「家族」による選択への支援は明記されず、介護保険制度で新設された「ケアマネジメント」は利用者本人のみならず、家族の相談にのり、家族の参画を得ながらケアプランを作成することとされているが、これはあくまでも利用者のためのケアプラン作成を行うものであり、制度上は直接的に家族の支援、援助を行うものとはされなかった。そして第4に、長く議論されてきた「現金給付」は実現をみなかった。結果として、家族介護者は介護保険制度において、現物給付の対象にも現金給付の対象にもならず、家族（介護）を直接的対象とした援助、サービスは、「家族介護の継続」を目的とし、市町村の方針、財政状況に左右される任意事業に残るのみとなった。

　このような介護保険制度における「家族（介護）の排除」は、現実的に多様な問題を抱える家族介護者が存在するにもかかわらず、その問題解決を第一義的目的とした援助、サービスが用意されないことを意味し、彼らへの支援、援助を困難にし、そのまま放置することにつながることが指摘できる。さらに、これは家族介護者を包括的、継続的に援助する専門職の不在を意味し[7]、家族介護者が抱える問題の現状把握すら困難にすると言える。それまでは限定的・補足的であっても支援の対象として焦点が当てられていた家族（介護）が、介護保険制度ではその対象から排除され、存在そのものが潜在化させられることになった。

ⅱ）　家族介護を前提とした制度設計

　介護保険制度における「家族（介護）の排除」が、家族介護を前提とせず、介護保険制度のサービスのみで高齢者が生活できるようにする「介護の脱家族化」とともに行われたのであれば、政策としての整合性はとれるであろう。実際に、このような家族を考慮しない制度設計が「社会サービスの利用にインセンティブ」を与えるものであり、ケアの「社会化を促すための方策」であるとの指摘もある（下夷 2007：224）。しかしながら、

第 3 章　家族介護者問題の政策的背景の検討

介護保険制度が「介護の脱家族化」を含む「介護の社会化」を推し進めた
かというとそうとは言い難く、現実には介護保険制度施行後もかなりの割
合で家族介護は行われ[8]、政府はそれを想定して介護保険制度を設計して
きたことが指摘できる。1970 年代の「家族依存型」福祉はもちろんのこと、
1980 年代後半以降の「限定的・補足的な家族支援型」福祉の推進におい
ても、そして 1990 年代後半の介護保険制度の本格的議論においても、政
府が徹底した「介護の脱家族化」を提唱したことはなく、むしろ一貫して
家族介護の重要性を強調し、一定の家族介護の固定化を進め、それを前提
とした介護システムを構築してきたと言える。

　たとえば、老人保健福祉審議会が介護保険制度の具体的内容を示した
1996 年の「最終報告」では、社会的連帯とともに「家族愛に根ざした」
高齢者介護を支える社会づくりの必要性を唱えている。また当審議会では、
「家族介護の社会的コストの推計」（厚生省 1995：45）を会議資料として
示している。そこでは家族介護は全体の 45%(3.4 兆円) を占め（在宅サー
ビスが 1.1 兆円、15%、施設サービスが 3.2 兆円、40%）、高齢者介護の半
分近くを家族が担うことが想定されている[9]。さらに「複数世代と同居」
している場合、虚弱な高齢配偶者と暮らす「高齢者夫婦世帯」、「一人暮ら
し」の場合の 3 パターンについて、要介護状態の程度別に在宅サービス利
用のサービスモデルが示されている。それをみると、要介護状態が軽度、
中度で「複数世代と同居」の場合は、「高齢者夫婦世帯」や「一人暮ら
し」と比べ、利用するサービスの種類、回数を少なく設定したモデルが示
されている（厚生省高齢者介護対策本部事務局 1996：61-70）。ここからも、
とくに重度者以外で次世代と同居しているケースでは、一定の家族介護が
提供されることを想定していたと推測できる。

　また、高齢者の状態のみから客観的に介護の必要度を測っているかのよ
うにみえる要介護認定も、家族による一定の介護を前提としていたことが
指摘できる。堤（2010：34-35）は、当時、厚生労働省介護保険制度実施
推進本部事務局長、老健局長として介護保険制度の創設、実施の事務を
担っていたが、「要介護認定における介護」について、①家族の無定量と
いってよい“世話”も含む介護の手間のかかり具合、②社会的に提供され

140

る介護サービスの必要度、③介護保険サービスの必要度の3種類に分け、
①が最も広義の介護であるが、介護保険制度では③を採用したとしている。
そして「介護保険サービスは家族の行っている世話や介護をすべて肩代わ
りするものではない」と説明している。すなわち、要介護認定は介護保険
制度上で規定される限られた範囲の介護について、その必要度を測るもの
であり、それは家族が担ってきた介護の範囲よりも狭いため、たとえ介護
保険サービスを利用しても一定の家族介護は残ることになる。

　さらに、介護保険制度の施行直前、厚生労働省通知（老企第36号、
2000年3月1日）が示され、とくに「家事援助中心型」の訪問介護の利
用には「利用者が一人暮らしであるか又は家族等が障害、疾病等のため、
利用者や家族等が家事を行うことが困難な場合」とする条件が付された。
ここでは、いわば健康な同居の家族がいれば家事援助が行われることを想
定していたと言えよう。

　以上より、介護保険制度は、制度でカバーすべき介護とそれ以外の家族
で行われるべき介護を要介護認定によって区分し、介護保険制度外とみな
された一定の介護を家族の役割として固定化している。さらに介護保険制
度でカバーすべきとされた介護の範囲内であっても、とくに軽度、中度の
者で健康な同居家族がいる場合には、一定の介護（とくに家事援助）が家
族によって提供されることを想定して制度設計が行われている。すなわち、
介護保険制度は二重に家族介護が前提として組み込まれた介護システムで
あることが指摘できる。

iii）　介護保険制度における家族（介護）の新たな位置づけ

　1980年代後半、家族介護を前提とするがその限界性も認め、「家族（介
護）への支援」の必要性を明示し、在宅福祉の重視・拡充政策がとられた
ように、一定の家族介護を前提とする介護システムを構築するのであれば、
家族（介護）に対する何等かの支援・援助政策を用意する必要がある。し
かし、介護保険においては一定の家族介護を前提とした制度設計を行いな
がらも、それとは逆の「家族（介護）の排除」が行われた。

　このような矛盾した政策を可能にしたものとして、次の2点が挙げられ

第3章　家族介護者問題の政策的背景の検討

る。第1に、これまで曖昧であった社会が担う介護の範囲と家族が担う介護の範囲の境界線を要介護認定の設定によって制度手続き上明確化し、介護保険制度上の介護以外の家族による介護を家族が行ってしかるべきものと位置づけ、社会で対応すべき介護の範疇から除外した点が挙げられる。

　第2に、少なくとも要介護認定で認められた範囲内の介護を家族が担った場合、それは本来、社会で対応すべきものであり、それを肩代わりしている家族介護者に対して何らかの支援、援助を行う必要性が指摘できるが、その場合ですら介護保険制度では家族（介護）を支援の直接的対象から排除している。そこに政策的整合性を与えたのが「選択の結果としての家族介護」という介護保険制度における家族（介護）の新たな位置づけである。要介護認定では、「利用者」の状態のみから必要な介護の時間を算定し、利用できる介護サービスの上限額・量が決定される。むろん、堤（2010）が示したように要介護認定は家族が行うすべての介護・世話をカバーするものではないため、その上限額・量の妥当性に関する問題はある。しかし、その上限枠は、建前上は、家族がいない場合であっても介護を要する者が生活できるよう設定されていることになっている。そして家族介護は他の介護サービスとともに一つの選択肢となり、利用者とその家族は各自の枠内でどのような種類の介護サービスをどのくらい利用し、そして介護のどの部分をどのくらい家族で行うかについて、諸事情を勘案しながら「選択」し、それを反映させたケアプランが練られることになっている。したがって、上限一杯まで介護サービスを利用せず、ある程度の介護を家族が担っていても、それは利用者やその家族の意向を反映させた「選択の結果」とみなされる。

　「利用者による選択」と「利用者主体」が強調された1990年代の高齢者福祉政策・介護政策、介護保険制度創設にいたるまでの政策策定者側の意図がどこにあったか定かではないが、少なくとも「利用者による選択」にもとづく「利用者本位」を原則とした介護保険制度は、現実に行われている家族介護を国による高齢者福祉政策・介護政策の不備の結果ではなく、利用者と家族の自由意思による「選択の結果」によって生じたものとみなし、家族介護を自己責任のもとで行う個人的な事柄とする、いわば家族介

142

護を「私事化」することに成功したと言える。私事化された家族介護は、利用者や家族の意思である以上、尊重されるべきものとなり、国や社会で対応すべき介護問題の範疇から外される。結果として、苦境におかれる家族介護者が現実的には存在するにもかかわらず、その問題は「介護の社会化」をめざしたとされる介護保険制度導入によってあたかも解決されたかのように扱われ、「家族（介護）への支援」という記述は制度上から姿を消し、家族（介護）の介護保険制度上の排除およびその潜在化が行われた。

　以上、「介護の社会化」を唱えたとされる介護保険制度は、介護の一部を介護保険制度の枠から外し家族が行うべきものとして位置づけ、また要介護認定の枠内で行われる家族（介護）も「選択の結果」とみなすことで「家族（介護）の潜在化」を必然とする構造を有していると言える。また、家族（介護）を直接的に支援する唯一の事業である「家族介護支援事業」が「家族介護の継続」支援である点も、介護保険制度外の家族が行うべきとされた介護や「選択の結果」として行われる介護を、家族が継続できるよう支援するものとして用意されたととらえることができよう。

4　1980 年代後半から 90 年代における家族介護者に対する支援政策の特徴

　1980 年代後半から介護保険制度施行にいたる過程と家族（介護）の位置づけを検討してきたが、とくに家族介護者への支援政策に着目すると、①その制度・政策の目的が「家族介護の継続」か「介護の脱家族化」か、②支援、援助の対象が家族介護者の抱える「多様で重層的な問題」か高齢者の介護ニーズ充足に関する「介護問題」か、③家族介護者を直接的な対象とするか間接的な対象とするか、という論点が見いだせる。ここで1980 年代後半の高齢者福祉政策、介護政策から介護保険制度施行時における家族介護者に対する支援政策を整理し、その特徴について検討することとする。

　この期間の家族介護者に対する支援政策として、①在宅福祉重視・拡充政策における「限定的・補足的な家族支援型福祉」、②介護保険制度導入で浮上した家族介護に対する「現金支給」、同じく③介護保険制度導入で

第3章　家族介護者問題の政策的背景の検討

議論された「家族による選択への支援」（ケアマネジメント）、④市町村による任意事業である「家族介護支援事業」、⑤介護保険制度のサービスが挙げられる。

　第1に、在宅福祉重視・拡充政策における「限定的・補足的な家族支援型福祉」は「家族介護の継続」支援を目的として、家族が行う介護の一部を、在宅福祉を提供する社会の仕組みで代替することにより、高齢者の介護ニーズを充足し、「介護問題」に対応しようとしたものである。また、家族が抱える問題、ニーズのアセスメント等は存在せず厳密性は欠くものの、家族介護の限界、負担をふまえ、家族を直接的な支援の対象としてとらえていたと言える。

　第2に、介護保険制度導入で浮上した家族介護に対する「現金支給」は、多様で重層的な問題のうち経済的困難に対応しようとする直接的な家族介護者への支援であった。これまで家族介護者の多様で重層的な問題、また生活運営問題の発生は階層性に関連することを示してきたが、このような介護期間中の収入の安定は、生活、就労状況に合わせた十分な介護保険サービスの利用を可能とし、子育て、趣味・友人付き合い、家事、近所付き合い、就労を無理なく行うことができる余裕ある生活運営を可能とし、健康問題や生活の質の低下、孤立化等も防止することにつながると考えられ、「多様で重層的な問題」に対応しうるものととらえることができる。ただし、現金支給は家族が介護を担うことを前提として介護期間中の所得保障を行うものであることを鑑みると、「家族介護の継続」を目的とする支援、援助であると言える。ところが、先述したように家族介護に対する現金支給は実現しなかった。

　第3に、介護保険制度導入で議論された「家族による選択への支援」（ケアマネジメント）は、支援の仕方によって「家族介護の継続」にも「介護の脱家族化」にもなりうるものであり、両者を目的とした直接的な家族介護者に対する支援になりえたと言えよう。ただし、基本的に高齢者の自立支援を目的とした介護保険制度をベースとしたケアプランを作成する援助である以上、対象とする問題は「介護問題」に限られ、家族介護者の多様で重層的な問題にまでは及ばない。そして介護保険制度施行時には

ケアマネジメントは「高齢者の選択への支援」とされたため、制度上の位置づけでは、家族介護者に対する支援としての機能は弱められ、介護保険サービス利用によって間接的に「家族介護の継続」を支援し、「介護の脱家族化」を促すものであり、また「介護問題」のみに対応するものとなっている。

　第4に、市町村による任意事業である「家族介護支援事業」は、「家族介護の継続」支援を目的とし、「介護問題」への対応を主とする直接的な支援である。ただし、家族介護者の組織化による孤立化防止も内容に含まれるため、多様で重層的な問題の一部に対応していると言えよう。

　最後に、介護保険制度についてであるが、介護保険法の目的が高齢者の自立支援に絞られることで、「家族（介護）への支援」という記述は消え、「家族（介護）の排除」が行われたことを指摘してきたが、介護保険制度は暗黙裡に家族介護を前提としていることは先述したとおりであり、また介護保険制度に家族介護者支援の要素が内包されているとする研究もある（岩間 2009）。それらをふまえ、あえて介護保険制度を家族介護者に対する支援政策としてとらえ直すと、①在宅福祉重視・拡充政策における「限定的・補足的な家族支援型福祉」と方針は変わらないことが指摘できる。岩間（2009：5）は、介護保険法施行規則（平成 11 年 3 月厚生省令第 36号）の 5 条（日常生活上の世話に関する規定）において「同居している家族等の障害、疾病等のため、これらの者が行うことが困難な家事」を行うと規定されていること、および「指定居宅サービス等の事業の人員、設備及び運営に関する基準」（平成 11 年 3 月第 37 号）の 126 条（指定短期入所生活介護事業所に関する規定）において「……その家族の疾病、冠婚葬祭、出張等の理由により、又は利用者の家族の身体的及び精神的な負担の軽減を図るため」とされていることを挙げ、「要介護者支援であると同時に家族介護者支援でも」あるとしている。これらの規定をみると、高齢者の自立支援を目的として家族をその担い手として位置づけ、家族介護の一部を代替することで、「家族介護の継続」を可能としようとしていることが指摘できる。したがって、介護保険制度を家族介護者への支援政策とみた場合、「家族介護の継続」支援を目的とし、高齢者の「介護問題」に対

第 3 章　家族介護者問題の政策的背景の検討

応しようとした間接的な家族介護者に対する支援政策であるととらえることができ、1980年代後半に推進された「限定的・補足的な家族支援型福祉」と同様の性格を有することがわかる。ただし、とくに「家族（介護）の潜在化」を内包する介護保険制度においては、高齢者のための介護保険サービスであることが強調されることによって、家族介護を前提とし、その家族介護の継続支援の機能を内包していても、家族介護者は「間接的」な対象となっている点が「限定的・補足的な家族支援型福祉」とは異なる点であろう。

　これらの家族介護者に対する支援政策の特徴を**表3-①**にまとめた。これをみると、日本における家族介護者に対する支援政策が、主として高齢者の介護ニーズ充足に関する「介護問題」に対応し、「家族介護の継続」支援として展開されてきたことがわかる。そして、現在施行中の支援政策に限定するとその特徴は顕著に現れており、実行性が弱い家族介護支援事業のみが、直接的な支援を展開する政策であり、また、多様で重層的な問題、たとえば孤立化の問題にも対応しようとしている。それ以外は「介護問題」のみに対応し、「家族介護の継続」支援を「間接的」に行うものになっており、1980年代後半と大きくは変わっていない。唯一、介護保険制度導入によって新たに登場したケアマネジメントのみが「介護の脱家族化」を促しうる支援となるが、これは様々な制限がある介護保険サービスの利用をとおした間接的な支援にすぎないため、「介護の脱家族化」機能が弱いことが否めない。

　以上のような「介護問題」を対象とし、「家族介護の継続」支援を目的とした家族介護者への支援政策は、結局は家族を介護の担い手として位置づけ、家族介護を前提とし、高齢者の介護ニーズの充足を第一義的目的とした「介護保障」の一環としての支援政策であると言える。これまで指摘してきたような、家族介護者の抱える多様で重層的な問題に着目し、彼らの生命、生活、人生を守る総合的な「生活保障」としての支援政策にはなりえていない。唯一、家族介護に対する「現金支給」が、主として経済的な困難に対応する部分的な「生活保障」を行うものであったが、これは施行にいたっていない。

I　介護保険制度における家族（介護）の排除と潜在化の構造

表3-①　家族介護者に対する支援・援助政策の特徴

	支援・援助政策の種類	目的	対象とする問題	直接的か間接的か
過去に施行	限定的・補足的な家族支援型福祉（在宅福祉）	家族介護の継続	介護問題	直接的
未施行	現金支給	家族介護の継続	介護問題多様な問題（経済的困難）	直接的
	ケアマネジメント（家族による選択への支援）	家族介護の継続介護の脱家族化	介護問題	直接的
施行中	ケアマネジメント（高齢者による選択への支援）	家族介護の継続介護の脱家族化	介護問題	間接的
	家族介護支援事業	家族介護の継続	介護問題多様な問題（孤立化等）	直接的
	介護保険制度	家族介護の継続	介護問題	間接的

出所：筆者作成。

5　介護保険制度における家族（介護）の位置づけの問題点と今後の課題

　家族介護者がいまだ多様で重層的な問題を抱え、厳しい状況におかれ続ける政策的背景について、1980年代後半から90年代における高齢者福祉政策、介護政策の分析を通して検討してきた。第1段階として、1980年代後半の「家族（介護）への支援」を目的とした在宅福祉の重視・拡充政策により、一定の家族介護の固定化が進められた。第2段階として、1990年代、一定の家族介護を前提としながら「利用者本位」の原則にもとづく介護保険制度を創設した。そこでは一部の家族介護は社会で対応すべき介護の範囲外に位置づけられ、また社会で対応すべき範囲で家族介護が行われても、それは利用者と家族による「選択の結果」とみなされ、介護保険制度における家族（介護）の排除、潜在化が行われた。そして家族（介護）への直接的な支援は介護問題に対応するための「家族介護の継続」支援が中心となり、しかも市町村の任意事業として行われるのみとなった。結果として、多様で重層的な問題を抱える家族介護者が存在しても制度的には放置されやすく、「介護の脱家族化」機能が弱く、むしろ「家族介護

第3章　家族介護者問題の政策的背景の検討

の固定化」を進める介護システムが構築された。これが家族介護者の問題がいまだ解決され得ない政策的背景であると言える。以下、今後の課題について若干の指摘を行いたい。

　第1に、家族介護を「選択の結果」としてとらえることの問題を認識する必要がある。介護保険制度が経済的負担を強いる制度であり[10]、一定の家族介護を前提として要介護認定が設計されていること、特別養護老人ホームの待機者の現状（平成26年3月時点で厚生労働省は52万3584人の待機者がいることを報告している）からみても明らかな施設不足があること、そして日本において家族介護が美徳や慣習として根強く残り、しかも長年にわたり政府がそれを推奨してきた背景等をふまえると、各家族の経済的な状況、性別役割分業意識、慣習、利用できる介護サービス量、種類等によって「選択」は左右され、必ずしも利用者本人と家族の自由意思にもとづいた適切な選択が行えるとは限らない。第2章で論じてきた家族介護者の生活運営の実態では、現状に即していない家族介護を前提とし、経済的制約や制度利用上の制約（家族介護者のライフスタイル、とくに就業時間との整合性がないサービス利用の時間帯、日数の設定）がある介護保険制度の仕組み、階層による不利をはらんだ介護休業制度の問題、根強い性別役割分業意識等を背景に、彼らの選択肢は限定され、そのなかでできうる限りの選択を行っても、健康、就労・収入、人間関係等において多様で重層的な問題をともないながら脆弱な生活運営を行わざるを得ない状況がみられた。すなわち、高齢者介護、家族介護の問題が深刻化し、限界にいたる状況は、個人的な選択のミスで生じるのではなく、労働者としての生活の脆弱性から生じるものであり、介護保険制度や介護休業制度の制度的不備が加わることで、社会構造的に生み出されている。これらの問題が解消されないなかで、「選択の結果」であるとして家族介護を放置することは非現実的であるとともに、事態の悪化を招くばかりである。家族介護者が抱える多様な問題を社会で対応すべき問題として存在していることを認識し、家族（介護）を顕在化させることが不可欠である。

　第2に、家族（介護）を顕在化させ、彼らの抱える多様で重層的な問題を放置することなく解決するため、家族（介護）を直接的な支援、援助の

Ⅰ　介護保険制度における家族（介護）の排除と潜在化の構造

対象として位置づける政策が必要である。これは彼らの抱える問題の多様性、重層性、それらが階層によって左右され、かつ連鎖するという特徴を有していることをふまえ、「介護問題」に対象を絞ることなく、健康、就労（雇用、賃金、労働時間）、人間関係等における多様な問題を視野に入れ、家族介護者の生命、生活の保障を第一義的目的とする制度・政策とする必要がある。制度上に位置づけることにより家族（介護）を顕在化させることが可能となり、彼らに対する直接的な援助、サービスによって無理のない円滑な生活運営を可能とし、抱える多様な問題を解決することが可能となる。

　ただし、一時的な休息や心身の状態回復を可能とするレスパイト・サービスやカウンセリングサービス、家族介護教室の開催等を通した介護に関する知識・技術の提供、介護手当の支給を行うだけの支援政策では、家族介護の固定化を促す従来の「家族介護の継続」支援の範疇から出ず、家族介護者に対する支援政策は介護を要する高齢者の介護ニーズを充足するための「介護保障」システムの一部と化してしまうであろう。これまで指摘してきたように、本来、家族介護者のための支援政策とは、家族成員に介護の必要が生じることで様々なダメージを被ってきた家族介護者の生命、生活、人生を守るための、換言すれば、家族成員に介護を要する者がいたとしても、彼らがその生命、生活、人生に犠牲をはらうことなく暮らすことができるようにするための「生活保障」政策であるべきである。

　そこで不可欠となるのが、家族介護者への支援政策における「介護の脱家族化」機能である。それにはまず介護保険制度の改善が必要であり、家族介護を強いる法的根拠がない以上[11]、家族介護を前提とせず、介護保険制度の介護サービスのみで生活が成り立つ制度にする必要がある。これを基礎的条件として、「介護の脱家族化」を促す機能を家族介護者の支援政策に意図的に組み込む必要がある。家族への支援を行う専門職を制度上に位置づけ、家族介護者を対象としたアセスメント、無理な家族介護の早期発見、家族介護者の状況に合わせた介護サービスの利用、要介護者や家族の介護サービス利用に対する抵抗感の緩和、介護サービス利用にかかわる経済的支援制度の利用促進、地域における新規の介護サービスの開発、介

第 3 章　家族介護者問題の政策的背景の検討

護サービス利用に向けた相談援助促進等、家族が介護役割から離れられるよう「介護の脱家族化」に向けた意図的かつ積極的な働きかけがなければ、長期間にわたり家族介護の固定化が進められてきた日本においては家族介護者の問題が生じ続けるであろう。

　そもそも一定の家族介護を前提とした制度設計を行い、また要介護認定の上限枠内であるにもかかわらず家族が介護を担っているということは、彼らが高齢者介護に関する社会的コストを家族が肩代わりしていることを意味する。しかも、それによって彼らは健康、就労、生活、人間関係等多様な側面において困難、問題が生じていることは多くの調査・研究が指摘するところである。それをふまえると、家族介護が選択の結果か否かにかかわらず、彼らの健康、生活を保障することは社会の責任で行うことが当然である。

　第 3 に、以上のような家族介護者のための支援政策の検討は、高齢者介護、家族介護の内容とそれにともなう問題に関する科学的データにもとづいた議論とともに行われる必要があることを指摘したい。本章では 1980 年代後半から 90 年代の高齢者福祉政策、介護政策に関する議論を概観してきたが、高齢者介護および家族介護の内容や質に関する議論とそれによる家族の生命、生活、人生への影響に関する議論が、科学的根拠を示しながら展開されることは、筆者が調べた限り、みられなかった[12]。高齢者介護、家族介護に関する厳密な議論を経ず、曖昧なイメージにもとづいた政策検討は、一定の家族介護を安易に肯定し、それを「選択の結果」として放置する介護システムの構築へといたる一因であったと言える。本来、高齢者介護、家族介護とは具体的にどのような内容、行為を指し、その行為を行うべき時間帯や頻度、そしてそれを適切に実施するためにはいかなる知識、技術が必要か、またその行為を行うことによって家族介護者の健康、就労、経済状況、生活、人間関係等においていかなる問題、不利や逸失利益が生じるかを科学的な根拠にもとづき分析、検討する必要がある。以上のような議論を行うことによってはじめて、介護保険制度の枠組み設定、家族介護者に対する援助、サービスの種類、量（額）等の設定が可能となり、社会的コストの試算も可能となるはずである。

150

そして利用者と家族が望んだ場合、どの範囲までなら家族が行うことが可能であるか、またどの部分は専門家が行わなければならないかを、高齢者と家族の生存権保障、生活の質をふまえて検証し、たとえ利用者本人と家族の選択であったとしても超えてはならない「家族による介護」と「社会的仕組みによる介護」の境界線を科学的根拠にもとづいて示す「基準」の設定が必要である。これは現場の専門職が不適切または無理な家族介護を早期発見もしくは予防し、適宜、介護サービス利用（の増量）を促し、介護の脱家族化を進めるために不可欠であり、これを根拠として一定の家族介護の固定化を進めるものではない。とくに要介護認定について述べると、これが家族が担う介護・世話と介護保険サービスで行う介護に境界線を引き、後者に関して必要度を測るよう設計されたのであれば、この暗黙のうちに引かれた境界線の妥当性の検証はきわめて重要であり、その科学的根拠が示されるべきである。介護保険制度外で行われるべきとされた介護・世話の内容が、本当に家族に担うことができるものであるか検討するとともに、たとえその行為そのものが平易な行為であったとしても、それを行うことによって、家族介護者への精神的、身体的健康や就労、日常生活全般と人生設計に重大なダメージを与えることもあり得る。実際、第2章で紹介したケースでは、たとえ高齢者の見守りのみであってもそれが生活を細分化し、労働の過密化を生み、生活運営を困難にしているケースがみられた。このような家族に与えるマイナスの影響まで考慮したうえで、境界線は検討される必要がある。

以上のような議論を行うことによってはじめて、家族（介護）に対して提供すべき介護サービス、相談援助、現金支給等の各種サービス、援助の種類、内容、必要量等を設定することが可能となり、社会的コストの試算も可能となるはずである。

6 小 括

本節では1980年代後半から介護保険法成立までの議論を主として検討してきたが、介護保険制度施行後、数回の制度改正が行われ、高齢者の介

第3章　家族介護者問題の政策的背景の検討

護を担う家族に対する支援に関する制度的環境は、根本的な方針に違いはないものの、少しずつ、しかし重大な意味を持って変化してきていると言える。

　その一つとして、介護保険制度の「再家族化」が挙げられよう。この点は藤崎（2008）が、訪問介護の家事援助、生活援助に対する利用規制に注目し、介護保険制度における「介護の再家族化」について警鐘をならしている。しかしながら、2014年6月には「地域における医療及び介護の総合的な確保を推進するための関係法律の整備等に関する法律」が成立し、2015年9月から介護保険施設への入所は要介護3以上の者に限定された。これは介護保険制度の施設サービスは比較的重度な者に対象を絞り、要介護1、2以下の者には、居宅サービスを利用しながら在宅で生活する選択肢しか用意されないことになる。先に示したような現在の介護サービスの利用状況（家族が相当量の介護を担っているという現状）や介護保険制度の在宅サービスが一定の家族介護を想定したものであることをふまえると、施設サービスの利用制限の強化はそのまま家族介護の増大へとつながることが予測される。『平成24年度介護保険事業状況報告』（厚生労働省2013）によると、介護保険施設を利用している者は要介護1で56万6000人、要介護2で122万5000人であり、要介護3未満で介護保険施設を利用している者は180万人近くにものぼる。また同法では、2015年8月以降、一定以上の所得の者は利用者負担が2割になり、経済的理由を背景に介護サービス利用を控え、家族でまかなうケースが生じる可能性がある。今後の家族介護の増加と家族が担う介護内容の重度化が懸念される状況にある。

　現行の介護保険制度では「家族介護」と「介護保険制度による介護」の境界線は、要介護認定とそれに連動する介護サービスの利用枠・利用条件の設定を通して、国がコントロールできる仕組みになっている。介護費用増大を懸念する政府の財政的事情に、先に指摘したような高齢者介護および家族介護の内容とそれにともなう問題に関する科学的根拠にもとづいた議論の不十分さが背景として加わり、安易な家族介護への移行が行われ続けていると言える。現行の介護保険制度は家族（介護）を潜在化させる構造を有し、また「家族介護支援事業」は「地域支援事業」に移行したが、

やはり市町村による任意事業であり、実施率の低さも指摘されている（菊池 2012：64）。このような状況下で、家族介護の比重を高めようとする制度改革が進められており、高齢者の介護を担う家族の抱える問題が、今後さらに深刻化する可能性が指摘できる。彼らの存在とその抱える問題を可視化し、高齢者介護、家族介護の内容に関する科学的根拠にもとづいた議論を展開したうえで、その生命、生活、人生を守りうる「生活保障」システムを検討することは、喫緊の課題であると言える。

Ⅱ　医療制度改革と家族介護への影響

1　背景と目的

　本節では、1980 年代後半から 90 年代における医療制度改革と介護保険制度への移行に着目したい。医療費の抑制が至上命題となっていたこの時期、とくに高齢者の医療費増大が問題視され、「社会的入院」に対する批判が高まりをみせる。そして、とくに高齢者医療と慢性期医療をターゲットに進められた医療制度改革は、家族介護の質と量の両面で影響を及ぼしたと言える。また、高齢者福祉・介護政策における在宅福祉の重視・拡充政策は高齢者医療費の抑制政策と引き換えに進められたとする指摘もあり [13]、家族介護者が厳しい状況におかれる政策的背景を検討するに際し、医療制度改革を抜きにして論じることはできない。

　なお、この時期の医療制度改革を高齢者の医療、健康保障の視点から批判的に検討した研究はすでに数多くみられるが（たとえば井上 1995、脇田 1995 等）、これが家族介護にいかなる影響を及ぼし、家族介護者にとってこの医療制度改革がいかなる意味を有したかについては、必ずしも十分に検討、整理されていない。

　そこで本節では、まずは高齢者医療制度および医療法改正、診療報酬改定にみる一般の医療制度の改革を整理する。次に、その医療制度改革が高

第3章　家族介護者問題の政策的背景の検討

齢者福祉・介護政策、介護保険制度といかなる関連性をもつものであった
かを分析する。以上をふまえ、1980年代後半から90年代に、在宅福祉の
重視・拡充政策、介護保険制度導入とともに進められた医療制度改革が、
家族介護に与えた影響を検討したい。

2　医療費抑制政策と高齢者医療制度の分離

(1)　医療費問題と高齢者医療への批判

　高齢者を対象とした代表的な医療制度として、老人医療費無料制度が挙
げられる。1960年、岩手県沢内村で65歳以上の者の外来者無料診療が開
始され、その後各地で老人医療の無料化が進められた。そして1973年、
老人福祉法が改正され、65歳以上老人について医療費の自己負担分を公
費で賄う老人医療費支給制度が施行された。しかしながら、同年のオイル
ショックを契機として低成長時代を迎えたあとは、医療費抑制政策へと転
換することになる。とくに、高齢者医療費の無料化による受診率の増加や
高齢化の進行、老人福祉制度、サービスの不備等を背景とした「社会的入
院」の増加による高齢者医療費の増大が問題視され（森2008）、高齢者医
療費の抑制は最重要課題とされていく。

　まず、社会保障長期計画懇談会が1975年に示した「今後の社会保障の
あり方について」では、主要施策の今後の進め方の一つに「老人の保健医
療対策の強化」を挙げ、「老人の健康を考える立場からは、医療費保障に
偏重したこれまでの対策を是正」し、「総合的な老人の保健医療対策」が
必要であるとした。そして「老人医療費支給制度」については年金水準の
上昇、健康に対する自己責任を理由に「ある程度の一部負担を設けること
も検討に値しよう」としている。また、老人保健医療問題懇談会は1977
年に「今後の老人保健医療対策のあり方について」をまとめ、老人保健医
療問題の一つに国民医療費の増大ととくにそこに占める65歳以上の老人
の医療費の割合を挙げ、これが税および社会保険料負担の増加を引き起こ
す要因であるとしている。そして老人保健医療対策の問題点として、医療

154

費保障の偏重、保健サービスの一貫性の欠如、老人医療費負担の不均衡を挙げ、「総合的老人保健医療対策の確立」を進める必要性を指摘している。

このように、高齢者の医療費保障が財政的な負担を増大させるとし、医療偏重ではなく、保健に重点を置いた総合的な老人保健医療対策の必要性が唱えられる。その後、1978 年の小沢厚生大臣私案、1979 年の橋本厚生大臣私案、大蔵省による厚生省に対する提案、1980 年の社会保障制度審議会に対する厚生省の白紙諮問、同年 12 月の社会保障制度審議会の「老人保健医療対策について」（意見）等、老人保健医療対策に関する様々な議論、提案が行われ、それぞれ細部に違いはみられるが、共通して高齢者医療費の増大、高齢者保健医療対策の医療費保障への偏重の問題点が指摘され、適正な費用負担のあり方に関する議論の展開と、健康に対する自己責任の重要性および一貫した保健医療サービスの必要性の指摘が行われた。

(2) 老人保健法制定による高齢者医療制度の分離

以上のような高齢者医療費の抑制を目的とした高齢者保健医療対策に関する議論を経て、1982 年、老人保健法が制定された。これによって医療費保障の偏重とみなされた老人医療費無料制度は廃止され、高齢者医療制度は異なる方向へと展開することになる。老人保健法は第 1 条の目的に「老後における健康の保持と医療の確保を図るため、疾病の予防、治療、機能訓練等の保健事業を総合的に実施し、国民保健の向上及び老人福祉の増進」を図るとされ、健康手帳の交付、健康教育、健康相談、健康診査、医療、機能訓練、訪問指導等保健事業を定めている。そのうち「医療」は、① 70 歳以上の者、または② 65 歳以上 70 歳未満の者であって、厚生省令による政令で定める程度の障害の状態にある [14] と市町村長から認定された者が対象とされた。

この老人保健法は高齢者医療費抑制政策の一環として制定され、高齢者医療費の無料制度を廃止するのみならず、高齢者を一般の医療制度から切り離し、高齢者医療を安価に供給しうる仕組みを構築するものであった。とくに「家族介護」と関連して注目すべき点は、「長期入院の是正と在宅医療の推進」、「高齢者医療の一般医療からの切り離しと慢性期医療の『介

第 3 章　家族介護者問題の政策的背景の検討

護』領域への移行」がその仕組みの重要な柱となっていたことである。

　具体的には、第 1 に、老人保健法制定に合わせて「老人の特性にふさわしい医療」のための診療方針として「老人保健法による医療の取扱い及び担当に関する基準」（昭和 58 年 1 月 20 日厚生省告示第 14 号）が、「老人」に対する独自の診療報酬として「老人保健法の規定による医療に要する費用の額の算定に関する基準」（昭和 58 年 1 月 20 日厚生省告示第 15 号）が示された（以下、前者を「老人医療担当基準」、後者を「老人診療報酬」とする）。厚生省通知「老人保健法による医療の取扱い及び担当に関する基準並びに医療に要する費用の額の算定に関する基準について」（昭和 58 年 1 月 20 日衛老第 7 号）によると、適切な老人医療の確保、老人医療費の効率化、人口の高齢化にともなう老人医療費の増加を最小限に抑制することが老人保健法制定のねらいであり、健康保険法による診療方針、診療報酬とは異なる「老人の心身の特性にふさわしい合理的な基準」が必要であったとしている。そして老人医療担当基準および老人診療報酬の基本的考え方として、「現在の老人医療は、必要以上に在宅より入院に、生活指導より投薬、注射、点滴等」に偏っていることが医療費増大へ結びついていると指摘し、①不必要な長期入院の是正と入院医療から地域および家庭における医療への転換の促進、②（投薬、注射、点滴等ではなく）日常生活についての指導を重視した医療の確立、③「老人のみを収容している病院」について「ふさわしい診療報酬」の設定と医療の適性化、を挙げている。長期入院を是正し、その代替としての在宅での医療、指導への転換を進め、「社会的入院」として注目を集めていた急性期の治療を終えた高齢者の医療を一般医療から切り離し、別建ての診療報酬を設定することで、高齢者医療費の抑制を図ろうとするねらいが明確に現れている。

　同様に、老人医療担当基準の要点では「老人に対する診療は、老人の心身の特性を踏まえて、……〈中略〉……とくに長期入院患者については漫然かつ画一的なものとなってはならない」とし、老人のなかでもとくに長期入院中の者に対する診療を一般の患者に対する診療とは異なる基準とすることが指示されている。そして「療養上入院の必要がなくなった患者に対しては速やかに退院の指示」を行うこと、「単なる家庭事情等による長

Ⅱ　医療制度改革と家族介護への影響

期入院を排除する」ため退院が困難な場合は市町村長に通知し、市町村長は「家族に対する適切な指導、在宅福祉サービスの提供、老人ホームへの入所等の措置」を行い、速やかに退院できるようにすることとされている。これは、いわば急性期の治療を終えた慢性期の高齢患者の早期退院を促し、在宅へと移行させ、在宅福祉サービスの利用、老人ホームへの入所による対応へと切り替えることを強く指示するものである。引き取ることができない家庭事情を「単なる家庭事情」とし、医療ニーズをともない長期療養を必要とする高齢者が在宅生活を送る場合、その家族にいかなる負担や問題が生じうるか議論されることもなく、当時、著しく未整備であった在宅サービス、老人ホームに慢性期の高齢者の医療を代替させようとした。

　一方、老人診療報酬においても、「入院が不必要に長期化」することを防止するため「入院期間による逓減制を強化し」、高血圧症等慢性疾患を有する高齢者と家族に対する家庭生活指導管理料、「病状の安定した老人」が「安心して退院し家庭で療養できる」ことを目的とした退院時指導料、「寝たきりのまま退院した老人」が「安心して家庭で療養できる」ことを目的とした訪問看護サービスに関する退院患者継続看護・指導料を新設したと説明している。入院に関する逓減制の強化や在宅での指導、看護サービスに対する診療報酬の新設を行うことにより、診療報酬上でも慢性期の高齢者を早期退院させ、在宅医療へ切り替えるよう誘導する仕組みがつくられた。

　第2に、老人保健法上の規定ではなく、診療報酬上の位置づけとして「主として老人慢性疾患の患者を収容する病院その他老人主要比率が著しく高い病院」、いわゆる「老人病院」の設置が行われている。これは特例許可病院[15]および65歳以上の老人が全体の入院患者の6割以上の病院が該当する。医師、看護師の配置基準が緩和され、その分を看護助手、介護士といった介護職（無資格者）の配置で補う人員配置となっている。このように老人病院の人員配置基準を独自に設けた理由として、厚生省通知（「老人病棟等に置くべき医師その他従業者の定数の取扱いについて（通知）」1983年医発第84号）では「今後の老人慢性疾患患者の増加に対応して、当該患者にふさわしい医療と介護を行いうるようにするため」（下

157

第3章　家族介護者問題の政策的背景の検討

線筆者）とされている。

　ここでは「介護」という用語を用い、慢性期の高齢者の場合、「医療」とは別の、いわば医療に関する専門的な知識、技術を有する医療職ではなく、無資格者の介護職でも行える「介護」が必要であるという見解を示し、それを前提とした高齢者医療を推し進めようとしている。すなわち、老人病院の設置は、医療職の配置の減少分を介護職で対応し、高齢者医療を「介護」へ転換することで[16]、（提供される医療の水準は低下しても）安価に供給しうる仕組みをつくり出すものであったと言える。また、老人病院の診療報酬では、一般病院と比べて点数の低い入院時医学管理料が設定され、逓減制の導入、入院医療における検査料、注射、処置料の包括化が行われている。このような人員配置、診療報酬の設定は、「老人病院」に指定されないよう、一般病院において高齢者の早期退院を促す方向へインセンティブを生じさせるものであり、慢性期の高齢者を病院から在宅へと送り出す効果を有している[17]。

　その後、1986年の老人保健法改正では老人保健施設を設置し、早期退院を迫られた慢性期の高齢者の（最終的には「在宅」へと移行させることを目的とするが）一時的な受け皿として、医療提供の場としながらも老人病院以上に介護職が多く配置された施設を用意した。また、1991年の法改正では訪問看護制度を創設し、長期入院の是正として早期退院を促された慢性期の高齢者に対する「在宅医療」の整備が進められた。ただし、利用回数には週2回という上限が設けられ、前述したように無資格者である介護職による在宅介護サービスと抱き合わせで対応することを想定したうえでの限定的な整備と言える。

　以上のように、高齢者医療費の増大に対する懸念から、その抑制を意図し、老人保健法制定とそれにともなう老人医療担当基準、老人診療報酬を設定することによって、慢性期の高齢者に対する医療を一般医療から分離し、その安価な供給を可能とする仕組みを構築した。そして、とくに慢性期の高齢患者には「医療」ではなく「介護」の必要性が高いとするイメージを打ち出し、早期退院を図り、医療職の配置が少ない病院、施設へ、そして在宅へと慢性期の高齢患者を送り出している。すなわち、高齢者医療

158

II 医療制度改革と家族介護への影響

における在宅医療の推進とともに、その「介護」領域への移行を行い、「介護化」「在宅化」を推し進めようとする方針が明確に現れている。

3 医療法改正と診療報酬改定における「介護化」と「在宅化」

以上のような医療費抑制政策としての長期入院の是正と在宅医療の推進、慢性期患者の「介護」領域への切り離しは高齢者医療においてのみではなく、一般の医療制度においても同様の方針が推し進められている。ここでは高齢者医療の動向を医療制度改革の全体的な流れのなかでとらえる必要があること、また、現在の介護保険制度の対象は老人保健法の医療の対象となる「老人」よりも若年の者を対象に含むことから、高齢者以外の一般の医療制度の変遷についても簡単に整理を行いたい。とくに医療法の改正とともに、医療供給の方向性を経済的に誘導、コントロールする手法として活用されてきた診療報酬の改定にも着目する。

(1) 第一次医療法改正前後

1981年の第二次臨時行政調査会の答申で医療費抑制の必要性が強調されるなか、1985年には地域医療計画の策定、二次医療圏を定めた病床規制の導入が盛り込まれた第一次医療法改正が行われた。この前後から1992年の第二次医療法改正までのあいだ、診療報酬は1982年（老人保健法制定）、1984年、1985年、1986年と複数回にわたって改定され、医療費抑制政策の一翼を担ってきた。在宅患者訪問診療料、訪問看護指導料の一般患者への適用拡大（以前は老人のみに適用）、在宅患者の往診料の引き上げが行われ、高齢者医療のみならず、一般医療においても「在宅医療の推進」が行われた。また、病院では入院医療、診療所では外来診療点数の引き上げ、紹介料の新設を行い、1992年の第二次医療法改正で示される「病院の機能分化」に向けた動きがすでにみられる。なお、この間に老人病院での老人検査料、老人注射料、老人処置料の包括化が進められている。

1988年の改定は、その前年に厚生省国民医療総合対策本部が示した

第3章　家族介護者問題の政策的背景の検討

「中間報告」(1987年) を受けて行われた。この「中間報告」では、老人医療の今後のあり方（施設ケアの確立、在宅ケアの充実、老人診療報酬の見直し等）、長期入院の是正等が示されている。今後の「老人医療」のあり方の一つとされた「在宅ケアの充実」の内容をみると、在宅における療養を支援するための継続的な訪問看護サービスの提供、在宅介護の促進、家庭医の充実、地域ケア体制の確立が挙げられている。高齢者の療養生活を支える「在宅医療」とは、医師、看護師による医療・看護のサービスに在宅での「介護」を加えたものを想定していたことがわかる。この点は、先に述べた高齢者医療の「介護化」の動きと合致するものである。

　この「中間報告」に沿った1988年の改定では「診療報酬の合理化を図る見地から、長期入院の是正、老人医療の見直し、在宅医療の推進」を図り、「医療機関の機能、特質に即した診療報酬上の評価を行う」とされた（松谷1988）。具体的には、老人診療報酬では老人病院の入院医学管理料の逓減制の強化が[18]、そして「在宅医療の推進」として、退院時指導料、寝たきり老人訪問看護・指導料、寝たきり老人訪問診療（察）料、寝たきり老人訪問指導管理料の新設等が行われている。さらに、一般医療でも「在宅医療の推進」として在宅患者訪問診療料、在宅患者訪問看護、指導料の新設、在宅療養指導管理料の引き上げなどが行われた。高齢者医療の医療費抑制を意図した逓減制の強化、在宅医療の推進とともに、一般医療においても長期入院の是正をめざし、入院時医学管理料の逓減制の強化、入院早期の看護料の重点的評価が行われている。また、病院から老人保健施設への情報提供の評価として老人診療情報提供料（病院を退院して老人保健施設に入所した患者についての情報提供の評価）、施設療養情報提供料（老人保健施設入所者を保険診療した場合の情報提供の評価）が新設された。すなわち、慢性期の高齢者の「長期入院の是正」として早期退院を促し、在宅医療へと転換させる、もしくは老人保健施設への移行を促すことを目的とした診療報酬の改定が行われた。

　その後の1990年改定も「中間報告」(1987年) の延長線上にあり（柴田1990）、「在宅医療の推進」を図り、退院前訪問指導料、在宅悪性腫瘍患者指導管理料、寝たきり老人処理指導管理料、在宅人口呼吸指導管理料

の新設、訪問診療料、訪問看護・指導料の引き上げが行われた。なお、このとき、「准看」による訪問看護・指導料も新設されている。また、老人診療報酬では老人病院の入院医療管理料の定額制が始まり、老人の入院医療は「看護・介護」が重要であるとし、看護・介護・投薬・注射・検査等が包括化され、入院医療管理料の逓減制もさらに強化された。このように、包括化による高齢者医療費の抑制、逓減制強化による長期入院の是正を行い、さらに訪問看護・指導料等の新設や引き上げ、訪問看護の担い手をより下位の資格に拡大することによって「在宅医療」への転換が図られていった。

(2)　第二次医療法改正

1992年の第二次医療法改正では、その趣旨の一つに「患者の心身の状況に応じた良質かつ適切な医療を効率的に提供する体制」の確保のため、「医療提供施設をその機能に応じて体系化すること」が掲げられた（厚生省発健政第82号）。具体的には特定機能病院と療養型病床群が位置づけられ、前者は「高度の医療のための人員、設備を備えた病院であり、一般の病院、診療所の紹介に基づく受診」が基本とされ、後者は「病状安定期にあると医師が判断した患者」を対象とし、「長期入院患者に適した人員、設備を備えた」病床群であるとされ、看護師の配置基準を緩め介護職を配置した。

これにより、一般病院、特定機能病院、療養型病床群の3種に病院は機能分化されたことになるが、山路（2003：155）は、この機能分化は「特定疾患＝高度・急性期医療、慢性疾患＝長期療養型医療」という分類が行われたことを意味していると指摘している。すなわち、高齢者医療と同様、慢性期医療を一般の医療から分離する仕組みづくりを、医療法上で規定される「病床群」というかたちで進めたと言える。さらに、この「病院の機能分化」では、資源投入を重点的に行う高度医療のための特定機能病院を設置すると同時に、もう一方では介護職を多く配置し、安上がりに医療を提供する療養型病床群を設置している。高度医療に対する時代の要請もあるであろうが、何より医療費抑制が叫ばれるなか、「患者の心身の状態に

第3章　家族介護者問題の政策的背景の検討

合わせた良質で効率的な医療供給」を掲げて医療施設の機能分化が行われ、その一つとして、高度医療の充実と引き換えで、慢性期の患者に対する安上がりな医療供給体制の構築が行われていることがわかる。なお、この法改正では「居宅」が医療提供の場として明示され、在宅医療への転換のための法整備も進められている。

　1992年には診療報酬も改定され、医療法改正の趣旨と同様に「良質な医療の効率的な供給」が掲げられ、看護師による在宅療養指導料の新設、往診・訪問診療の引き上げ、老人保健法改正による老人訪問看護制度の導入に合わせて老人訪問看護療養費、老人訪問看護指示料等が創設されている。また、老人病院における介護職員の実人員数に応じた評価や病院では入院機能、診療所では外来機能を重点評価する改定が行われ、さらに1993年の改定では療養型病床群入院医療管理料が新設されている。やはり「在宅医療の推進」と「病院の機能分化」を進める内容となっている。

　そして1994年には、「診療報酬基本問題小委員会報告書」（中医協1993）を受け、4月、10月の2段階にわたって改定が行われた。「診療報酬基本問題小委員会報告書」では医療機関の機能特質に応じた評価、在宅医療の推進、老人など患者の心身の特性にふさわしい医療の推進等が掲げられており、「在宅医療の推進」として往診料、在宅患者訪問診療料、在宅患者訪問看護・指導料、在宅訪問リハビリテーション指導管理料の引き上げが行われた。また、在宅の末期がん患者を対象とした在宅末期医療総合診療料、在宅看取り加算の新設が行われ、終末期医療においても在宅医療への転換が図られている。さらに、訪問看護事業の制限を2回から3回へと緩和し、その基本療養費、管理療養費、主治医の指示料の引き上げ、在宅ターミナルケア加算が新設された（糸氏1994、後藤1994）。

　そして、老人の心身の特性に応じた診療報酬評価として、療養型病床群の療養加算を老人病院に認め、老人保健施設の基本療養費、痴呆加算の引き上げ、5時以降のナイトケア療養費の新設が行われ、介護職が多く配置される老人病院、施設へ高齢患者を誘導する改定が進められた。また、医療機関の機能特質に応じた評価として、特定機能病院の初診料の紹介患者加算の引き上げ、かかりつけ医に対する診療報酬とかかりつけ医を支援す

る病院に対する診療報酬（在宅時医学管理料、在宅患者応急入院診察料、在宅患者入院共同指導料、退院時共同指導加算）の新設、診療情報提供料（かかりつけ医の紹介機能と医療機関の連携として）の引き上げが行われた。

なお、この改定では、看護師・准看護師を評価する看護料と看護補助者を評価する看護補助料の点数が示されている。これは「看護職員の看護料と介護職員の『介護料』が明確に分離」されたことを意味している（高木 1998：31）[19]。本来、全人的ケアとして一体的に行われるべき看護と介護を分離し、高齢者および慢性期患者には「介護」が必要であるとして医療職の配置を緩和し、介護職で対応する病床、施設が形成されてきたが、この改定によって診療報酬上もその固定化が進められたと言えよう。

1996 年の改定では、医療機関の機能分化と連携の促進とともに、「療養型病床群への転換の促進」として療養型病床群移行計画加算の新設等が、「在宅医療の推進」として往診料、在宅患者訪問診療料、在宅患者訪問看護・指導料の引き上げ、在宅末期訪問看護・指導料の新設等が行われた（糸氏 1996）。また、心身の特性に応じた医療の推進として、療養病床群・老人病棟等の入院時医学管理料の逓減制の緩和（7 段階の分類を 4 段階に変更）、慢性疾患に対する運動療法、リハビリ等を評価する運動療法指導管理料、老人慢性疾患外来総合診療料の新設（老人の慢性疾患の外来医療の包括化）、一般病棟における逓減制の強化が行われた。引き続き、高齢者や慢性期の患者は介護職を多く配置する療養病床・老人病院、在宅医療へと移行させ、その医療費抑制のための逓減制、包括化を進める改定が行われた。

(3) 第三次・第四次医療法改正

1997 年の第三次医療法改正では「地域医療支援病院」が規定された。これは「地域医療の確保のための支援」を行うものであり、かかりつけ医等からの紹介による医療提供を原則とし、その他に救急医療の実施、地域の医療従事者の研修等を行う病院とされた（厚生労働省 2007）。地域の医療機関を支援し、いわば「地域医療の中核的役割」を果たす病院としての

第 3 章　家族介護者問題の政策的背景の検討

位置づけであり（佐野 1997、島崎 2011）、これにより総合病院が廃止された。第二次医療法改正で規定された「特定機能病院」、「療養型病床群」に加え「第 3 の医療機能の分化」が行われ（佐野 1997：3）、高度医療、長期療養、そして地域・在宅医療のための病院に分化された。また、この改正では介護保険制度導入をにらんだ動きがみられ、療養型病床群を有床の診療所に拡大することが盛り込まれた。さらに、特例許可老人病棟の新規許可は廃止され、療養型病床群への移行、集約が進められた。

　診療報酬改定をみると、1997 年、消費税導入に合わせた診療報酬の全体的な引き上げが行われたが、従来どおり、長期入院の是正が掲げられており、入院診療計画加算、退院指導料の引き上げが行われ、また急性期か慢性期かに着目した医療機関の特性に応じた機能分化と在院日数の短縮化が図られた（大坪 1997、糸氏 1997）[20]。そして、老人診療報酬でも長期入院の是正が図られ、老人療養型病床群移行計画加算の期限が延長され[21]、老人入院時医学管理料も上述した一般の診療報酬と同様、病院の平均在院日数 30 日を基準として、急性期か慢性化に着目した病院の機能分化と在院日数の短縮化が図られた。

　1998 年の改定では診療報酬の合理化を掲げ、長期入院の是正として入院時医学管理料・看護料について平均在院日数の短縮、新規設定といった基準の引き締めが行われた。老人診療報酬では入院期間 6 ヶ月以上の高齢者への老人長期入院医療管理料が新設され、入院期間が 6 ヶ月以上の高齢者の検査、投薬等の定額払いが導入された。また、在宅医療の推進も掲げられ、退院前訪問指導料等の引き上げ、重症者管理加算等の新設、訪問看護の充実・強化（訪問回数制限の緩和）等を行っている。

　そして 2000 年の第四次医療法改正では、「入院医療を提供する体制の整備」に関する事項が盛り込まれ、病床の種別の見直しを図り、「精神病床」、「感染症病床」、「結核病床」、「療養病床」、「一般病床」とされた。しかし、この年で最も注目すべき点は、介護保険法が施行されたことである。別建ての制度の創設、病院の機能分化を進めることにより、高齢者および慢性期の患者に対する医療を切り離し、介護化、在宅化を進めたこれまでの医療制度改革が、介護保険制度施行によりすべて回収されることになる。

（4）　高齢者福祉・介護政策と医療制度改革の連動性

　老人保健法が制定された 1980 年代半ばから介護保険法施行までの医療法改正、診療報酬改定をみてきたが、その方向性は明確であり、医療費抑制政策のもと、良質で「適切な医療の効率的な提供」を理念として掲げながら、病院の機能分化を進め、高度医療への資源の重点的配分を行い、一方では高齢者医療、慢性期医療を安価に提供しうる仕組みを形成した。すなわち、老人保健法で高齢者医療を区分した制度を確立し、さらに病院の機能分化の一つとして慢性期医療も一般医療から切り離した。そして「高齢者医療、慢性期医療＝介護」というイメージを、科学的根拠を示すことなく打ち出した。さらに、安価に養成、雇用しうる介護職という無資格者を多く含む職種を新たに位置づけ、高齢者、慢性期患者を介護職が多く配置される療養病床（病棟）へ移行させる、または早期退院を促し、地域、在宅、すなわち介護職が中心的に配置された介護施設へ、介護職による在宅介護サービスと医療職による医療・看護サービスとを抱き合わせて対応することを前提とした在宅医療へと移行させることを推し進めた。なお、山路（2003）は、急性期医療だけが医療ではないことを指摘し、「慢性疾患をベースに長期療養を強いられている『ねたきり老人』に対しても、それを保健や介護、福祉が肩代わりするのではなく、慢性期医療として医療の体系が確立されるべき」としている（山路 2003：71）。また、池田（1995）は「高齢者は個人差が多く症状もバリエーションが多く診断も治療もより的確に行う」必要性を指摘している（池田 1995：79）。高齢者医療、慢性期医療も当然ながら「医療」であり、無資格者を多く含む介護職が担う「介護」に分類することは高齢者、慢性期患者の生命、生活の保障を考えると問題が多く、本来ならば、高齢者、慢性期患者の有する複雑な特性に対応しうる医療体制（専門職の養成・確保政策を含む）の確立が必要であったと言えよう。

　なお、以上のような「高齢者医療および慢性期医療の在宅化・介護化」が高齢者福祉・介護政策と連動して進められている点にふれたい。この 1980 年代後半から 90 年代は高齢者福祉・介護政策において在宅福祉の重

第3章　家族介護者問題の政策的背景の検討

視・拡充が進められた時期でもあり、政府などによる報告書では、在宅福祉の重視・拡充が医療費抑制としての医療（費）の適正化、是正とセットで提唱されている。

例を挙げると、「在宅サービスシステムの確立」を唱えた1986年4月の「高齢者対策企画推進本部報告」（厚生省・高齢者対策企画推進本部）では、高齢者医療について「在宅医療の促進、入院医療の適正化、高齢者のニードに見合った医療サービスの供給の推進」を進め、「医療費適正化対策を強力に推進する」という方針も同時に示している。また、1988年10月「長寿・福祉社会を実現するための施策の基本的考え方と目標について」（厚生省・労働省）では、高齢者が家庭、地域で生活しうる総合的施策の整備を掲げ、在宅サービスと病院、施設の体系化、連携とともに、医療費の効率的な利用と適正化の必要性にふれ、在宅医療の推進による高齢者の適切な医療の確保等が述べられている。そして1989年、「在宅福祉対策の緊急整備（在宅福祉推進10カ年事業）」を盛り込んだ「高齢者保健福祉十か年戦略（ゴールドプラン）」が、1994年にはその目標値を上方修正した新ゴールドプランが示されて在宅福祉の重視・拡充政策の具現化に動き出すなか、同年の「21世紀福祉ビジョン」は「年金、医療、福祉のバランスのとれた社会保障の給付構造の実現」を掲げ、「年金：医療：福祉」の現在の比率（5：4：1）を、年金制度の安定化、医療制度の安定化・効率化を図り、福祉水準の引き上げることを目的として「5：3：2」をめざすとしている。そして1995年7月の「新たな高齢者介護システムの確立について（中間報告）」（老人保健福祉審議会）では、福祉と医療に分けられている現行制度の再編、新たな高齢者介護システムの確立が必要であるとして介護保険制度の導入を決定づけ、その具体的検討へと導いている。

以上のように、在宅福祉の重視・拡充は、医療費抑制を意図し、高齢者・慢性期医療の介護化・在宅化へとつながる医療費の適正化、医療の効率化とともにつねに掲げられ、進められてきた。医療費抑制を図った1980年代末から90年代の医療制度改革は、在宅福祉重視・推進政策と連動して進めることにより、在宅福祉の充実というプラスのイメージを高齢者、慢性期患者とその家族に与えながら、医療として行われてきた高齢者、慢性

Ⅱ　医療制度改革と家族介護への影響

期患者のケア（介護・看護）を「在宅」、「介護」で担うよう移行させるものであったと言える。むろん、在宅福祉の重視・拡充が、それまでいかなる援助もなく在宅で放置されていた、ケア（介護・看護）を要する高齢者とその家族にとって必要不可欠なものであり、一定の意義があった点は否定しない。しかしながら、医療費抑制政策のもと、医療の不足分を代替しうるものとして在宅福祉を位置づけ、在宅福祉の重視・拡充政策が高齢者医療・慢性期医療の「在宅化」「介護化」を推進し、補うものであったという側面は、家族介護（者）問題を理解するうえできわめて重要な点である。

　そして 2000 年の介護保険制度の開始によって、高齢者、慢性期患者の医療、在宅医療のかなりの部分が介護保険施設や訪問看護、訪問介護として介護保険制度下で提供されるようになる。たとえば、**図 3-** ①は 1993 年から 2013 年までの訪問看護サービスの利用者実人数を示したものであるが、介護保険制度が開始する 2000 年からは健康保険による訪問看護の利用者実人数はその前年の 5 分の 1 程度になり、介護保険による訪問看護の利用者実人数が多数を占めるようになり、両者ともに利用者実人数は増加傾向にあり、健康保険の占める割合が若干増加している（2000 年では83％であったが、2013 年では 72％になっている）ものの、2000 年にいたるまで介護保険の訪問看護が多数を占め続けている。

　また、**図 3-** ②は療養病床数、介護保険施設の定員（病床）数の推移を示したものである。病院、診療所の病床数は 1992 年の 168 万 6696 床をピークに減少しており、一般病床に関しては同年の 127 万 3859 床のピークから、とくに 1998 年頃以降、減少が顕著になる。そのころ、老人病院の病床数も（廃止の方針が示されるなか）減少し、その分、療養病床数が急激に伸びており、高齢者、慢性期患者の療養病床への移行を象徴している。そして 2000 年からは介護保険制度導入により介護療養医療施設が開設され、療養病床数の伸びは若干緩やかになり [22)]、2005 年の 38 万 3911床をピークとして減少に転じている。ただし、介護療養型医療施設もまた定員数の伸びは緩やかであり、2003 年の 13 万 9636 人から減少し続けている [23)]。その反面、介護老人保健施設、介護老人福祉施設（特別養護老人

167

第3章　家族介護者問題の政策的背景の検討

図3-①訪問看護利用実人数

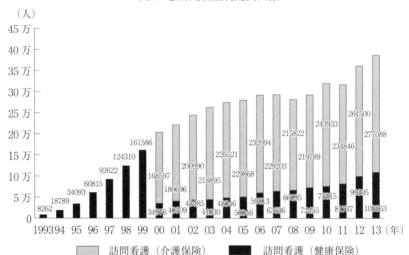

出典：1993（平成5）年～1999（平成11）年までは訪問看護統計調査、2000（平成12）年以降は介護サービス施設・事業所調査（e-Stat 政府統計の総合窓口 http://www.e-stat.go.jp/SG1/estat/eStatTopPortal.doe-stat、閲覧日 2015年3月13日）より筆者作成。

図3-②　療養病床数および介護保険施設定員数の推移

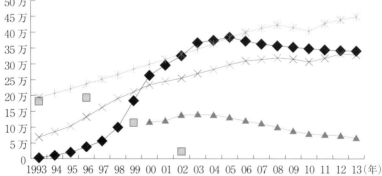

注：1999年以前は介護老人福祉施設は老人福祉施設、介護老人保健施設は老人保健施設の定員数。
出典：療養病床数、老人病院病床数は医療施設（動態）調査、2000年以降の介護療養型医療施設定員数、介護老人保健施設定員数、介護老人福祉施設定員数は介護サービス・事業者調査より作成（e-Stat 政府統計の総合窓口、http://www.e-stat.go.jp/SG1/eStatTopPortal.doe-stat、閲覧日 2015年3月14日）。また1999年以前の老人福祉施設の定員数は社会福祉施設等調査（厚生労働省、厚生省）より筆者作成。

ホーム）は増加の一途をたどっており、介護保険制度下の（医療職ではなく）介護職の配置割合の高い「介護」の領域の施設が高齢者・慢性期患者の受け皿として伸びていることが指摘できる[24]。

1980年代後半から90年代に進められた医療制度改革は、在宅福祉の重視・拡充政策の推進とともに、高齢者医療・慢性期医療を一般医療から切り離し、その「在宅化」、「介護化」を推し進めた。そして2000年の介護保険制度の施行により、これらを「介護」領域のものとして回収するにいたった。介護保険制度は慢性期医療、高齢者医療の医療サービスの多くを「介護」の領域に取り込む制度であり、医療ニーズを抱える高齢者を「介護」サービスで対応することを決定づけた制度であったといえる。そして、介護保険制度においても在宅福祉重視の方針が現在も継続されていることをふまえると、高齢者医療、慢性期医療は「介護」領域のもとでもなお、やはり「在宅化」が進められていると言える。

4 「高齢者医療・慢性期医療の在宅化・介護化」が家族介護に及ぼした影響

以上のような高齢者医療、慢性期医療の切り離しとその介護化、在宅化、それらの介護保険制度への吸収といった医療制度改革による明らかなる変化として、従来は「社会的入院」として病院にいた医療ニーズを抱える高齢者、慢性期の患者の多くが在宅で暮らすようになり、在宅介護の対象となったという点が指摘できる。医療費抑制政策の一環として進められた長期入院の是正の効果は多くの調査研究でも指摘されるところであるが、厚生労働省による「患者調査」によると、とくに長期入院の是正、早期退院の促進が強化された1988年頃から平均在院日数は減少しており、65歳以上高齢者においてその傾向が顕著であることがわかる（**図3-③**）。また、退院患者の退院後の行き先をみると、「総数」と「65歳以上」、いずれの場合でも、徐々に減少してはいるが「家庭」が多数を占め、「施設への入所」は2011年で5.8％にとどまっている（**図3-④**）。また、退院後、「家庭」に帰った者のほとんどが同じもしくは他の病院・診療所に通院を続けており、なんらかの医療を必要としている状態にある（**図3-⑤**）。長期入

第 3 章　家族介護者問題の政策的背景の検討

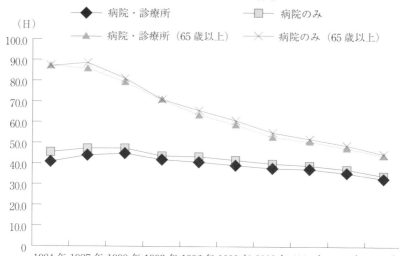

図 3-③　平均在院日数の推移

出典：厚生労働省による『平成23年度患者調査』（e-Stat 政府統計の総合窓口、http://www.e-stat.go.jp/SG1/estat/eStatTopPortal.doe-stat、閲覧日 2015 年 2 月 3 日）より筆者作成。

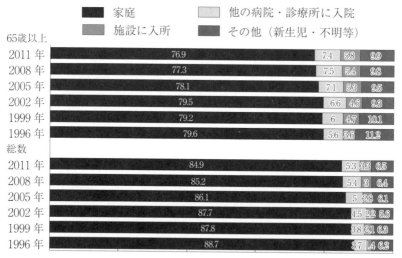

図 3-④　退院後の行き先

出典：厚生労働省の 1996（平成 8）年～2011（平成 23）年『患者調査』（e-Stat 政府統計の総合窓口、http://www.e-stat.go.jp/SG1/estat/eStatTopPortal.doe-stat、閲覧日 2015 年 2 月 4 日）より筆者作成。

Ⅱ　医療制度改革と家族介護への影響

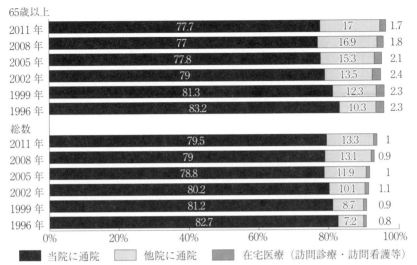

図3-⑤　退院後、家庭に帰った者の状況

出典：厚生労働省の1996（平成8）年～2011（平成23）年『患者調査』（e-Stat 政府統計の総合窓口、http://www.e-stat.go.jp/SG1/estat/eStatTopPortal.doe-stat、閲覧日2015年2月4日）より筆者作成。

院の是正、早期退院の促進をめざした一連の医療制度改革により平均在院日数は減り、高齢者、慢性期患者の多くはなんらかの医療を必要とする状態で、在宅で暮らしていることがわかる。

　このように高齢者医療、慢性期医療の介護化・在宅化の結果、医療ニーズを抱える高齢者、慢性期患者の多くが在宅で療養生活を送るようになり、さらに彼らの療養生活を支えるのが主として介護保険制度であるという状況が家族介護にいかなる影響を与えたか検討したい。

　第1に、在宅医療の一部を家族が担うことになったという点が挙げられる。その背景には高齢者、慢性期患者の療養生活を主として支える介護保険制度が医療ニーズに部分的にしか対応できない仕組みであるということがある。すなわち、医療ニーズを抱える高齢者、慢性期患者が在宅で療養生活を送る場合、彼らの生命、生活を守るためには、医療サービスと家事や身体介助等の身の回りの世話の介護サービスが24時間365日、必要なときに、適切かつ十分に提供されなければならない。しかしながら、それ

第3章　家族介護者問題の政策的背景の検討

に対応する介護保険制度では、訪問看護や訪問リハ等の医療系サービスを利用できるが、要介護認定結果による上限内に収まるよう訪問介護、通所介護等の介護系サービスと組み合わせ、利用する量を調整しなければならない。医療ニーズを抱えて退院してきた高齢者、慢性期患者の場合、医療のみならず、家事援助、身体介助等身の回りの世話も当然ながら必要となる。したがって、十分な医療、看護を確保するため、たとえば訪問看護だけを上限一杯まで利用することは現実的には不可能であり、訪問介護の利用が不可欠である。また、医療系サービスの多用は利用料の増加につながり、経済的な負担から医療系サービスの利用を抑えようとするケースも考えられる。その結果、訪問看護ではカバーできない医療、看護を補う者が必要となるが、訪問介護のホームヘルパーでは、医療に関する十分な専門的知識、技術を有していないため、行える医療行為は制限される。そもそも、訪問介護もまた家族介護の一部を代替するサービスであるため、必要とされるケア（介護・看護）のすべてをカバーできてはいない。結果として、早期退院で高齢者、慢性期の患者が多く在宅で療養生活を送るが、訪問看護、訪問介護等では賄いきれない医療、看護が生じ、それを家族が担わざるを得ない状況が生じる。

　実際、日本訪問看護振興財団による「医療的ケアを要する要介護高齢者の介護を担う家族介護者の実態と支援方策に関する調査研究」（2012）では、訪問看護が家族に対して行っている支援について、「医療処置の方法の習得」が「介護方法の習得」、「病状、経過の説明」、「家族の健康観察、相談・助言」、「介護ストレスの解消の話し相手」とならび9割を超えており、在宅で家族が医療処置を日常的に行えるよう、訪問看護が頻繁に指導をしていることがわかる。また、家族介護者（546人）が夜中に起きることが「よくある」と答えた医療処置は、「人口呼吸器」（50.0%）、「気管切開の処置」（48.1%）、「胃ろう・腸ろう」（44.4%）、「酸素療法」（43.8%）、「吸引」（40.9%）と多岐にわたる。さらに家族介護者のうち、「医療機器の取扱いや医療処置の実施」が「ある」と答えた者が57.1%を占め、さらに心理的な負担を感じている（「やや負担である」（38.1%）、「負担である」（12.2%）、「非常に負担である」（3.2%））と答えた者は合計で53.5%を占め

172

たという結果も示されている。医療ニーズを抱える高齢者および慢性期患者の家族は、無視できない程度の在宅医療を担い、そこになんらかの負担を感じている者が少なくないことが指摘できる。

　医療制度改革で進められた高齢者医療、慢性期医療の在宅化は、現実的には家族が在宅医療の一部を担うことを意味していた。そして、在宅福祉の重視・拡充政策、介護保険制度が「家族介護」を前提としていたのと同様、医療制度改革における「在宅医療の推進」もまた、家族による医療・看護を前提としており、それによって医療費抑制を図るものであったと言えよう。

　第2に、医療ニーズを抱える高齢者、慢性期患者が在宅で療養生活を送るということは、その家族が担う介護の量も増加せざるを得ないことが指摘できる。高齢者、慢性期患者を対象とする医療は「介護」が中心であるとして、従来、病院で行われてきた医療、看護から介護を分離し、医行為を行うことが困難な介護職を中心的に配置した「介護」の領域に、高齢者、慢性期患者の在宅での療養生活の支援、援助を担わせた矛盾が、通所系、短期入所系の介護サービスの利用の困難さにも現れている。前掲の日本訪問看護振興財団（2012）の調査によると、医療処置が必要なため利用できない利用者がいると答えた事業所は通所系サービスで32.7%、ショートステイで43.6%にのぼっている。利用できない理由として、気管切開のため（夜間も）吸引が頻回に必要、胃ろう造設、経管栄養、人口呼吸器の使用、在宅酸素、導尿、褥瘡処置等が挙げられている。なお、2006年度以降、医療ニーズの高い者を対象とした通所系サービスの必要性から、介護報酬上の位置づけではあるが、「療養通所介護」が始まった。しかしながら、2014年7月時点で請求事業所数は全国で81ヶ所にとどまり、十分な普及にはいたっていない。このような状況は、医療ニーズを抱える高齢者、慢性期患者は、在宅において通常の介護サービスを利用することすら困難であることが少なくなく、その場合、彼らの介護・看護はすべて家族が担わなければならないことを意味している。

　なお、医療ニーズを抱える高齢者、慢性期患者とその家族が在宅生活をあきらめ、施設入所を希望したとしても、介護職を中心的に配置した介護

第3章　家族介護者問題の政策的背景の検討

施設では対応が難しいことが、日本訪問看護振興財団（2012）の調査で示されており、医療処置が必要なため入所ができないと答えた施設は23.2%にのぼっている。また、東京都社会福祉協議会による「社会資源実態調査報告書」（2013）では、介護老人保健施設、介護療養型医療施設、医療療養病床、有料老人ホーム、サービス付き高齢者向け住宅、認知症グループホーム、小規模多機能型居宅介護、宿泊デイサービスに対して、「入所や利用を断るときの内容」を尋ねており、すべての施設において「医療対応が困難なため」が最も多いことが示されている[25]。最悪の場合、家族は施設入所もできず、在宅において医療、介護を担い続けなければならない状況にある。

　さらに付け加えると、先述したように「介護」領域においても、施設福祉ではなく在宅福祉を重点的に推進する「在宅化」が進められている。2014年に成立した「地域における医療及び介護の総合的な確保を推進するための関係法律の整備等に関する法律」（医療介護総合確保推進法）により、2015年9月以降、原則、要介護3以上の者でなければ介護保険施設に入居できないことになり、「介護」領域に移行させられた高齢者、慢性期患者のうち相当数は現実的には施設ではなく「在宅」で療養生活を送ることになると考えられる。24時間365日、適切で十分な在宅医療が提供される体制が整備されず、また医療ニーズを抱える者を受け入れられる介護サービスが十分に整っていない現状において、高齢者、慢性期患者が在宅で療養生活を送るということは、家族が在宅医療の一部を担い、また在宅介護の多くを担わざるを得ないことを意味している。

　なお、医療ニーズを抱える高齢者、慢性期患者の療養を「介護」の領域の対象とした矛盾により、長年、家族がたんの吸引等の医行為を担ってきた。一方で、介護職が医行為を行わざるを得ない事態も生じており、訪問介護員、介護施設の介護職員による医行為の経験率は1999年から近年にいたるまで約90%を維持しているとする調査結果もある（篠崎2011）。このように、家族が担う医行為の負担と介護職による医行為の実施が問題視されるなか、たんの吸引等の医行為に関する規制緩和が、介護保険制度の施行以降、立て続けに行われている。まずはALS（筋委縮性側索硬化症）

174

患者に対する医行為について、24 時間体制の在宅療養を家族が担っており、その負担が大きいことを受け（高橋 2012：30）、2003（平成 15）年「ALS（筋委縮性側索硬化症）患者の在宅療養の支援について」（医政発第0717001 号厚生労働省医政局長通知）で ALS 患者に対するヘルパーによるたんの吸引が認められ、2005 年には「在宅における ALS 以外の療養患者・障害者に対するたんの吸引の取扱いについて」（医政発第 0324006 号厚生労働省医政局長通知）が示され、ヘルパーによるたんの吸引が認められる対象が広げられた。そして 2010 年には「特別養護老人ホームにおけるたんの吸引等の取扱いについて」（医政発 0401 第 17 号厚生労働省医政局長通知）で在宅のみならず施設の介護職によるたんの吸引も認められるようになり、2011 年には社会福祉士及び介護福祉士法の改正で、医行為を介護福祉士の業務とし、その養成カリキュラムに医行為にかかわる研修を組み込み、また介護福祉士以外の介護職であっても一定の研修修了者が医師の指示のもとにたんの吸引等の医行為を行うことを認めるにいたった。また、この間には「医行為」そのものの解釈も緩和されており [26]、在宅における医療ニーズの増加と家族の医行為に対する負担増を理由に、医療職の配置や医療サービスの充実ではなく、なし崩し的に介護職による医行為を容認する方策がとられていった。この一連の動きは、必要とされるのは「医療」というよりもむしろ「介護」であるとされた高齢者、慢性期の患者が現実的には医療を必要としており、それにもかかわらず、家族が医療、看護を担うことを前提としながら、彼らを「介護」領域へと移行させた矛盾を如実に現したものであると言える [27]。

　以上のように、介護保険制度のサービスのみでは、在宅で療養生活を送る高齢者、慢性期患者の生命、生活を適切かつ十分に守り支えることは困難であり、高齢者医療・慢性期医療の在宅化・介護化は家族が在宅医療の担い手となることを前提としていた。これは家族介護の医療・看護の比重を高め、また介護サービスすら利用できないケースでは家族が担う介護量が増加し、家族介護者の負担の増大を招くものであると言える。

第 3 章　家族介護者問題の政策的背景の検討

5　小　括

　介護を要する高齢者を抱える家族介護者がいまだ厳しい状況におかれている政策的背景として、1980 年代後半から 90 年代における医療制度改革を概観してきた。高齢者福祉・介護政策と連動し、高齢者・慢性期患者の介護化・在宅化が進められた。そして、主として介護保険制度が高齢者、慢性期患者の療養生活に要する医療、看護、介護を行うことになったが、現実的には介護保険制度では、医療ニーズを抱える高齢者に十分かつ適切に対応しうるだけの専門職の養成・配置および医療・介護サービス提供の体制が整えられておらず、医療ニーズを有する高齢者、慢性期患者を抱える家族介護者の負担の増大を招くものであった。在宅福祉が家族介護を前提としていたように、在宅医療もまた家族による医療・看護を前提としており、介護を要する高齢者を抱える家族は、「介護の社会化」が唱えられるなかで、医療現場で行われていた医療、看護も含め、二重に介護役割を強いられることになった。

　なお、在宅療養者の方が施設入居者や病院入院者と比べて褥瘡の有病率が高いという報告（須釜 2008、日本褥瘡学会 2011）や褥瘡の予防的ケアに関する家族介護者の知識率、実施率の不十分さが褥瘡発生の要因であるとする研究（阿部 2003）、また、たんの吸引に関して、介護者の吸引が定時化され、肺雑音・分泌物貯留の位置の確認を行わずに吸引を行っていることを指摘する研究もある（町田 2004）。これらは家族が自身の知識・能力以上のことを課されており、適切な医療を必ずしも行えるとはいえないことを示しており、在宅医療を部分的であっても素人である家族が担うことは、家族の負担増につながるのみならず、高齢者の生命、生活にかかわる問題にも直結することが指摘できる。現実から乖離した高齢者医療・慢性期医療の在宅化・介護化のしわ寄せが、介護を要する高齢者とその家族に及んでいると言えよう。

　本来であれば、地域に散在する高齢者、慢性期患者に対して、十分かつ適切な医療が提供される施設、医療職による在宅医療の提供を手厚くする

Ⅱ　医療制度改革と家族介護への影響

必要があった。しかしながら、医療費抑制の一環として在宅医療の推進を提唱しているため、医療サービスよりも安上がりに提供しうる介護施設、在宅介護サービスに担わせる体制をつくり、不足分を家族の看・介護にゆだねた。「介護の社会化」を進めたとされる介護保険制度、高齢者のニーズにふさわしい医療の提供をめざしたとされる医療制度改革が、相乗的に高齢者介護（看護）における家族の役割、責任を増幅させており、家族の負担軽減とは逆の方向へと進んでいることが指摘できる。これが、家族介護者がいまだ厳しい状況におかれるもう一つの政策的背景と言えよう。

　そして、介護保険制度下では、訪問看護の利用を抑え、通所介護、短期入所介護といった介護サービスも利用できず、医療、介護を家族で補うことは、前節で指摘した「選択としての家族介護」と同様、「選択としての家族看護」とみなされ、潜在化してしまうことを最後に付け加えたい。

〔注〕

1)　老人ホームの料金徴収については、1980年、利用者本人と扶養義務者、双方からの料金徴収が可能となり、また1984年の中央社会福祉審議会意見具申では「①食費負担の導入、②費用徴収限度額の段階的廃止」等が示され、津田（1993）は費用徴収基準額の上限の引き上げについて、1980年で3万円であったものが、1991年には養護老人ホームが12万円、特別養護老人ホームが20万円になり、「老人ホームへの入所拒否や退所による老人病院への入院、家族による無理な自宅への引き取りなどが起きている」と指摘している（津田1993:122）。なお、1989年には社会福祉施設の措置に要する費用における国庫負担率も10分の8から10分の5へと削減される。また、在宅福祉の領域でも、1982年、ホームヘルプサービスの派遣対象が課税世帯に拡大されるとともに、有料化される。なお、この際、派遣対象は「家族が老人の介護を行えないような状況にある、65歳以上の者のいる家庭」とし、派遣の申し出は「費用負担しなければならない世帯の生計中心者」とされており（河合・小川1993：56）、高齢者介護を担うのは家族であるということに加え、介護サービスを利用した場合の費用負担も家族であるという前提がみてとれる。

2)　当時の状況を示す調査、研究は数多くあるが、たとえば田中（1979）は全国社会福祉協議会調査を示し、当時の「在宅ねたきり者・家族」の介護実態の共通点として「望む医療・看護・介助を受けられず、家族ぐるみの生活破壊に苦しみ、二十四時間介護により心身ともに疲れ果て、患者・家族共倒れになるのは、けっして稀れなことではない」ということを指摘している（田中1997：8）。

3)　上野（2011）は「ケアの社会化」を「脱商品化」と「脱家族化」の組み合わせであるとしている。

4)　1996年、経済企画庁経済研究所の研究チームは（研究所としての公式見解ではなく研究試論として提示しているが）、「施設重視ケース」と在宅福祉を重視する「新ゴールドプランケース」の介護費用を試算し、前者では家族介護費用が3.9兆円、

177

第 3 章　家族介護者問題の政策的背景の検討

自己負担が 15.6 兆円であるのに対し、後者では家族介護費用が 9.7 兆円、自己負担が 28.5 兆円にのぼることを示した。そして、「施設重視型の介護システムを実施しないかぎり、家族介護への依存や自己負担の大きな在宅のウェイトが増え、介護システム自体の維持が不可能」となる危険性があることを指摘している（八代 1996：46)。

5)　「家族介護支援特別事業実施要綱」では、家族介護慰労事業として年間 10 万円までの金品の支給を行うことができるとされた。しかし、これは市町村の任意事業であるため実施の不確実性は否めず、介護を担う家族をねぎらう程度の低額なものであり、介護労働への対価、もしくは逸失利益の保障からは程遠い内容である。また、介護保険法成立後、一定の条件のもとで「家族による訪問介護」を認め、それに対して現金給付が行われるようになったが、これはきわめて限定的な給付になっている。

6)　家族介護教室やヘルパー講習は重要かつ有効なものであるが、介護に必要な知識・技術を提供し、家族の介護機能を強化することを目的としていると言える。また、介護者どうしの交流はむろんきわめて重要なものであるが、これだけでは一時的な心身の状態回復はできても、抱える問題の根本的な解決は難しいであろう。その他、介護に必要な物品の支給、徘徊する高齢者の早期発見機器のリース料の支給、家族介護をねぎらう慰労金なども含め、すべて家族介護からの脱却である「介護の脱家族化」をめざしたものではなく、家族がなるべく負担を少なくして介護を続けられるようにする、「家族介護の維持・継続」を目的とした支援であると言える。

7)　むろん、ケアマネージャーやホームヘルパーなど、福祉専門職のなかには家族（介護）への支援、援助を念頭に置きながら業務を行う者が多数存在するであろうし、それは評価されるべきである。しかしながら、それは制度上の位置づけを持たない支援、援助であり、その実施については不確実性が大きい。しかも家族（介護）を直接的な対象とする具体的なサービスが「家族支援事業」のみである現状では、個々の福祉専門職の個々の取り組みのみで対応するには明らかに限界がある。

8)　「平成 25 年国民生活基礎調査の概況」（厚生労働省）によると、「事業者のみ」で行っていると回答した者の割合が「入浴介助」で 64.1%、「洗髪」で 63.5%、「身体の清拭」で 46.6%となっているが、その他食事介助、排せつ介助、洗顔、掃除、洗濯等は「主な家族等介護者のみ」で行っていると回答している者の割合が多く、約 5 割～6 割を占める。「事業者と家族等介護者」の組み合わせで行っていると回答した者を加えた場合、その割合は約 6 割～8 割にのぼる。

9)　この老人保健福祉審議会で示された「家族介護の社会的コストの推計」では、1993 年の段階では家族介護 2.0 兆円（60%)、在宅サービス 0.2 兆円（5%)、施設サービス 1.3 兆円（35%)とされ、2000 年については家族介護 3.5 兆円（45%)、在宅サービス 1.1 兆円（15%)、施設サービス 3.2 兆円（40%)との試算が出されており、家族介護コストについて一応の減額が示されてはいる（厚生省 1995：45)。

10)　経済的な状況と意に反した長時間介護との関連について、清水谷・野口（2003)が興味深い指摘を行っている。彼らは 1 日 8 時間以上の「長時間介護」が行われる要因について、内閣府が実施した「高齢者の介護利用状況に関するアンケート調査」を再分析した結果から、「低所得仮説」と「家族介護非代替説」（「介護保険では補えない部分で家族介護が必要である」とする仮説）が成立するとしており、介護サービスの 1 割負担を避けるため、また、とくに軽度の長時間介護の場合については、介護保険では補えないところがあるために長時間の家族介護を行わざるを得ないことを示している。

11)　これには諸説あるが、「金銭扶養か引取扶養かについて、扶養義務者の選択権を

Ⅱ　医療制度改革と家族介護への影響

原則として承認する」扶養義務者の意思尊重論が通説とされる（平田 2005：106）。また山脇（2001：221）は「介護行為は引取扶養同様、両当事者の合意がなければ実現し得ない性格」であり、「両当事者の合意が無い場合には審判で命じることはできない」としている。そして上野（2001：91-93）は、「夫婦間」の場合は第一次的介護義務を負うが（ただしその実効性には問題があるとしている）、「直系血族、兄弟姉妹間」の扶養義務については、法的に強制しうるのは「経済的扶養義務」に限られ、「介護」は扶養義務者の選択に任され、法的強制はできないとの見解を示している。

12）　老人保健福祉審議会では「家族介護の社会的コスト」の試算を示しているが、これは財政的視点にもとづいた試算を行ったのみであり、高齢者介護、家族介護の内容に関する本質的な議論を科学的データにもとづいて行った形跡はみられず、なぜ家族が全介護コストの45％を担いうるとされたか、その根拠は明確にされていない。また、要介護認定の一次判定に用いるデータ収集のため、厚生労働省は「1分間タイムスタディ」を行い、特別養護老人ホーム等施設で暮らす高齢者に対して実際に行われている介護・世話を整理、分析している。ただし、これは介護・世話の行為を細かく分類した「ケアコード」ごとの合計実施時間を算出しており、必要な介護・世話の程度を測る際の目安にはなるかもしれないが、高齢者介護と家族介護に関する内容や家族に及ぼす影響に関する議論に用いられるものではない。

13）　坂本（1996）はゴールドプランが発表されたあと、「高齢者介護（在宅ケア）政策の展開は医療保険・医療供給システム改革と密接に関連づけられ、医療と福祉の連携した政策が推進」され、ゴールドプランや新ゴールドプランは「老人医療費の抑制政策の一環であることは否定しえない」と指摘している（坂本 1996：9）。

14）　政令で定める程度の障害の状態は、別表に以下のように示されている（吉原306）。
1.　両眼の視力の和が 0.08 以下のもの
2.　両耳の聴力損失が 80 デシベル以上のもの
3.　平衡機能に著しい障害を有するもの
4.　咀嚼の機能を欠くもの
5.　音声又は言語機能に著しい障害を有するもの
6.　両上肢のおや指及びひとさし指または中指を欠くもの
7.　両上肢のおや指ひとさし指または中指の機能に著しい障害を有するもの
8.　一上肢の機能に著しい障害を有するもの
9.　一上肢のすべての指を欠くもの
10.　一上肢のすべての指の機能に著しい障害を有するもの
11.　両下肢のすべての指を欠くもの
12.　一下肢の機能に著しい障害を有するもの
13.　一下肢を足関節以上で欠くもの
14.　体幹の機能に歩くことができない程度の障害を有するもの
15.　前各号に掲げるもののほか、身体の機能の障害又は長期にわたる安静を必要とする病状が前各号と同程度以上と認められる状態であって、日常生活が著しい制限を受けるか、又は日常生活に著しい制限を加えることを必要とする程度のもの
16.　精神の障害であって、前各号と同程度以上と認められる程度のもの
17.　身体の機能の障害若しくは病状又は精神の障害が重複する場合であって、その状態が前各号と同程度以上と認められる程度のもの

15）　65 歳以上の慢性疾患患者が 70％以上を占め、都道府県知事の許可を得て職員配置の基準に対する特例が認められている医療法上に規定された病院である。一般の

第 3 章　家族介護者問題の政策的背景の検討

　　病院で 100 人の患者に対して医師 6 人、看護師 25 人であるのに対し、特例許可病
　院では 100 人の患者に対し医師 3 人、看護師 17 人と医療職の配置基準が緩和され
　ており、その分、介護職員を 13 人配置することとされている。
16)　　髙木（1998）は、老人保健法が制定される直前であり、「新経済 7 カ年計画」が
　　示された 1979 年の全国社会福祉協議会による『在宅福祉サービスの戦略』を取り
　　上げ、そこでは、在宅ケアが家族連帯のなかで行われてきたものであり、援助サー
　　ビスは必ずしも専門的である必要がないとされ、さらに在宅療養者には有資格看護
　　婦でなくても対応可能なケースが少なく、無資格の介護職員の活用で訪問看護サー
　　ビスの対象を広げる構想が述べられていることを示し、これが当時の政府サイドの
　　介護サービスの質に関する政策方針であり、その後もその方針は継続していること
　　を指摘している。
17)　　井上（1995：31）は老人保健法施行以降、とくに 1992 年の老人病院指定の対象
　　要件の強化から、老人病院指定を回避するため、高齢者の病院からの「追い出し」
　　が生じたとしている。また醍醐（1998）は、1995 年の老人保健施設実態調査より、
　　医療施設を退院し、老人保健施設へ移った者の多くが再び医療施設へと移っている
　　データを示し、「無理な退院」が存在した可能性について指摘している。また柴田
　　（1990：7）は、1981 年からの入院医療管理料の逓減比率をまとめ、一般病院、老
　　人病院ともに改定のたびに逓減制の強化が進められていることを示している。とく
　　に、老人病院は一般病院に比べ半分程度の点数となり、「高齢者や慢性疾患者を長
　　期間入院させていると儲からない」としている。
18)　　なお、柴田（1990：4）は、診療報酬における入院時医学管理料の逓減制強化は
　　1985 年以降であるが、とくにこの 1988 年の改定から老人病院の逓減性が顕著に
　　なっていると指摘している。
19)　　髙木（1998）は、この看護料と介護料の分離によって「病院への無資格者の大
　　量導入が肯定され、有資格者と無資格者の自由な組み合わせによる看護を行う条件
　　づけがされている」と指摘している。
20)　　具体的には、平均在院日数「30 日以内」と「30 日超」で入院時医学管理料を二
　　分化し、両者とも 6 ヶ月を超える在院日数の場合の点数は同様であり、これまでど
　　おりの逓減制が貫かれている。しかし、とくに平均在院日数「30 日以内」では在
　　院日数が 1 ヶ月以内の場合に、「30 日超」では 2 週間以上 6 ヶ月以内の場合に、点
　　数を引き上げている。
21)　　これは 1996 年の改定で新設され、1997 年 9 月までの措置であったが、介護保
　　険制度創設が当初の予定より遅れたため、延長された。
22)　　前年比の増減率は 1996 年に 82.4 ％増、1998 年に病院で 75.5 ％増（診療所では
　　1.8 ％）、1999 年に病院で 68.5 ％増（診療所では 4.8 ％）となっているが、2001 年には、
　　病院で 12.9 ％増（診療所で 3.9 ％）、そして 2003 年に病院で 13.8 ％増（診療所で
　　0.2 ％）と 10 ％台を推移し、2004 年からは 10 ％台を切り、2006 年以降、減少に転じ
　　ている。
23)　　なお、療養病床（病棟）および介護療養型医療施設が減少する背景には、2008
　　年の医療費適正化計画のなかで、2011 年度までに療養病床の削減、介護療養型医
　　療施設の廃止を行い、介護保険施設への転換を促進する方針を政府が示したことが
　　挙げられる（ただし、これはその後の実績評価のなかで実現が困難となり、期限が
　　2017 年度に延長された）。この政府の方針は、介護保険制度導入後も病院、診療所
　　の療養病床数は伸び続けており、進まない高齢者、慢性期医療の「介護化」（介護
　　施設への移行）をより一層推し進めるための強硬策と言える。
24)　　髙木（2012）は、ある特別養護老人ホームの入居者 41 名中 40 名が複数の疾病、

Ⅱ　医療制度改革と家族介護への影響

障がいを有し、特別養護老人ホームに入居する高齢者の多くがなんらかの医療ニーズを抱えていることを示している。

25)　東京都社会福祉協議会の調査報告書（2013）によると、介護老人保健施設で95.5%、介護療養型医療施設で84.6%、医療療養病床で83.3%、宿泊デイで90.8%、小規模多機能居宅介護で77.1%、認知症グループホームで77.6%、サービス付き高齢者向け住宅で76.0%、有料老人ホームで76.5%であった。

26)　篠崎は、1989年の厚生労働省による報告書（「医療行為及び医療関係職種に関する法医学的研究」）で明記された医行為の一部が、2005年の厚生労働省通知（「医師法第7条、歯科医師法第17条及び保健師助産師看護師法第31条の解釈について（医政発第0726005号）」）で「医行為にあたらない行為」に分類され、さらに1989年時点では医行為に挙げられていた数項目が（浣腸、導尿等）「もともと医行為ではなかった行為」とされたことを指摘している（篠崎2014：34-35）。

27)　篠崎（2009）の調査によると、「介護職が医療行為を行っている背景」として、「施設介護職員」では「看護師からの指示」が最も多いが（2001年が24.9%、2009年が40.6%）、「訪問介護員」では2001年は「利用者からの依頼」が19.9%と最も多く、次いで「家族からの依頼」が19.2%であり、2009年は「利用者からの依頼」と「上司からの指示」がともに18.3%で最も多く、次いで「家族からの依頼」が16.9%となっている。家族から訪問介護員に対する医行為の要求は、在宅での医行為の必要性の高さと家族の負担の大きさを示していると言えよう。

181

第4章

ワーク・ライフ・バランス政策における家族介護の位置づけと「両立」支援の問題点

I　背景と目的

　本章では、介護保険制度とともに家族介護者を支援する重要な制度・政策として仕事と介護／職業生活と家庭生活の両立、男女共同参画、そしてワーク・ライフ・バランスの用語を用いて展開される政策（以下、ワーク・ライフ・バランス政策）に着目したい。

　家族介護者は介護を担うなかで就労困難が生じること、また就労の不安定さが家族介護者の生活運営の脆弱さにつながることは第2章で指摘したとおりである。また、「平成24年就業構造基本調査」（総務省）でも家族の介護・看護を理由として離職した者は48万6900人にのぼることが示されており、さらに労働政策研究・研修機構（2006b）によると、現在有職であっても、介護経験のため介護開始時に離転職した者が22.2％も存在しているとしている。家族介護者にとって労働問題（雇用、就労の問題）は無視できない重要な要素となっていることが指摘できる。このような家族介護者の就労に関する支援を行うのが介護休業制度、男女共同参画社会基本法等を中心とするワーク・ライフ・バランス政策である。

　ワーク・ライフ・バランス政策の変遷をみると、とくに女性の雇用・就労の保障、男女平等の実現、性別役割分業の解消を目的として展開されてきたが、そもそも家庭での家事、ケアを行うこと、働いて家族が生活しうるだけの収入を得ることは、人が生きていくうえで最低限必要なことであ

183

り、人間の生命、生活の維持には欠かせない事柄である。岩田（1999）は人間の生活に必要なものとして、第1に食物、衣類、住居等「必需財の確保」を挙げ、これは「収入の獲得」を前提としてなされるとしている。そして第2に、「家事労働」と高齢者、病人、子ども等の「世話（ケア）」を挙げ、第3にこれらに関する選択や決定、金銭や労働力の配分、人生設計の管理を行う「選択と生活運営」が必要であるとしている（岩田 1999）。

　このような岩田が指摘する生活に必要な行為とは、必要財を確保するために働き、収入を獲得し、必要財を利用しながら家事労働やケアを行い、それらが破たんすることがないよう生活を運営し、様々な生活行為を調和させることであると言え、まさしく仕事と介護／職業生活と家庭生活の両立、ワーク・ライフ・バランスで議論されている内容と合致する。したがって、ワーク・ライフ・バランス政策とは、性別役割分業を解消し、男女が社会の利益を享受し、豊かな人間らしい生活を実現させるものであるとともに、根源的には人間が生きていくうえで欠かすことのできない基礎的条件であると言え、この条件が満たされなければ個人・家族の生命、生活が脅かされることを意味している。すなわち、仕事と介護／職業生活と家庭生活の両立、ワーク・ライフ・バランスとは「生存権」にかかわる問題であるという点を再確認する必要がある。

　そして、個々人が有する時間、労働力、金銭には制限があり、その範囲内で就労、収入の獲得、家事・ケアの実施を、ときには外部の制度・サービスを利用しながら行っていかなければならない。このように時間、労働力、金銭といった資源が限られている以上、常に「就労、収入の獲得」、「家事・ケア」への資源の配分、そのバランスを考えながら生活を運営する必要があり、両者はいわば交換関係にあると言える。就労、収入の獲得に重きを置く必要が生じると、自らが行う家事・ケアを減らし、外部の制度・サービスにゆだねる必要が生じてくる。また、育児、高齢者、病人、障がい者等の看護・介護のために家事・ケアの必要が増し、それを自らが担おうとすれば、就労、収入の獲得をそれまでどおりに行うことは難しくなる。前者のように、就労、収入の獲得に重点を置く場合、家事・ケアを保障する制度・サービスの十分な整備が、後者のように家事・ケア役割を

重視する場合は、ケア期間中および終了後の仕事上の身分とケア期間中の収入を保障する制度の整備が、人びとがその生命、生活を維持するために最低限必要な社会的条件となる。

以上をふまえ、本章では、まずケアを要する高齢者を抱える家族に対する支援制度である介護休業制度にとくに着目しながら、ワーク・ライフ・バランス政策における家族介護の位置づけを整理する。第2に、仕事と介護／職業生活と家庭生活の「両立」支援制度としての介護休業制度の内容について、ILO156号条約、165号勧告を参考にしながら検討を加える。これらを通して、ワーク・ライフ・バランス政策の問題点と現在の家族介護者がおかれる厳しい状況が生じる政策的背景を示していきたい。

Ⅱ　ワーク・ライフ・バランス政策における「家族介護」の位置づけ

1　介護休業法制定の経緯

(1)　育児休業の労働政策上の規定と単独法の制定

現在、日本におけるワーク・ライフ・バランス政策の主流となっている育児、介護等、ケアを要する家族を抱える労働者への配慮に関する制度は、労働政策における育児休業の規定から始まっている。まず、1972年、「勤労婦人福祉法」において「勤労婦人」の育児休業に関する事業主の努力義務が規定された。法律の目的（第1条）、基本的理念（第2条、3条）には「職業生活と家庭生活との調和」を図ることとともに、勤労婦人の地位向上や、能力を発揮できる充実した職業生活を営むことが掲げられている。そして、第11条では事業主が育児休業やその他の育児にかかわる便宜の供与を行うよう努めなければならないと定めている。

勤労婦人福祉法は1985年に改正され、「雇用の分野における男女の均等な機会及び待遇の確保等女子労働者の福祉の増進に関する法律」（以下、

男女雇用機会均等法）となる。男女雇用機会均等法では、目的（第1条）のなかに「職業生活と家庭生活の調和を図る」ことが挙げられ、また、基本理念（第2条）においても、女性労働者が「性別により差別されることなくその能力を有効に発揮して充実した職業生活を営み、及び職業生活と家庭生活との調和を図る」ことを可能とするとしている。そして事業主は女子労働者に対して「育児休業の実施その他の育児に関する便宜の供与を行うよう努めなければならない」とされた（第28条）。努力義務ではあるが、事業主が子どもを抱える女子労働者に対する育児休業等の配慮を努めて行うべきことが明示された。ただし、この段階では介護休業等、介護を要する家族を抱える労働者への配慮については定められていない。また育児休業についても、休業中の金銭的な保障、援助に関する規定はなく、そして依然として「女子」労働者のみを対象とした性別役割分業意識にもとづくものであった。様々な問題点はあるが、ケアを要する家族を抱える女子労働者への配慮が女性の雇用・就労の保障を目的に規定されていた。

　1990年代に入ると、育児休業の単独法が制定される。1991年に「育児休業等に関する法律」（育児休業法）が成立し、本法律で育児休業の対象が女性労働者のみならず「男女」労働者とされ、性別役割分業の解消を意図したものになっている。また、目的は「育児休業に関する制度を設けるとともに、子の養育を容易にするため勤務時間等に関し、事業主が措置を定めることにより、子を養育する労働者の雇用の継続を促進し、もって労働者の福祉の増進を図り、あわせて経済及び社会の発展に資すること」とされている。これについて労働省婦人局婦人福祉課は『育児休業等に関する法律の解説』（労働省婦人局婦人福祉課）のなかで、「子を養育する労働者が退職することを防いでその雇用の継続」を図ること、そして「職業生活と家庭生活が調和できる状態を導くこと」によって労働者の福祉の増進を目的としていると説明している。すなわち、性別役割分業にもとづかず、男女がともに育児を担うことを前提として、育児を容易に行うことができ、かつ雇用を継続できる「職業生活と家庭生活の調和」をめざすとされた。

Ⅱ　ワーク・ライフ・バランス政策における「家族介護」の位置づけ

(2)　介護休業法の制定とその経緯

　一方、このころから介護休業法の制定に向けた動きも活発にみられる。とくに介護休業法の制定に直接的にかかわるものとして、以下の3つの報告書と1つの建議が挙げられる（保原 1995：56-57）。

　まず、1989年に「婦人少年協会・長寿社会における女子労働者等福祉に関する調査研究会」が示した報告書「老親介護に関する労働者福祉対策のあり方について」がある。ここでは「親の介護は労働者のライフサイクル上きわめて重大なできごと」であり、介護を担う労働者の負担、また人事・雇用管理への影響から、緊急課題として介護に関する企業内福祉に取り組む必要性を指摘し、介護休業制度、再雇用制度、介護のための労働時間面での配慮等具体的な施策の方向性を示している。また、労働省婦人局婦人福祉課は1990年に「介護休業制度について」を示し、急速な高齢化、介護を要する高齢者の急増、核家族化の進展、女性の就業増加による「老親介護の精神的、身体的、経済的負担」が労働者にとって重大な問題となっていると指摘している。そして、とくに女性が介護を理由として就労が困難になっていることを指摘し、「介護は育児と並び、女子労働者の職業生活に大きな影響を」及ぼしているとしている。そして、介護休業制度は「老親等の家族介護を行う労働者の職業生活と家庭生活との調和の促進」を図るものであり、「一定期間休養して介護に専念する」ことができ、かつ職業生活を継続することが可能となる制度であるとしている。ここでは、高齢化社会の到来、介護ニーズの増大を背景に、原則として高齢者の介護は家族（とくに女性労働者）が担うという認識にもとづき、介護を行うことになっても、雇用・就労の継続を可能とするため、介護休業制度が必要であると指摘している。

　次に挙げられるのが、1991年に設置された「介護に関する企業内福祉制度についてのガイドライン検討会議」によって翌1992年に示された検討会議報告書と「介護休業制度等に関するガイドライン」である。これはガイドラインをとおして、介護を担う労働者の「職業生活と介護の両立」を図るため企業で取り組むべき内容を示し、（介護休業法の制定ではな

く）まずは企業内福祉として介護休業を普及させようとしたものである[1]。この報告書でも、「検討の趣旨及び経緯」として、高齢化を背景とした介護サービスの需要とその従事者確保の必要性を指摘し、「家族として介護を行う者も増加せざるをえない」としている。そして、その際、「職業生活の継続」において大きな困難がともなうことを指摘し、「家族の介護を行う労働者の就業環境の整備」を行うことが重要課題であるとしている。介護サービスや介護人材の需要の増大による家族介護者の増加を指摘し、職場環境の改善による雇用、就労の継続がめざされている。

　そして1993年、婦人少年問題審議会は「介護休業制度に関する専門家会合」を開催し、翌1994年には介護休業制度専門家会合報告書「介護休業制度について」が示された。この報告書では、介護休業に関する「法的措置の検討」が必要であるとされ、介護休業法の制定が示唆されている。急速な少子・高齢化社会において、国、地方自治体は介護に関する社会サービスの充実を進めており、企業も社会的役割を果たすことが期待されるとしている。そして、介護休業、勤務時間の短縮等の措置、介護による休暇制度等について検討され、具体的な内容が提示されている。なお、ここで介護休業期間を3ヶ月とする根拠が示されており、介護が必要となる典型的な症例として脳血管性疾患を挙げ、急性期を脱し、介護に関する恒常的方針を定められるようになり、状態が安定する慢性期の初期にいたるには「最低限3ヶ月」が必要との見解を示している。また、認知症など、他の疾患の場合でも3ヶ月程度でその後の対応を検討し、決定することができると推測しており、この3ヶ月という期間がその後の介護休業法でも採用されている。

　また、「介護休業の位置づけ」として、高齢化社会を背景として、施設ケアや在宅介護サービスの充実が必要だが、「家族が相当の範囲で介護等の世話を行わざるを得ない状況」にあり、そのため「要介護者を抱えた労働者の雇用の継続と家族の介護の必要性を調和させるために必要な措置」としている。そして、長期間にわたる要介護状態をすべて介護休業で対応することは不可能であるとし、介護施設、在宅介護サービスの国、地方自治体による一層の充実の必要性を指摘し、「介護休業後も雇用を継続でき

Ⅱ　ワーク・ライフ・バランス政策における「家族介護」の位置づけ

るよう、施設介護あるいは在宅介護サービスを提供できるようにする必要
がある」としている。

　ここでも高齢化社会と介護ニーズの増大が、介護休業制度が必要となる
背景として挙げられている。ただし、社会的なサービスの不備から家族が
介護を担わざるを得ない状況があるとし、介護サービスの充実、とくに介
護休業後における（国・地方自治体による）介護サービス提供の必要性を
強調している。また、「職業生活と家庭生活の両立」ではなく、「雇用の継
続と家族の介護の必要性の調和」という表現が使われている。

　最終的には婦人少年問題審議会が以上の報告書をふまえながらさらなる
審議を重ね、1994年12月に「介護休業制度等の法的整備について（建
議）」を示した。この建議では、少子高齢社会、家族形態の変化、家族の
介護機能の低下等により高齢者の介護問題が重要な問題になっていること、
そして日本の社会福祉サービスの現状をみても、「家族による介護を抜き
にしては介護問題を解決しえない状況」にあり、また「家族による介護を
求める国民の意識も強い」としている。そして家族介護が雇用継続のうえ
で深刻な問題となっていること、「介護を要する家族を抱える労働者が雇
用を中断することなく家族介護を行うことができ、かつ、職場において有
効に能力を発揮できる制度」として介護休業制度の普及定着を図る必要性
を指摘している。介護サービスの整備だけでは増大する高齢者介護の問題
には対応できず、家族介護が必須であることを強調し、家族介護を前提と
したうえで、労働者である家族が仕事も介護も行う「両立」を目的として
介護休業制度の必要性を説いている。

　そして1995年、育児休業法改正により「育児休業等育児または家族介
護を行う労働者の福祉に関する法律」が制定された。ただし、「介護」に
かかる部分は準備期間を設けるため1999年からの施行となり、施行年に
「育児休業、介護休業等育児又は家族介護を行う労働者の福祉に関する法
律」（以下、介護休業法）へと改名されている。この法律では「職業生活
と家庭生活の両立」に寄与し、労働者の福祉の増進を図ることを目的とし
ており、育児または介護について家族の一員としての役割を円滑に果たす
ことができるようにすることを理念として挙げている。そして要介護状態

189

第4章　ワーク・ライフ・バランス政策における家族介護の位置づけと「両立」支援の問題点

にある対象家族を介護する男女労働者は連続する3ヶ月を限度とした介護休業を取得でき、事業主には短時間勤務制度等の措置をとることが義務づけられた。

2　介護休業法の制定経緯にみる「家族介護」の位置づけ

　ケアを要する家族を抱える労働者への配慮は、職場や家庭における男女平等、性別役割分業の解消、女性の雇用、就労の保障を目的として展開されてきた。それが1990年代に入り、「両立」支援へと移行するなかでその重点に変化が生じる。ここで介護休業法制定にいたる各報告書、建議における共通点と相違点に着目し、その変化が家族介護の位置づけと家族介護者への支援にとっていかなる意味を有するか検討したい。

　各報告書、建議の共通点としては、介護ニーズの増大を強調し、介護を要する高齢者を抱える労働者の就労継続の困難さを指摘したうえで、介護休業制度の必要性を唱えている点がある。これらの報告書、建議が示された1990年代は社会全体において高齢者の介護問題が注目され、高齢者福祉・介護政策でも介護ニーズの増大、家族介護の限界とその重要性を指摘し、在宅福祉の重視・拡充を唱えてゴールドプラン、新ゴールドプランを策定し、さらに介護保険法の制定へと動いていく時期である。また医療制度では、医療法改正、診療報酬の改定が重ねられ、医療費抑制を意図し、慢性期および高齢の患者に対する医療の介護化、在宅化を進めていく時期でもある。介護休業法の制定は、このような在宅における介護ニーズ増大の影響を強く受け、他の高齢者福祉・介護政策、医療政策と連動して進められていたと言える。

　次に、相違点についてふれたい。1989年の報告書「老親介護に関する労働者福祉対策のあり方について」（婦人少年協会・長寿社会における女子労働者等福祉に関する調査研究会）、1990年の「介護休業制度について」（労働省婦人局婦人福祉課）では、「介護」を労働者である家族が担い、仕事と「両立」すべきこととして位置づけている。また、1992年に示した検討会議報告書とガイドラインでは、高齢者介護を担う男女労働者の雇

190

Ⅱ　ワーク・ライフ・バランス政策における「家族介護」の位置づけ

用継続のための就業環境整備が強調され、仕事と介護、職業生活と家庭生活の「両立」という表現は用いられていない。ただし、家族介護の増加を必然とし、一定の家族介護を前提としているという点では先の報告書と共通している。

　一方、1994年の介護休業制度専門家会合による報告書「介護休業制度について」では「職業生活と家庭生活の両立」というフレーズは用いられず、「雇用の継続と家族の<u>介護の必要性</u>の調和」（下線筆者）という表現が用いられており、介護を要する家族を抱える労働者の雇用継続をまずは重視したうえで、「介護」との調和ではなく、「介護ニーズ」との調和としている。すなわち、労働者である家族が仕事と両立させながら介護も行うことを必ずしも前提とはしておらず、介護サービスの充実、とくに介護休業後における（国・地方自治体による）介護サービス提供の必要性を強調し、家族ではなく介護サービスによる介護ニーズの充足を想定していることが指摘できる。したがって、本報告書は家族が就労しながら高齢者介護を担うことを必ずしも前提としたものではなく、ある一定期間は家族が担わざるを得ないことはあるとしても、高齢者の症状・状態が落ち着き、対応する介護態勢が整ったあとは、彼らが職場に復帰し、就労できるよう、基本的には介護サービスの提供によって高齢者介護に対応することを想定した介護休業制度を提唱していたと言える。

　「介護」は社会的支援、介護サービスで対応すべきという意見は介護休業法の審議過程において経営者側や野党側からも出されていた[2]。しかしながら、婦人少年問題審議会が1994年に示した最終的な「介護休業制度等の法的整備について（建議）」では家族が介護を担うことを前提とし、仕事をしながら「両立」すべきこととして「介護」を位置づける「職業生活と家庭生活の両立」という表現が用いられた。そして雇用・就労の継続の重点的強調や、本来、高齢者の介護ニーズには介護サービスで対応すべきという見解が示されることはなかった。これは翌年成立する介護休業法にも引き継がれる。結果として、「介護」を「育児」とともに、仕事と「両立」しながら行うものとして扱う法律がつくられた。

　ここで、「育児」と「介護」を同等に扱うことについてふれたい。「育児

191

と仕事の両立」とは就労と育児の両方を行うことを意味しており、各家族でその重点の置き方に差はあるとしても、親（労働者）がまったく育児を行わないという選択肢は（特別な事情がない限り）、男女雇用均等法でも育児休業法でも想定されていなかったと言えよう。経済的に自立していない未成熟子に対する親の扶養義務は民法にも定められており[3]、むろん、子育てに対する支援制度、サービスが社会に整備されているという基礎的条件は欠かせないが、親が子に対して第一に責任を負うべきとする考えと、それを前提とした制度設計は妥当と言えよう。しかしながら、「介護」に関しては、「老親のケア」を子に強制しうる法的根拠はない。それをふまえると、「介護」を「育児」と同様に仕事と両立させながら担うべき事柄として扱い、「仕事と介護の両立」を当然視した制度設計を行うことには問題があり、その危険性を認識する必要がある。

　ケアを要する家族を抱える労働者への配慮は女性の雇用、就労の保障から始まり、性別役割分業の解消という要素を加えながら、また高齢者の介護ニーズの増大による介護の担い手を確保する必要性が強まるなかで進められた。そして男女ともに仕事をしながら「介護」も行えるようにする「職業生活と家庭生活の両立」支援へと重点が移行していった。五十嵐（2003）は介護休業制度について、「労働政策における<u>介護支援の方策</u>として介護休業制度が位置づけられることになった」（下線筆者）としているが、とくに「家族介護の継続」支援のための制度となったと認識すべきであろう。すなわち、増大する高齢者の介護ニーズを背景として、国や地方自治体による福祉サービスとは別に、地域、家庭内に「介護の担い手」を確保するための制度であり、一定の家族介護を固定化する在宅福祉の重視・拡充政策、介護保険制度を助け、補うことが介護休業制度の重要な役割の一つであったと言える。

　この点は高齢者の介護ニーズの増大、家族介護の限界を指摘し、新たな介護システム構築の必要性を唱え、介護保険制度の導入へと向かう1980年代後半から1990年代の高齢者福祉・介護政策において、仕事と介護／職業生活と家庭生活の調和、両立が論じられていることからも読み取れる。たとえば、家族介護の重要性と限界を指摘し、介護保険制度検討の布石と

なった 1989 年の「介護対策検討会報告書」（介護対策検討会・厚生事務次官懇談会）では、介護のために仕事をやめなければならない女性の増加を指摘し、「就労と家族介護の両立を可能にするような社会的仕組み」の整備が必要であるとしている。そして 1994 年 3 月の「21 世紀福祉ビジョン——少子・高齢社会に向けて」（厚生省高齢社会福祉ビジョン懇談会）でも、育児・介護と両立し得る雇用システム、仕事と介護の両立支援策を推進する必要性を指摘し、1994 年 12 月の「社会保障将来像委員会第二次報告」（社会保障制度審議会社会保障将来像委員会）では、男性と女性が「仕事と家庭、ことに<u>育児や介護を共に担いながら福祉社会を築いていく</u>ことが大切である」（下線筆者）とし、「男女双方が生活の質を維持しつつ職業生活と家庭生活の両立を図ることができるよう、出産、育児、介護等と就業との両立を支援するための施策が重要」であるとしている。そして「誰もが自立の心の重要性を理解し、それぞれの能力を生かして<u>仕事と家庭を両立させながら自分にふさわしい生き方を選択できる</u>社会としたい。」としている。生活の自己責任を基本としながら、仕事も介護も男女がともに担い、福祉社会づくりの担い手となることの重要性と、それが「生活の質」や「自分にふさわしい生き方」につながるということを示唆している。さらに、1995 年 7 月「社会保障体制の再構築（勧告）——安心して暮らせる 21 世紀の社会をめざして」（社会保障制度審議会）でも、「改革の基本的方向」として「女性と男性がそれぞれの能力を生かし、仕事と家庭、ことに<u>育児や介護を共に担いながら福祉社会を築いていく</u>ことが大切」（下線筆者）としている。

　1980 年代後半から 90 年代に示された複数の重要な報告書、勧告では、家族介護の限界と重要性を強調し、新たな介護システムの構築の必要性を掲げながら、各自が責任をもって仕事と介護を「両立」し、それによって福祉社会を築いていくことが提唱されている。これから構築をめざす新たな介護システム、福祉社会の重要な一部として「各自による仕事と介護の両立」が組み込まれていることがわかる。このことからも、仕事と介護の「両立」支援として創設された介護休業制度は、たしかにケアを要する高齢者を抱える男女労働者の雇用・就労の継続を可能にすることを図る制度

第 4 章　ワーク・ライフ・バランス政策における家族介護の位置づけと「両立」支援の問題点

ではあったが、同時に地域、在宅における介護ニーズの増大に対応し、「介護の担い手」としての家族（男女労働者）を確保するための政策であったと言える。すなわち、介護休業制度もまた介護保険制度と同様、一定の家族介護を前提とし、それを促進する役割を担っていたことが指摘できる。

3　ワーク・ライフ・バランス政策の方向性とその問題点

(1)　男女共同参画社会基本法と男女共同参画基本計画

　男女ともに介護を仕事と「両立」させながら担うことを当然視する動きは、介護休業法の制定以上に、「男女共同参画」という用語とともに社会に浸透することになったと言え、その主要な法律として男女共同参画社会基本法がある。

　「男女共同参画」という用語は、仕事と介護の両立支援を掲げた介護休業法が成立する 1990 年代半ばごろから頻繁に用いられるようになる。1994 年、総理府の婦人問題企画推進本部が内閣の男女共同参画推進本部へと改組され、1996 年には「男女共同参画 2000 年プラン――男女共同参画社会の形成の促進に関する平成 12 年度までの国内行動計画」を示した。また同年、総理府では（政令にもとづいた）男女共同参画審議会が設置され、当審議会は内閣総理大臣の男女共同参画社会の総合的ビジョンに関する諮問を受け、「男女共同参画ビジョン」を示し、その「第 3 部　総合的な取組に向けた推進体制の整備・強化」で男女共同参画に関する基本法と審議会設置に関する法律の必要性、基本法にもとづき男女共同参画基本計画の策定など男女共同参画社会づくりに向けた地方公共団体の役割を示している。そして 1997 年、男女共同参画審議会法案が閣議決定され、新法にもとづいた男女共同参画審議会での審議を経て、1999 年、「男女共同参画社会基本法」が制定された。これにより、その後各地で男女共同参画社会づくりに向けた計画策定が行われ、「男女共同参画」という用語は普及していく。

Ⅱ　ワーク・ライフ・バランス政策における「家族介護」の位置づけ

　本法律の目的は「男女共同参画社会の形成に関し、基本理念を定め、並びに国、地方公共団体及び国民の責務」を明らかにすることとされている。また、ここでいう「男女共同参画社会の形成」とは、「男女が社会の対等な構成員として、自らの意思によって社会のあらゆる分野における活動に参画する機会が確保され、もって男女が均等に政治的、経済的、社会的及び文化的利益を享受することができ、かつ、共に責任を担うべき社会を形成すること」とされている。男女が社会のあらゆる分野において活動でき、社会のあらゆる利益を享受できる社会の形成をうたうと同時に、それらに対して男女ともに「責任を担うべき」とし、男女共同参画社会づくりの責任主体であることが明示されている。

　また、第6条には「家庭生活における活動と他の活動の両立」について規定され、男女共同参画社会の形成が、男女の「相互の協力と社会の支援の下に、子の養育、家族の介護その他の家庭生活における活動について家族の一員としての役割を円滑に果たし、かつ当該活動以外の活動を行うことができるようにすることを旨として行われなければならない」としている。ここでは育児や介護等の「家庭生活における活動、役割の遂行」を男女の協力のみならず、「社会の支援」によって行うことが明記されている。同時に介護を育児と同様に「家族の一員としての役割」として位置づけており、「両立」とは、育児、介護、その他の活動を行うことができることとしている。なお、就労は「その他の活動」に含まれる。

　以上のように、基本的には介護休業制度と同様、育児と介護を同等に扱い、介護を仕事等その他の活動ともに「両立」することとして位置づけている。そして、男女ともにあらゆる分野の活動に参画し、あらゆる利益を享受するが、そのような男女共同参画社会づくりの責任主体ともされている。ただし、育児、介護等を「社会の支援」によって行うことと明示した点は、これまでの育児休業法、介護休業法でもみられず、評価すべき点であろう[4]。

　その後、1999年12月に閣議決定された男女共同参画基本計画では、施策目標に「男女の職業生活と家庭・地域生活の両立の支援」が盛り込まれた。具体的には(1)多様なライフスタイルに対応した子育て支援策の充実、

(2)仕事と育児・介護の両立のための雇用環境の整備、(3)家庭生活、地域社会への男女の共同参画の促進が挙げられている。これは2005年に第二次計画、2010年に第三次計画が示されている。

　現在の第三次計画をみると、「男女の仕事と生活の調和」という表現に変更されて施策目標に掲げられ（**資料4-①〈本書249頁〉**）、そこでは、仕事と介護の両立、男性の育児、介護への参画等が示されている。また、とくに子育てを支援する制度、サービスの充実、整備に関する事柄は、数多くの項目が示されているが、介護サービスの充実、整備に関する事柄は「多様なライフスタイルに対応した介護支援施策の充実」に「第8分野の関連する施策の推進」と示されているのみである。その「第8分野　高齢者、障害者、外国人等が安心して暮らせる環境の整備」をみると、介護サービスの充実、整備に関連する唯一の項目は「ウ　良質な医療・介護基盤の構築等」の「介護基盤の構築と安定的医療提供体制の整備」であり、そこでも「家族介護者等の介護負担の軽減に向けた介護支援の充実」と記載されるのみである。すなわち、家族介護を前提として、家族が介護を継続できるようにする「家族介護の継続」支援にとどまっており、「仕事と生活の調和」に向け充実、整備する具体的な介護サービスは示されていない。

(2)　ワーク・ライフ・バランス憲章と行動指針

　2007年12月に「仕事と生活の調和（ワーク・ライフ・バランス）憲章」および「仕事と生活の調和推進のための行動指針」が示されている。ワーク・ライフ・バランス憲章では「仕事上の責任を果たす一方で、子育て・介護の時間や、家庭、地域、自己啓発等にかかる個人の時間を持てる健康で豊かな生活」のために「仕事と生活の双方の調和の実現」を掲げ、めざすべき社会の一つに「多様な働き方・生き方が選択できる社会」を挙げ、これを子育てや「親の介護」が必要な時期など個人のおかれた状況に応じて多様で柔軟な働き方が選択でき、公正な処遇が確保されていることとしている。

　そして、ワーク・ライフ・バランス憲章にもとづき、具体的に行うべき

指針を示したのが「仕事と生活の調和推進のための行動指針」である。
「多様な働き方・生き方が選択できる社会」に関する行動指針では、「人生
の各段階に応じて多様で柔軟な働き方が可能となる制度」の整備とともに、
「多様な働き方に対応した、育児、介護、地域活動、職業能力の形成等を
支える社会的基盤」の整備が掲げられている。その具体的内容をみると、
「多様な働き方の選択」のために「企業と働く者の取組」には育児・介護
休業、短時間勤務等の制度の整備、利用しやすい職場風土づくり等への取
り組みが、「国の取組」では育児・介護休業制度の整備、利用促進等に加え、
社会サービスの整備も挙げられている。ただし、この社会サービスの整備
は「多様な働き方に対応した保育サービスの充実等多様な子育て支援」の
推進のみを内容とし、介護サービスの充実、整備に関する項目はない。そ
して「地方公共団体の取組」のなかに「地域の実情に応じて、育児・介護
等を行う家族を支える社会的基盤」の整備、すなわち家族が介護を行うこ
とを前提とした「家族介護の継続」支援の整備が掲げられているのみであ
る。

　「多様な働き方・生き方が選択できる社会」をめざし、「家庭や地域の中
で自らの役割を認識し、積極的な役割を果たす」という責任が「国民の取
組」の一つに掲げられ、「企業の取組」の指針も詳細に示されているが、
国、地方公共団体が果たすべき役割に介護サービスの充実を明示している
項目はない。また、行動指針では数値目標も示されているが、子育てサー
ビスの充実、男性の育児休業の取得率の上昇など、育児にかかわる「両
立」支援が中心となり、介護サービスの充実に関する数値目標は示されて
いない。

　以上のように、ワーク・ライフ・バランス憲章と行動指針においても、
男女共同参画基本計画と同様、国民と企業に重要な役割、責任を課す一方
で、国の役割の曖昧さと介護サービスの充実・整備は軽視されていること
が指摘できる。

(3)　小括

　介護休業法成立前後から、とくに2000年代は男女共同参画、ワーク・

ライフ・バランスという用語を用い、介護を仕事と両立しながら行うものであるという認識を、それが自分らしいライフスタイルを実現する豊かな生活につながるというイメージとともに掲げ、普及させる動きが顕著にみられる。そして、その内容は男女ともに介護を担うことを前提とし、「両立」支援を行うための職場での取り組みの充実、意識の啓発を中心としている。しかしながら、男女共同参画社会基本法に明示された「社会の支援」については、子育て支援に関するサービスの整備にほぼ集中し、介護サービスの充実、整備がきわめて手薄である。

「男女共同参画」、「ワーク・ライフ・バランス」を推進する動きは男女平等、性別役割分業の解消から誕生したものであり[5]、これらはきわめて重要な課題である。しかしながら、近年のワーク・ライフ・バランス政策はその方向性について再検討する必要がある。というのは、介護は法的にも家族で担うことを強制できるものではなく、また素人である家族では担い切れないほど症状や状態が重篤化する可能性が高く、現実的にも家族が介護を担い続けることは困難であると言える。しかしながら、介護に対する社会的支援、介護サービスが十分に整備されず、政策上の不備を長年にわたり家庭の女性が補い、介護を担い続けてきた。そして急激な高齢化とともに女性の社会進出、核家族化も進み、「日本型福祉社会」という地域、家庭に高齢者介護の責任を課す非現実的な政策がとられるなか、1980年代には介護倒れなど、家族介護者の問題が深刻化し、ここで犠牲となった家族介護者の多くは女性であった。このような歴史をふまえると、介護における性別役割分業の解消は、「男性と女性がともに介護に『参画』する」、男女ともに「仕事と介護を両立する」ことによる解消ではなく、「女性の介護役割からの解放」、「介護の脱家族化」をめざすことによって達成すべきであったと言える。「平成25年国民生活基礎調査の概況」（厚生労働省）では、主な介護者の性別は、男性が31.3%、女性が68.7%となっており、男性介護者の割合は徐々に増加してきている[6]。文字どおり、男女ともに介護に参画する方向へ進んでいると言えるかもしれないが、近年、問題視されている高齢者虐待をみると、「平成24年度高齢者虐待の防止、高齢者の養護者に対する支援等に関する法律にもとづく対応状況等に関する

調査結果」（厚生労働省）にも示されているように、虐待者の続柄は「息子」が最も多く41.6%、次いで「夫」が18.3%となっており、両者で59.9%と男性の占める割合が約6割にも及んでいる。「仕事と介護の両立」、「男女共同参画」にもとづく、方向性を誤った性別役割分業の解消が、男女ともに過度な介護負担に苦しむ状態をつくり出していると言えよう。

　むろん、介護休業法や男女共同参画社会基本法の審議過程において、幾度となく「介護」は社会的支援によって担われるべきとの意見が出されている。男女共同参画社会基本法では、そのような議論をふまえ、第6条「家庭生活における活動と他の活動の両立」では、男女労働者の「相互の協力」と「社会の支援」のもとで行うものという規定がなされたことは先にも述べたとおりである。しかしながら、他のワーク・ライフ・バランスにかかわる法政策では、これまで示してきたように、介護サービスの充実、整備に関する規定、記述はきわめて弱く、介護を社会的責任とする視点は皆無に近いのが現実である。

　ワーク・ライフ・バランス政策の推進が果たした男女平等の実現、性別役割分業の解消における役割は、トータルにみれば大きいと言えよう。ただし、そこでの「家族介護」の位置づけを考えると、介護を家族の役割とする認識を広め、家族介護を前提とする制度設計を行っており、増大する地域、在宅での介護ニーズに対応する「介護の担い手」を確保する役割が期待されていたことは否めないであろう。

　なお、「多様な働き方」を進めることによる両立が示されている点について、若干、言及したい。「多様な働き方」には多様な正社員だけでなく、派遣、パート等の非正規社員、雇用形態の多様化も含まれている。1990年代、非正規雇用の割合は伸び続け、ワーク・ライフ・バランス憲章が示された2000年代には3割に達している。非正規雇用化による介護と仕事の両立は、経済的困窮、脆弱な生活運営を招くことを第2章で指摘した。不安定な就労を推奨しながら、介護の担い手を確保するような政策とならないよう、ワーク・ライフ・バランスの質に関する議論が必要である。

III　介護休業制度における「両立」支援の内容とその問題点

1　介護休業制度の「両立」支援の内容

　介護休業制度が家族介護を前提として、一定の介護を家族が担いながら仕事を続けることをめざす制度であったとしても、そのような制度の意図に沿った、「両立」支援として適切かつ十分な内容であれば政策としての整合性はとれるが、そうとは言い難い。ここでは介護休業法が定める支援内容をみていきたい。介護休業法は1995年の制定、1999年の施行後、複数回の改正が行われている。

　1999年の段階では、連続した3ヶ月間の介護休業（対象家族1人につき1回）および勤務時間の短縮等の措置（短時間勤務の制度、フレックスタイム制、始・終業時刻の繰り上げ・繰り下げ、労働者が利用する介護サービス費用の助成その他、これに準ずる制度のいずれかの措置）を講じることが事業主に義務づけられ、深夜業の制限が規定されている。なお、介護休業の対象者については、雇用された期間が1年未満の者、3ヶ月以内に雇用関係が終了する者、週の所定労働日数が2日以下の者、そして日々雇用および期間雇用の者は除外されていた。ただし、勤務時間の短縮等の措置は期間雇用の労働者も対象に含まれていた。さらに、雇用保険法の改正により、介護休業を取得した場合、1999年4月から賃金の25％が、そして2001年1月からは40％が支給されることとなった。

　その後、2001年の改正では、介護休業、勤務時間短縮等の措置に準じて、その介護を必要とする期間、回数等に配慮した必要な措置を講ずる努力義務、および対象労働者からの請求があれば時間外労働を制限する措置（1ヶ月24時間、1年150時間を超えた時間外労働の制限）、転勤への配慮を講じることとなった。2005年の改正では「期間雇用者」も介護休業の対象労働者に含まれ、介護休業期間は対象家族1人につき「要介護状態に

Ⅲ　介護休業制度における「両立」支援の内容とその問題点

表 4-① 介護休業制度の概要

支援・制度名	内　　容
介護休業	●対象家族1人につき、要介護状態に至るごとに通算93日まで介護休業を取得することができる（3回まで分割取得可）。
介護のための所定労働時間の短縮措置等の措置	●事業主は以下のいずれかの措置を講じなければならない。 ①所定労働時間の短縮措置 ②フレックスタイム制度 ③始業・終業時間の繰り上げ・繰り下げ（時差出勤の制度） ④介護サービスを利用する場合、労働者が負担する費用を助成する制度その他これに準ずる制度 ●要介護状態の対象家族1人につき、介護休業とは別に3年の間、2回以上利用できる。
介護休暇	●要介護状態の対象家族が1人の場合年5日まで、2人以上の場合年10日まで、休暇を取得できる。
所定外労働の制限	●（対象家族を介護する労働者が請求した場合）事業主は所定労働時間を超えて労働させてはならない。労働者は介護終了まで何度でも請求できる。
時間外労働の制限	●（対象家族を介護する労働者が申し出た場合）事業主は1か月24時間、1年150時間を超える時間外労働をさせてはならない。 ●1回につき、1か月以上1年以内の期間。
深夜業の制限	●（対象家族を介護する労働者が申し出た場合）事業主は深夜（午後10時～午前5時）において労働させてはならない。 ●1回につき、1か月以上6か月以内の期間。
転勤に対する配慮	●事業主は労働者の就業場所の変更を伴う配置の変更を行う場合、それによって介護が困難になる労働者がいる場合、介護の状況に配慮しなければならない。
不利益取扱いの禁止	●事業主は、介護休業等の制度の申出や取得を理由として、解雇などの不利益な取扱いをしてはならない。

出典：筆者作成。

至るごとに」1回、「通算93日まで」とされ、断続的な取得が可能となり、さらに2010年の改正で介護休暇（年間5日）の措置も講じられることになった。

　以上のように、柔軟な休暇・休業の取得、期間雇用者を含めた対象労働者の拡大等の改善が加えられているが、介護休業制度によって労働者が利用しうる支援の種類とその利用可能期間については、介護休業法成立から約20年を経ても大きな変化はなかった。しかし近年、さらに制度改正が行われ、特筆すべき点もみられる。2016年8月以降、介護休業給付金の

第4章　ワーク・ライフ・バランス政策における家族介護の位置づけと「両立」支援の問題点

給付率が67％に引き上げられた。2017年10月からは改正介護休業法が施行され、所定労働時間の短縮措置等は、介護休業とは別に3年間を上限に利用可能となり、期間が延長された。さらに、所定外労働の制限が新設され、介護終了まで認められることになった。そのほか、介護休業の分割取得（3回まで）、介護休暇は1日未満を単位とする取得が可能となり、柔軟な休暇・休業の取得がさらに進められた。なお、現在の介護休業制度の概要は**表4-①**に示す。

2　「両立」支援としての介護休業制度の問題点

介護休業法により、ケアを要する高齢者を抱える男女労働者を対象とした介護休業等の支援が職場に用意されることになった意義は大きい。ただし、制度利用があまり進んでいない現状[7]が示すように、いくつかの問題点を含んでいる。

第1に、介護を理由とした「一時的な就業の中断」を主とした制度であることが指摘できる。すなわち、義務化され、確実に各職場で用意される措置は仕事を一時的に中断させる介護休業のみであり、就業時間を調整し、柔軟な就労を支援する措置（所定労働時間の短縮措置制度、フレックスタイム制、始業・終業時刻の繰り上げ・繰り下げ等）はいずれか1つを事業主は行えばよいという、法律制定当初から改善が加えられてない、非常に緩い規定にとどまっている。家族が仕事をしながら一定の介護を担うことを前提とする「両立」支援の制度であるならば、そしてとくに、介護保険制度が家族介護を前提として部分的な介護支援にとどまる現状では、介護サービスの不足分を家族介護で補わざるを得ないため、介護状況に合わせて柔軟に就業時間を調整するための支援を確実に各職場にそろえることは必須事項である。これらの支援の十分な整備がなければ、家族は個々の裁量で就業時間を調整しなければならず、離職や非正規雇用という道を選ばざるを得ないことになる。これは男女共同参画社会基本法で掲げられる、男女がその「自由意思」によって社会のあらゆる場面に参画し、社会の様々な利益を享受するという「男女共同参画社会」とはかけ離れた状況に

202

あると言える。

　第2に、所定労働時間の制限のみならず、介護休業の取得や所定労働時間の短縮措置等の柔軟な就労に対する支援を利用できる期間は、全介護期間をカバーするものではない点が挙げられる。介護休業法制定にいたる審議過程では、労働者側から介護休業や短時間勤務等の措置を1年間とする意見も出されていた（林1995：7）が、使用者側の負担への配慮や介護休業制度専門家会合報告書で示された期間を根拠として[8]、介護休業の取得期間は3ヶ月間とされ、短時間勤務等の支援の利用期間の介護休業も取得期間と合わせて3ヶ月間とされた。現行法では、介護休業は93日間のままであり、所定労働時間の短縮措置は（介護休業と合わせて93日間までという制限がかけられていたが）2017年の改正でようやく3年間まで延長された。そして時間外労働の制限は1年以内、深夜業の制限は6ヶ月以内の期間とされている。「平成10年国民生活基礎調査」（厚生労働省）では、要介護者の要介護期間は「3年以上」が58.2%、「1年以上3年未満」が23.7%と、約8割が1年以上、要介護状態であるという結果が示されており、また生命保険文化センターが実施した「平成24年生命保険に関する実態調査」では、介護経験者のうち介護期間が6ヶ月未満であった者はわずか6.7%であり、1年以上の者が8割を超え、平均では56.5ヶ月（4年9ヶ月）であったとしている。これらをふまえると、現行の制度が設定している介護休業、柔軟な就労に対する支援の利用可能期間では不十分であると言える。その期間が切れたあとは、個々の裁量で就労の調整と収入の獲得を行わなければならない仕組みになっている。

　少なくとも介護休業制度専門家会合報告書では、先にも述べたように、国や地方自治体による介護サービスの充実、整備を前提として、緊急回避的に最低限必要な「3ヶ月間」という期間を示している。現実的には介護保険制度は一定の家族介護を前提として、部分的に介護を支援する程度のものであり、この前提は崩れていると言える。しかも本報告書では、短時間勤務等の柔軟な働き方に関する支援については、その利用可能期間の上限を示していない。

　「仕事と介護の両立」を前提とし、「両立」支援として介護休業制度を位

置づけるのであれば、介護保険制度と整合性を持たせるよう利用可能期間を改正し、少なくとも短時間勤務等の柔軟な就労の支援を、確実に全職場で、全介護期間において利用できるようにする必要がある。むろん、介護休業法は最低基準を示しているのみであり、企業がそれ以上の手厚い規定を設定すれば良いわけであるが、それを企業努力に任せるだけでは、企業規模等による企業間格差を促し[9]、それはすべての男女労働者に対する「仕事と介護の両立」を支援する制度とは言えず、「両立」支援の階層差を助長するのみである。

　なお、育児休業制度の場合、改正のたびに改良が加えられ、現在では子が2歳に達するまで育児休業が取得でき、短時間勤務制度、所定外労働の制限は子が3歳に達するまでの期間に、子の看護休暇、法定時間外労働の制限、深夜業の制限、さらにフレックスタイム制度、時差出勤の制度、事業所内保育施設の設置・運営といったその他の両立支援措置も、子が小学校就学までの期間、適用されることになっている。また、短時間勤務制度は事業主に義務化されており、育児休業中は社会保険料の免除がある。同じように家族に対するケア役割を有する男女労働者への両立支援として位置づけられたにもかかわらず、少子化対策や労働力確保の一環として重要視される育児休業制度と介護休業制度との内容には差が生じていると言える。

　第3に、介護休業を取得する、もしくは就業時間・日数を減らした場合の所得保障の不十分さも指摘できる。仕事と介護の両立を前提として、介護の全部、もしくは一部を家族が担おうとした場合、介護休業の取得や、短時間勤務等柔軟な就労の支援を利用して就業時間を短くする必要が生じる。これは収入減をともなうものであり、労働者とその家族が生命、生活を維持するためには、不足分の生活費を補う所得保障が介護休業や柔軟な就労の支援と対となって用意される仕組みが必要である。現在は、介護休業を取得した場合、賃金（最長3ヶ月分）の67％が介護休業給付金として雇用保険から支給されるが、2017年改正以前は40％という低率に据え置かれていた。ただし、現在の制度においても介護期間中の所得保障はこの給付金のみであり、介護費用がかかるなか、収入減が及ぼす生活への影

響は大きいであろう。しかも、これは介護休業終了後（介護休業期間が3ヶ月以上の場合は介護休業開始日から3ヶ月経過した翌日以降）に申請手続きを行うものであり、介護休業期間中は収入がまったくない状態になる。また、たとえ3ヶ月以上の介護休業を認められている職場であっても、介護休業給付金は3ヶ月までの支給となるため、それ以上は無収入となる。さらに、柔軟な就労への支援によって就業時間、日数を減らした場合は、たとえ収入減が生じても保障する制度はない[10]。

　現行の介護休業給付金が保障しうる範囲は限定され、不足分はやはり個々の責任で介護と両立しながら就労し、収入を獲得しなければならない仕組みとなっている。このような所得保障の仕組みでは、「両立」支援の制度としては重大な欠陥があると言え、介護休業制度の利用は経済的に余裕のある世帯でなければ難しく、すべての男女労働者が利用できる制度にはなっていない。なお、育児休業給付金は、育児休業開始180日間については賃金の67%（全期間は50%）が支給される。これでも決して十分な額とは言い難いが、介護休業との差がみられる。

　最後に、制度の対象外となる者も存在することを付け加えたい。まず雇用保険の対象外となる者（就業期間が1年未満の者や自営業者等）には収入減に対応する制度が皆無であり、雇用保険制度に頼った所得保障ではカバーできない人びとが存在する。また、自営業の者にとってはそもそも介護休業制度という仕組みもないため、「両立」支援そのものがまったく用意されていないことになる。これはとくに不安定な雇用、就労の者は、制度の恩恵にあずかることが難しいことを意味している。

　以上のような、介護休業制度の問題点（確実に用意される支援の種類の少なさ、利用可能期間の制限、所得保障の不十分さ、最低限の内容にとどまり、それ以上は企業努力にゆだねる法規定（企業間格差が生じる仕組み）、制度対象外となる者が存在すること）は、家族介護者にとって介護休業制度を「両立」支援として十分に機能しない、労働者である家族介護者にとって魅力の少ないものにしている。とくに、第2章Ⅱ節の事例でも示したように、安定した階層の家族介護者よりも、不安定な階層の家族介護者にとってその傾向は強い。このような「両立」支援としての介護休業

制度が有する階層差の問題は、家族介護（者）問題を助長するものであり、決して看過すべきことではない。今後、この点に留意した改良が必要である。また、2016年、2017年以降の介護休業制度の改正は評価すべき点があったが、これが施設入所を要介護3以上とし、要支援者の訪問介護、通所介護を地域支援事業へと移行させる、いわば重度者に対象を絞り込んだ介護保険法改正と抱き合わせであった点にも留意すべきであろう。軽度の者への介護保険サービスを後退させ、一層の在宅化を進めることは家族介護に期待することを意味しており、その代わりに、介護休業制度の改善が図られたと読み取ることができる。介護休業制度の改正が単純に家族介護者の負担軽減につながらない仕組みがここにもみられる。

Ⅳ　ILO156号条約と165号勧告にみる「両立」支援のあり方

　現行の介護休業制度は、休業や支援を利用できる期間、義務化された柔軟な就労の支援の種類、そして所得保障の面でも不十分であり、個々の裁量、責任で対応しなければならない部分が多い制度となっている。この介護休業法を制定した1995年、日本はILO156号条約「家族的責任を有する労働者条約」を批准している。ここではILO156号条約および条約とともに示された165号勧告を取り上げ、「両立」支援のあり方について論じる糸口としたい（**資料4-②**、**資料4-③**〈**本書250〜251頁**〉）[11]。

　ILO156号条約は、女性が家族的責任を負うことを前提としていた1965年の「家族的責任をもつ女子の雇用に関する勧告」（123号）を、家族的責任は男女が負うべきものであると明示し、さらに法的拘束力を持たせる条約としたものである（中島1998）。ILO156号条約は、「被扶養者である子に対し責任を有する男女労働者」および「介護又は援助が明らかに必要な他の近親の家族に対し責任を有する男女労働者」が「経済活動への準備、参入若しくは参加の可能性又は経済活動における向上の可能性が制約されるもの」について適用するとし（第1条）、ここでいう経済活動とはすべての部門の経済活動を、そして労働者とはすべての種類の労働者を含むと

している（第2条）。

　そして第3条では、男女労働者の機会、待遇の均等を実現するため、家族的責任を有する者が就労を希望する場合、その権利を行使できるようにすることを国の政策の目的とすることとされている。そしてとるべき措置として、彼らのニーズを反映した雇用条件および社会保障（第4条）、地域社会の計画、保育および家族に関するサービス、施設等の地域社会サービスの発展、促進（第5条）が示されている。また、家族的責任を有する期間も働き続けること、または家族的責任のため一旦就業を中断したとしても、職業上の身分を守り、再び就労できるようにすること（第6条）、家族的責任を理由とした解雇は認められないこと（第7条）が掲げられている。

　また、ILO156号条約とともに「家族的責任を有する労働者勧告（第165号）」が示されている。ここでは国が講ずべき措置について具体的な項目が示されており、たとえば「Ⅲ　訓練及び雇用」では、家族的責任を有する労働者が就業中断後に再度就業できるよう、訓練を受けるための施設や有給休暇の利用、無料の職業指導、カウンセリング、情報提供等のサービスの利用に関する措置を講ずること、家族的責任を有する労働者が他の労働者と同じく、就業の準備、機会、就業における向上、就業保障について均等の機会、待遇を享受すべきことが示されている。そして「Ⅳ　雇用条件」では、雇用労働時間、時間外労働の短縮、休息期間、休日に関する弾力的措置、転勤への考慮、家族的責任を理由とした休暇の取得等、雇用条件における措置を講ずるとされている。これらの項目は介護休業制度でも規定されているものが多いが、すべてではなく、たとえば、カウンセリングや情報提供等の支援は未整備な部分であり、その必要性を指摘する研究もある（佐藤2014等）。また、支援の項目として法律上で挙げられていても、すべての支援が義務化されているわけではなく、利用できる期間に限りがあるという問題点があることは先述したとおりである。

　そして「Ⅴ　保育及び家族に係るサービス及び施設」では、子どもの保育および高齢者、障害者等家族にかかわる社会的な支援である施設、サービスについて規定されており[12]、「家族的責任を有する労働者が就業に係

る責任とおよび家族的責任を果たすことを援助する」ため、適切な調査を地域社会において実施し、それにもとづいた措置を講ずること、それらのサービス、施設を、無料または労働者の支払い能力に応じた妥当な料金で提供すること等が示されている。

さらに「Ⅵ　社会保障」では、「社会保障給付、税の軽減その他国の政策に適合する適当な措置は、必要な場合には、家族的責任を有する労働者にとって利用可能であるべきである」（27項）とされている。なお、第一次案における勧告27項は「金銭的補償」のみに限られていたが修正され、「金銭的補償に限定されない多様な給付を可能とする規定に変更」されている（浅倉・相馬・早川1987：15）。また、家族的責任を理由とした休暇のあいだ、関係労働者は社会保障による保護が受けられる（28項）としている。この勧告28項については、第一次案では「①休暇期間中の金銭給付、②休暇期間中の社会保障給付の受給権の継続、③労働不能期間中のホームヘルプ給付、④休暇期間中の社会保障の拠出の免除」と多様な保障内容を示していた。最終的には「各国の事情に応じて柔軟性が認められるべき」との意見を受け、現在のかたちになったが、この議論で「社会保障による保護」には医療給付の受給資格の維持が含まれていることが明らかにされている（浅倉・相馬・早川1987：15-16）。27項および28項での議論で示された保障内容は、本来、介護を理由とした休暇期間中に必要な支援について重要な示唆を与えるものであると言える。

最後に「Ⅶ　家族的責任の遂行に係る援助」として、家族的責任による負担の軽減のための公的、私的活動の促進、有資格者による家事、世話に係るサービスの発展等が掲げられている。ここでは家族的責任を有する者の負担軽減のため、「家事サービス」についても示されている点に留意したい。

以上より、ILO156号条約、165号勧告は、第1に、ケアを要する子ども、高齢者、障がい者等を有していても、希望する者が平等な条件下で「就労する権利」を行使できるようにすることが目的として明示されている点である[13]。日本における介護休業制度、男女共同参画基本社会基本法、ワーク・ライフ・バランス憲章等のワーク・ライフ・バランスにかかわる法政

策は、職業生活と家庭生活の「両立」、「参画」に重点が移行し、「雇用、就労の保障」の視点が希薄になっている。とくに、これらのILO156号条約、165号勧告で示されているような「就労する権利」を行使することを目的として明示しているものは皆無である。就労するということは、収入を獲得することを意味し、生命、生活を維持するためには欠かせない生活行為である。それをまずは保障すべき「権利」であるという視点が、ワーク・ライフ・バランス政策に求められることを再確認する必要がある。

　第2に、就労する権利の行使のために必要な事項が示されており、それは①訓練、雇用条件に関する事項、②社会保障、③各種サービスの整備に、大別された。日本では、①訓練、雇用条件にかかわる事項に対応しているのが介護休業制度であり、②社会保障には主として雇用保険制度が、③には介護保険制度が対応していることになるであろう。これに従うと、介護保険制度は、就労する権利の行使のための制度として整備されなければならないと言える。しかしながら、現行の介護保険制度は高齢者の介護ニーズの充足のための制度として設計され、家族介護者の就労支援にはなり得ていない。なお、勧告27項は金銭的な保障に限定されない社会保障給付に変更され、勧告28項の第一次案では「労働不能期間中のホームヘルプ給付」が提示されていた。これらも家族介護者の介護や就労の状況に応じた介護サービス提供の必要性を示すものであると言える。

　また、男女共同参画社会基本法では、介護等の家庭での活動およびその他の活動を「社会の支援」のもとに行えるようにするとされているものの、男女共同参画基本計画、ワーク・ライフ・バランス憲章とそれにともなう行動指針では、個々の企業の努力による雇用条件にかかわる取り組み、そして保育サービスの充実が中心となっており、「社会の支援」である「介護サービスの充実・整備」に関する事項は、地方自治体にかろうじて「家族介護者への支援」が提示されているのみであり、国の取り組みには挙げられてもいない、きわめて手薄な状況にある。ワーク・ライフ・バランスの実現には介護サービスの充実、整備が必須事項であることを認識し、家族介護者の状況に合わせて介護サービスを提供する仕組みが必要であると言える[14]。

第4章　ワーク・ライフ・バランス政策における家族介護の位置づけと「両立」支援の問題点

　第3に、家族的責任を理由に休暇を取得した場合の社会保障給付や税の軽減措置等による金銭的な保障についても明示されている。雇用保険に頼った現行の所得保障では、給付期間、額、対象者ともに限定的であり、また介護休業中の社会保険料免除もなく、ILO が示す勧告のレベル、ましてや第一次案で提示された内容には到底達していないと言える。

V　「家族介護」からみたワーク・ライフ・バランス政策の問題点と今後の課題

　介護休業制度を中心として、日本におけるワーク・ライフ・バランス政策を概観してきた。地域、在宅における介護ニーズが増大していた 1990年代、家族が仕事と「両立」しながら介護を担うことを前提とし、それを支援する「両立」支援の制度として創設された介護休業制度は「介護の担い手」確保という一面を持ち合わせていた。その後も、仕事と介護／職業生活と家庭生活の両立、男女共同参画という用語を用いて、一定の家族介護を前提とするワーク・ライフ・バランス政策が展開され、高齢者の「介護」が「育児」と同様に家族が担うべきことであるか、また質的にも量的にも担い切れるものであるか、という論点が取り残されたまま、現在にいたっている。

　しかも、介護休業制度の内容は「介護の担い手」の確保を図る「両立」支援としても不十分なものであった。柔軟な働き方への支援に関する義務づけの弱さと利用可能期間の制限等、改善すべき点は多い。また、「両立」支援を行うのであれば、職場における取り組みのみならず、ILO156号条約、165号勧告が示すように金銭的な保障や介護サービスの整備も不可欠である。しかしながら、前者は雇用保険による介護休業給付金のみであり、その支給期間は介護休業期間（93日間まで）に限られる。そして雇用保険の未加入者や柔軟な働き方をしたことによる減給には対応していない。一方、介護サービスを提供する介護保険制度は高齢者の介護ニーズの充足を目的とし、家族の就労状況に合わせた提供が行われる仕組みにはなっていない。とくに、ILO156号条約、165号勧告では家事サービスに

ついても規定しているが、介護保険制度ではホームヘルプサービスによる家事の支援は、同居家族がいる場合、提供が控えられる仕組みになっており、介護を担う家族の負担軽減のための家事の支援が軽視されている。そして、男女共同参画基本計画、ワーク・ライフ・バランス憲章、行動指針といった近年のワーク・ライフ・バランス政策では、企業による取り組みに重点が置かれ、家事・介護サービスの充実・整備については、とくに国の責任は明示されず、その位置づけはきわめて希薄になっている。

　すなわち、介護保険制度と同様にワーク・ライフ・バランス政策も一定の家族介護を前提とし、それを促す性格を有しており、部分的に家族介護を支援するのみの介護保険制度、限定的な期間・内容の支援を行うのみの介護休業制度と雇用保険制度によって、家族介護者は、とくに介護休業制度の利用期間終了後に、介護保険制度ではカバーされない介護を、職場の支援なしで仕事と両立させながら行わなければならない状況がつくられた。介護休業制度の利用に関係なく、結局は個々の責任で両立しなければならないのであれば、利用者数が伸び悩むことは当然の結果と言える。介護休業利用者数が少ない背景として労働者による介護休業制度の認知度の低さを挙げ、情報提供や相談支援の必要性を指摘する研究がある（松浦 2014、佐藤 2014）。むろん、その点も重要ではあるが、まずは制度内容の充実が不可欠であろう。東京大学社会科学研究所のワーク・ライフ・バランス推進・研究プロジェクトによる調査をもとに分析を行った浅井・武石（2014：142）によると、現在は介護を行っていないが将来介護する可能性があると回答した者の「将来の介護に対する不安」の内容として、「介護がいつまで続くかわからず、将来の見通しを立てにくい」を挙げる者が多いことを指摘している。このような不安を抱えるなか、利用期間が限定された介護休業制度は用いず、離職、または非正規雇用で働くことを選択するのは当然のことである。重要な点は、彼らが離職する、または非正規雇用で働くことは、本人の自由意思にもとづく自己選択として認識されがちであるが、決してそうとは言い切れず、他の選択肢がないなかでそれを選択せざるを得ない状況にあるということである。

　以上のように、介護期間中のかなりの期間において、介護も就労、収入

の獲得も、換言すれば高齢者の介護保障も自分達の生活保障も、自らの責任で行わければならないという現状は、第2章で示したような、家族介護者が経済面、健康面等に問題が生じやすい脆弱な生活運営を強いられる原因の一つであると言える。

最後に、若干の提言を行いたい。第1に、「就労（＝収入の獲得）の権利」の保障を目的として、介護休業制度、介護保険制度、そして雇用保険にのみ頼っている所得保障を再検討することが挙げられる。

第2に、それを前提とすると、少なくとも①介護休業制度では柔軟な働き方に対する支援の期間、義務化する支援の充実が、そして②介護保険制度では、第2章でも指摘したように、介護を要する高齢者を抱える家族が「就労する権利」の保障としてのあり方を再検討し、家族の状況に合わせた家事・介護サービスの利用を可能にする必要がある。これは「介護の脱家族化」への取り組みとも言える。その際、家族介護者の負担軽減のための家事サービスの充実についても検討すべきであろう。なお、③企業努力による介護休業制度のみでは、いくら内容が充実したものになっても、中小零細企業に勤める者や自営業の者は制度の恩恵にあずかることが困難、または不可能である。それをふまえると、介護保険制度の充実により、介護を要する高齢者がいても、介護保険の介護サービスを利用することによって就労に影響なく生活できるようにすることが必要である。この場合は、低所得の者への介護保険サービス利用に関する金銭的な援助も考慮する必要があろう。なお、介護サービス利用の費用に関する金銭的な援助も企業の取り組みの一つにあるが、義務化はされておらず、企業努力だけでは、先述したような企業間格差が見込まれる。経営の厳しい零細企業では金銭的援助の実施は困難であることが推測され、同時にそのような企業で働く労働者は経済的余裕がなく、金銭的な援助を必要とする人びとでもあると言える。このように、企業努力に任せるのみでは、必要とする人びとに金銭的援助が行き届かなくなる可能性が高い。

最後に、④介護期間中の所得保障の見直しである。今回の改正で、介護休業の給付率が育児休業と同レベルに引き上げられた点は評価に値する。それ以前は介護休業給付金のみが40％に据え置かれていた。介護と育児

V 「家族介護」からみたワーク・ライフ・バランス政策の問題点と今後の課題

はそれを実施する責任については、扱いは異なるべきであるが、現実的に
介護を担い、それによって生じた逸失利益に対する保障については、対等
に扱われるべきである。給付率の改善は評価できるが、3割の収入減が
（とくに経済的余裕がない家族介護者の）生活に与える影響は無視できる
ものではなく、給付金の支給期間は93日までという期限付きである点は
変わらない。さらに、雇用保険制度のみに頼っていては対象外になる人び
とが存在し、不十分である。介護により経済的困難が生じた家族介護者を
対象とした公的な生活扶助の制度の必要性が指摘できる。そしてとくに、
介護保険法の審議過程で何度も浮上し、結果的には取り入れられなかった
介護保険制度による家族介護者に対する現金支給の再検討も有効である。

　そしてILOの条約、勧告にも示されているように、以上のような制度、
サービスの見直し、整備は国の政策として、すなわち国の責任で進められ
なければならない。介護休業法の制定に際し、経営者側からの反発は大き
く、結果、政府は企業側の負荷に配慮して介護休業期間の設定等を行った
点は先に述べた。企業側の負荷が大きくなりすぎないようにするため、
「両立」支援の内容を最低限の水準にとどめ、それ以上は企業努力に依る
とした介護休業制度は、企業間格差、換言すれば階層差を生む可能性が高
く、それでは最も支援、援助を必要とする者が制度の恩恵を受けられない
システムとなってしまう。本来であれば、国は企業の負荷を減らすための
支援を検討するという選択肢や、逆に、介護サービスの充実、整備の方を
手厚くすることで労働者が働き続けられるようにし、企業負担を減らすと
いう方法も考えられた。しかしながら、国は企業への（十分な）支援を行
わず介護休業制度の水準を最低限に抑え、そして介護サービスの整備も最
低限に抑えるという、国にとって最も負担の少ない選択肢をとり、結果と
して不備のあるワーク・ライフ・バランス政策を進めることになった。

　現在、個々の自由意思によって多様なライフスタイルを選択すると同時
に、それを様々な制度、サービスを使いこなしながら、自己責任で生活を
運営することが求められている。上で示したような各種制度、サービスが
十分に整備されてはじめて「自由意思」によるライフスタイルの選択が可
能となるのであり、その条件が満たされていない現状では、自由意思によ

第 4 章　ワーク・ライフ・バランス政策における家族介護の位置づけと「両立」支援の問題点

らない選択を迫られることになる。そして、それによって生じた結果に対しては自己責任としてみなされる。家族介護者のおかれる厳しい状況は、その代表的なものであると言えよう。

〔注〕

1)　藤崎（1995：65）によると、政府はガイドラインを示し、企業内福祉制度としての介護休業の行政指導による普及を試みたが失敗に終わっており、そのことが介護休業の法制化の必要性を政府が認識するきっかけとなったとしている。

2)　濱口（2004：177）は、介護休業に熱心であった政党（公明党、新進党）に対し、経営側は「高齢者介護は公的介護サービスによるべきで企業に転嫁すべきではない」という意見を、そして社会党は「老親介護は社会サービスによるべきで子供に責任を負わせるべきではない」との意見を示していたとし、結果、社会党が示した「緊急介護に必要な 3 ヶ月程度」という期間が介護休業法では採用されたとしている。

3)　法第 820 条「親権を行う者は、子の利益のために子の監護及び教育をする権利を有し、義務を負う」、または第 877 条 1 項「直系血族及び兄弟姉妹は、互いに扶養をする義務がある」を根拠法とする説がある。とくに未成熟子に対する扶養義務は「生活保持義務」とされ、扶養義務者は自己を犠牲にしても扶養しなければならないものであり、老親の扶養に関する「生活扶助義務」（自分の生活を犠牲にしない程度に経済的援助を行う義務）よりも厳しいものであると言える（丸山・三吉 2013：301）。また平田（2005）は、水野（1998）による「親が子を育てる義務においては、財産的な給付以外の責務であってもときにはその強制執行さえも必要となる重要な義務」であり、「法的な扶養義務が経済的な給付以外の内容をもつのは、未成熟子の養育においてのみであろう」とする指摘から、特殊な法的関係と考えるべきとしている。

4)　「子の養育」や「家族の介護」について、「社会の責務」とすべきか否かについて議論があり、結果として「家族的責任」は「社会の責務」とはされず、「家庭内の相互の協力と社会の支援の下に行わなければならない」という表現になった（大沢 2004：122）。

5)　大沢（2004）は、男女共同参画社会基本法制定における審議のなかで「男女平等」ではなく、「男女共同参画」という用語を使用する妥当性、必然性について議論されたが、「男女共同参画社会は男女平等の実現を当然の前提としている」こと、「男女平等の実質的実現には女性の意思決定への主体的参加、参画が必要」であることを理由として「男女共同参画」という用語が用いられたと説明している。

6)　男性介護者の割合は 2001 年で 23.6%、2004 年が 25.1%、2007 年が 28.1%、2010 年が 30.6%となり、3 割を超えている。

7)　「平成 24 年度雇用均等基本調査」（厚生労働省）によると、2013 年度中に介護休業を取得した者がいた事業所の割合は 1.4%、短時間勤務制度の利用を開始した者がいた事業所の割合は 1.9%と低水準にとどまっている。

8)　介護休業制度専門家会合報告書は、高齢者の症状や家族の介護状況に加え企業の要員管理等の負担を踏まえると上限を設ける必要があるとし、とくに脳血管系患者が急性期を脱する期間からかんがみて、介護休業期間について「3 ヶ月」という上限を示している。ただし、本報告書では「勤務時間の短縮等の措置」（短時間勤務

V 「家族介護」からみたワーク・ライフ・バランス政策の問題点と今後の課題

制度、一定の時間単位で労働者が個々に勤務しない時間を請求することを認める制度、フレックスタイム制度、出勤・退社時間の変更等）についてもその必要性と有効性を指摘しているが、利用期間の上限は設定していない。実際、使用者側は介護休業制度の法制化に強い反発を終始みせており、日経連は婦人少年問題審議会の1994年の建議に対して見解を述べ、とくに直接的な問題として、「中小企業における代替要員の確保の困難性、コスト負担増」を指摘している（林1995：7）。また藤崎（1995）は、介護休業法の原案づくりにおいて、使用者側から代替要員確保の困難さ、中小企業への負担の大きさを理由として反対意見があり、介護休業の期間、回数について野党や労働者側からより手厚い条件とする要求も出ていたが、使用者側への配慮から現行の条件にとどまったとしている。なお、その際、使用者側の負担軽減策の議論を行うべきであったとし、それが行われていればより良い条件での介護休業制度が整備された可能性を指摘している。

9) 産労総合研究所は2011年に2000社に対して「育児・介護支援制度に関する調査」を実施し、従業員数1000人以上の大企業のほうが、中小企業に比べて、法定を上回る介護休業の最長期間を設定している割合が高く、法定休業期間の賃金支給や短時間勤務制度等の措置を行っている割合も高いことを示している（産労総合研究所2011）。

10) 前掲の「育児・介護支援制度に関する調査」（産労総合研究所）によると、企業によっては独自の取り組みとして、法定の93日間の介護休業期間中については賃金支払いを行っているところも存在する。ただし、それは全体の37.1%にとどまり、全額支給を行っている企業は3社のみである。そして、欠勤扱い（休業日数分を控除。家族手当等の支給はあり）としている企業が8割（従業員999人以下の中小企業では9割）を占める。

11) ILO156号条約および165号勧告の日本語訳は、ILO駐日事務所のHPで公開されているものを使用する。

12) 朝倉・相馬・早川（1987）によると、第一次案では、「保育サービス」のみとなっていたが、「その他の家族員を対象とするサービス」が加えられ、「その他の家族員」に高齢者、障害者が含まれることになった。

13) International Labour Organization（1993:9）では、156号条約および165号勧告の目的が、男性と女性、そして家族的責任を有する者とそのような責任を有さない者との間で、「就労における機会と待遇の平等」を推進することであることが強調されている。

14) International Labour Organization（1993:71）は、職場において、家族的責任を有する者のニーズに応じた支援を行う有用性を認めながらも、それだけは不十分であり、彼らが就業中、彼らの家族がケアされるような満足できる体制が用意されなければ、現実的には、彼らの就労は阻害されることになり、家庭でやらなければならないことを遂行するための時間やエネルギーが過度の疲労やストレスを生めば、彼らは仕事上で不利益を被ると指摘している。そして本条約、勧告が目的とする「待遇の平等」とは、労働条件や職業訓練についてのみならず、生活のあらゆる側面で、彼らの責任を緩和するのに利用可能な設備を実現することであるとしている。

終 章

家族介護者の「生活保障」への転換

I　家族介護（者）問題とは何か

　本書の前半では家族介護（者）とは何か、その抱える生活問題を明らかにすることを目的として、第1章で家族介護者とその抱える問題をとらえる視点の再整理を試み、第2章ではインタビュー調査の結果から、就労している家族介護者の「生活運営」の現状とその問題点について分析、検討した。以下に要点をまとめる。

1　生活問題の重層性

　家族介護者を「介護者」としてのみとらえるのではなく、多様な役割を遂行しながら「生命・生活の再生産」担う者であり、かつ「労働者」、「地域住民」として認識する必要があることを指摘した。福祉の専門職は介護を担う者として家族をとらえ、介護に関する情報不足、不安、トラブルを解決するため、介護に関する相談を受け、専門的な知識、技術を提供し、人間関係を調整し、心理的・教育的サポートを行い、ストレスを緩和しながら、家族介護者が行う「介護を支援」する傾向がみられる[1]。しかしながら、現実的には彼らは介護者としての側面のみならず、他の家族成員の生命・生活を守るため、高齢者の介護のみならず、家事、育児などの役割をこなし、労働者として働いて収入を得、地域住民として近所付き合いや

217

地域行事への参加も行いながら生活を送っていかなければならない存在である。

　第2に、家族介護者には介護の必要が生じた際、その影響は家事、育児、就労、収入、結婚など様々な領域に波及し、多様で重層的な問題が生じることを指摘した。家族介護者が抱えるのは「介護問題」のみでなく、重層的な生活問題である。さらに、このような重層的な生活問題は他の家族成員の生命、生活に影響し、また介護を担っている現在のみならず、将来の生活、人生にまで影響が波及しうるものである。たとえば、経済的な困難や子育ての不十分さが生じれば、他の家族成員にまで影響が及び、また就労の継続困難は将来の社会的地位、収入、社会保険でも不利をもたらす。そして介護期間中に生じた健康問題は、介護終了後も完治することなく継続する可能性が十分ある。

　家族介護者が抱える問題とは、介護を行うことが困難である、介護で不安、負担やストレスを感じるという「介護問題」にとどまるものではなく、彼らの生活全般に広がるものであり、また他の家族成員や、現在のみならず将来にまでダメージを与えうるものとして認識する必要がある。

2　多様で重層的な問題をともなう脆弱な生活運営

　生活問題の重層性は生産年齢の家族介護者において顕著にみられた。そこで就労している（もしくは就労していた）家族介護者が行う「生活運営」に着目した結果、彼らはまずは自由時間、趣味等、必要最低限以外の生活行為を削ることで介護、家事・育児、最低限の仕事や近所付き合いを行えるようにしていた。しかし、それだけでは不十分であり、労働強度を高め、複数の生活行為を連続してまたは同時進行で行う「労働の過密化」を行うことで様々な生活行為を何とかこなしていた。これは綱渡り状態でかろうじて成り立つ生活運営あるため、何か少しでも想定外のことが起こると即座に破綻を来たす「脆弱な生活運営」であった。

　表面的には職業生活と家庭生活を両立し、生活をうまく運営しているようにみえるかもしれないが、彼らが行う脆弱な生活運営は、様々な面に無

I 家族介護（者）問題とは何か

理を強いながら行われるものであり、結果、経済的困窮、精神的・身体的な健康問題の発生、人間関係の希薄化、断絶、地域社会からの孤立、子育てへの負の影響、限定的な余暇生活、適切な睡眠の困難、介護の質の低下等、多様で重層的な問題を生じさせるものであった。

これはワーク・ライフ・バランスの質にかかわる問題とも言える。余裕のない、無理をした状態で、経済面、健康面で問題が生じ、生活の質は低下しているが、仕事も介護も行えているという状態がワーク・ライフ・バランスのめざすところではないはずである。この脆弱な生活運営を解決し、余裕ある安定した生活運営を可能とする視点もまた家族介護者の支援には必要である。

3　家族介護（者）問題の階層性

以上のような重層的な生活問題をともなう脆弱な生活運営が、家族介護者の就労状況やその世帯の階層と関連することを指摘した。すなわち、不安定な就労状況、経済状態によりもともとの生活が脆弱である場合、通常の日々の暮らしだけで精一杯な状態であるため、高齢者の介護の必要性が生じたのみで、それへの対応が家族内部においても、また外部化する場合においても限界があり、生活全体を揺るがす事態につながりやすい。

この点については、むろん量的な調査、分析が必要であるが、今回のインタビュー調査の結果では、非正規雇用や（個人経営の）自営業といった不安定な就労状況にある家族介護者は、仕事を調整弁として生活運営を行うため、就労状況や経済状態がより不安定で苦しくなる悪循環が生じていた。また就労状況、経済状態が不安定な世帯の家族介護者の場合、生活運営を阻害する要因にもなる訪問系の介護保険サービスを主として利用し、生活運営の脆弱性が顕著にみられた。さらに、生活運営の脆弱性が生じやすい不安定な階層の家族介護者にとって、介護休業制度は、経済的な理由や職場環境的な理由から利用できる状況になく、たとえ利用しても得られる恩恵は少ないこと、さらに自営業の場合は、制度そのものが存在せず、制度の恩恵は皆無であることを指摘した。階層性への配慮は家族介護者へ

終　章　家族介護者の「生活保障」への転換

の支援の制度・政策には欠かせない要素である。

4　制度的な不備による家族介護（者）問題の発生

　以上のような重層的な生活問題、脆弱な生活運営は、介護保険制度や介護休業制度の不備によって生じることを指摘した。

　第1の制度上の問題点として、介護保険制度が家族介護を前提とした限定的で補足的な家族介護支援にとどまっている点がある。すなわち、介護保険制度の居宅サービスは、部分的に介護を代替する程度のものであるため、利用できる日数や時間帯が制限され、家族が介護を行わなければならい日、時間帯が必ず生じるようになっている。第2に、介護保険サービスが家族介護者の就労、生活の状況、健康状態等に合わせて利用する仕組みとなっていない点が挙げられる。したがって、家族介護者は介護保険サービスに合わせて、仕事、家事・育児、近所付き合いなどを調整しなければならなくなる。第3に、介護保険制度や介護休業制度は階層による不利を助長するという問題点も挙げられる。介護保険制度では、利用者負担の仕組みにより、経済的な理由からサービス利用に制約がかかり、利用日数を増やす、就業時間に合わせてデイ・サービスの利用時間を延長することを躊躇させていた。また、不安定な就労状況、経済状態である階層の者の場合、生活運営の阻害要因にもなりやすいが、利用料を低く抑えられる訪問系サービスの利用が主となっていた。一方、介護休業制度もまた不安定な就労状況、経済状態である階層の者ほど受けられる恩恵が少ない制度であることは先にも述べたとおりである。このように、不安定な就労状況、経済状態の階層の家族介護者において「脆弱な生活運営」が生じやすく、多様で重層的な問題を抱えやすいにもかかわらず、階層による不利を解消することなく、助長する仕組みが重層的な生活問題をともなう脆弱な生活運営へとつながっていた。

　以上のような制度上の不備が、今もなお介護のかなりの部分を家族が担い、個々の裁量で無理な生活行為の調整を行わざるを得ず、重層的な生活問題を引き起こす脆弱な生活運営を強いる結果となっている。これをふま

えると、家族介護者がおかれている厳しい状況は、決して個々の家族介護者の生活運営や選択の失敗によって生じたものではなく、不完全な制度・政策によって構造的に生み出されていることが指摘できる。

II　家族介護（者）問題の政策的背景

　本書の後半では、家族介護者がいまだ多様な問題を抱え、厳しい状況におかれる政策的背景を検討した。第3章では介護保険制度と医療制度、第4章では介護休業制度を中心としたワーク・ライフ・バランス政策に着目した。とくに、家族介護（者）の問題に注目が集まり、「介護の社会化」をめざしたとされる介護保険制度へと大きく転換していく1980年代後半から1990年代の動きを中心に整理、分析を行った。以下に要点をまとめる。

1　家族介護（看護）を前提とした家族介護者に対する支援政策

　政府は「介護の脱家族化」を推進するよりもむしろ家族介護の重要性、必要性を強調し、介護保険制度、医療制度、介護休業制度等ワーク・ライフ・バランス政策といった、家族介護者を支援するはずである主要な制度・政策のすべてにおいて、一定の家族介護（看護）を前提とした制度設計を行ってきた。

　まず、介護保険制度では要介護認定の仕組みを導入することで、介護保険制度外とみなされた一定の介護を暗黙裡に家族の役割としており、さらに介護保険制度で対応すべきとした範囲の介護であっても、家族が一定の介護（とくに家事援助）を提供することを想定して制度設計がされていた。これによって、介護保険制度下で提供される介護サービスは、一定の家族介護を前提とし、部分的に介護を代替し、補足し、家族介護の継続を支援する程度のものとなった。また、家族介護支援事業もその内容は「家族介護の継続」支援にとどまっていた。介護保険制度は「介護の脱家族化」の

終　章　家族介護者の「生活保障」への転換

機能がきわめて弱く、むしろ家族介護の固定化を進める制度となった。

　次に1980年代後半から1990年代の医療制度改革では、高齢者医療および慢性期医療の在宅化、介護化が進められたが、これは高齢者、慢性期の患者の在宅での療養生活を、医療サービスのみで支えるのではなく、介護サービスと組み合わせ、そして一定の家族看護・介護によって対応することを前提として進められた。そして、医療ニーズを抱える高齢者へ十分かつ適切に対応することが困難な介護サービスの現状を背景として、家族は高齢者、慢性期の患者の看護・介護のかなりの部分を担うことになった。これは家族介護における医療、看護の比重が高まることを意味し、とくに医療依存度の高い高齢者、慢性期患者の家族の負担、抱える問題の大きさが指摘できる。

　最後に、ワーク・ライフ・バランス政策をみても、介護休業法制定にいたる過程では家族介護の重要性、必要性が強調され、最終的に介護を仕事と「両立」するものとして位置づけた。そして、その後の男女共同参画社会基本法等のワーク・ライフ・バランス政策でも、男女ともに介護に「参画」することを推奨し、家族介護を前提とし、それを支援するための制度・政策となっていた。

　仕事と介護／職業生活と家庭生活の両立では、男女共同参画社会基本法、ILO156号条約でも示されているように、社会の支援、介護サービスの整備が不可欠な要素となるが、一定の家族介護を前提とし、それを推奨するワーク・ライフ・バランス政策ではこの点はきわめて手薄であり、介護役割からの解放、「介護の脱家族化」によるワーク・ライフ・バランスの実現を志向していないとう問題点がみられた。

　以上のように、1980年代後半から1990年代において「介護の社会化」や「仕事と介護の両立」といった美しいスローガンが掲げられたのとは裏腹に、家族介護者を支援するはずのあらゆる制度・政策が、家族に期待する介護（看護）役割の比重を量的にも質的にも高め、家族が倒れないよう部分的な支援を行いながら、それらを暗黙裡に固定化する方向へ動いた。このような政策的背景によって、家族介護者の抱える負担、問題は残り、むしろ増大しうる状況がつくり出された。

II　家族介護（者）問題の政策的背景

2　限定的・補足的な家族介護支援と限定的な「両立」支援による欠陥

　家族介護を前提とした介護保険制度は、高齢者が必要とする介護（看護）のすべてをカバーする設計とはなっておらず、限定的・補足的な家族介護支援にとどまっていることを指摘した。しかし、このような介護保険制度を設計するのであれば、介護期間中または終了後の家族介護者の仕事上の身分を保障し、また介護期間中の柔軟な働き方を可能とし、所得を保障する制度が必要不可欠となる。

　それを主として行うのが介護休業制度であるが、介護休業制度で行われる支援もまた限定的な「両立」支援となっていた。すなわち、すべての職場で整備が義務化される「両立」支援は介護休業のみであり、短時間勤務等柔軟な就労を支援する制度については、各職場で1種類の整備を義務化しているのみであり、育児休業制度と比べても、緩い規定となっていた。しかも、これらの支援制度の利用期間は所定外労働の制限を除き限定され、全介護期間中、利用できる仕組みになっていない。

　以上のように限定的な「両立」支援にとどまる介護休業制度と限定的・補足的な家族介護支援にとどまる介護保険制度との間で整合性がとれていないという問題があることを指摘したい。もともと介護保険制度は、高齢者の状態に合わせて利用できる介護サービスの種類、量が決まるため、家族の就労状況によって、デイ・サービスの日数を増やす等利用する介護サービス量を増やすことはできない。さらに、デイ・サービスの利用時間帯は各事業所の営業方針により、家族介護者の就業時間に必ずしも合わせたものではない。このように家族介護者の就労状況に合わせた介護サービスの利用が困難であれば、介護サービスに合わせた柔軟な働き方をしなければならないが、上述したように、柔軟な就労に対する支援の整備は不十分である。したがって、退職する、非正規雇用にとどまる、個々の裁量（有給休暇を使う、遅刻・早退をする、シフトの変更を個人的に依頼する等）で働き方を調整するという、いわば社会的な支援もなく、個人的な問題として、個々の責任で対応しなければならない事態が生じてくる。

終　章　家族介護者の「生活保障」への転換

　このような両制度の整合性の無さによって、社会的支援が存在しない制度の「隙間」、「穴」を生じさせるという、欠陥のある家族介護者への支援のシステムが形成されている。そしてこの「穴」はすべて家族介護者が埋めなければならず、介護も仕事も、高齢者介護ニーズの充足も就労による収入の確保も各自が行わなければならなくなり、それが重層的な生活問題をともなう脆弱な生活運営を生み出す原因となっていると言える。

3　階層による不利を生み出す仕組み

　介護保険制度も介護休業制度も、経済基盤が脆弱で就労が不安定な者ほど不利であることも指摘した。介護保険制度は利用料の自己負担の仕組みによって、経済的な事情により利用する介護サービスの種類、量が制約され、また介護休業制度では、雇用保険制度による所得保障の不十分さ（期間、額、手続き上の問題、対象者の制限）があり、経済的な基盤、雇用・就労条件が脆弱な者は制度の利用を控えざるを得ない状況がある。そして、介護休業制度等のワーク・ライフ・バランス政策は、基本的に企業努力による推進、充実がめざされているため、企業間格差が生じ、不安定な就労で低所得の階層ほど不利になっていると言える。なお、雇用保険制度のみに依存した家族介護者への所得保障もまた、非正規雇用または零細企業、自営業の労働者等、不安定な就労で低所得な階層ほど（未加入の問題があり）その恩恵を受けることができない場合が多い。

　すなわち、不安定な就労、経済状態の者の場合、用意されている社会的な支援の選択肢の幅が奪われていき、より大きな「穴」が出現する仕組みになっていると言える。結果、介護も就労・収入の獲得も個人の責任で行うしかない状況が生じやすく、当然ながらそれには限界があるため、重層的な生活問題をともなう脆弱な生活運営とその破綻が生じる危険性が高まる。現在の家族介護者を支援するはずの制度・政策は、階層による不利を助長する方向へと作用していると言える。なお、序章でふれたような介護殺人・心中事件の事例では常に経済的困難が生じるなか追い込まれており、階層と家族介護（者）問題の深刻さとの関連性を示す代表的な例と言えよ

Ⅱ　家族介護（者）問題の政策的背景

う。

4　自己選択・自己決定による家族介護（看護）の潜在化の問題

　家族介護者の負担軽減、問題解決とは逆の方向へ誘導するこれら一連の制度・政策では、そこで生じる家族介護（者）問題を個々の「自由意思」による「選択の結果」として扱い、制度の不備から生じる問題を私事化し、潜在化させてしまうという性質を有していた。

　介護保険制度では、直接的な支援、援助の対象から家族が排除され、要介護認定とケアマネジメントの導入により、経済的事情や家族関係上の理由、根強く残る性別役割分業等のために介護サービスの利用を抑え、家族が介護を行わざるを得ない状況であっても、それは「選択の結果」として扱われ、問題視されにくい。

　そして、介護保険制度に吸収された高齢者、慢性期患者の家族看護・介護も同様の状態にあり、要介護認定の縛りのため、医療系サービスの利用を抑えて家族看護でまかなう、また医療ニーズを抱える高齢者を受け入れられるデイ・サービス、ショート・ステイなどの介護サービスが未整備であるため、十分な介護サービスを利用できず、家族が仕事量を減らして介護・看護を担い、不足分を補うということも生じるが、それらは表面的には高齢者と家族がケアマネージャーの支援のもと、「介護保険サービスを利用せず、家族が介護・看護を担う」という選択を自らの意思でとったとみなされてしまう。

　介護休業制度でも同様であり、制度が職場に整えられているにもかかわらず、それを利用せず、退職する、非正規雇用にとどまる、個人の裁量で対応することは個々の選択の結果であり、それによって経済的困難、キャリアアップの道が閉ざされる事態が生じたとしても、個人の選択の失敗として扱われる。

　しかしながら、何度も述べてきたように、様々な制度上の不備のため、現実的に家族介護者が選択し、利用できる制度は少なく、たとえ利用しても彼らの抱える問題に十分に対応できる内容になっていない。「選択の結

終　章　家族介護者の「生活保障」への転換

果」として家族介護・看護を潜在化させる仕組みは、制度上の不備から生じる家族介護（者）問題を個人の問題に転嫁するものでもあり、このような仕組みがつくられたこともまた、家族介護者が厳しい状況におかれても放置される一因と言える。

5　家族介護者の抱える重層的な生活問題への対応の不備
──「生活保障」の視点の欠如

　最後に、家族介護者の支援、援助のための制度・政策の対象が「介護」問題に集中している点を指摘したい。家族介護者は介護の必要が生じることによって、就労と収入の不安定化、経済的困難、精神的、身体的健康問題、人間関係の希薄化・断絶、地域社会からの孤立、子育てへの負の影響、限定的な余暇生活、不十分な睡眠、介護の質の低下等、様々な領域にまたがる重層的な問題が生じることは、本章の最初でも整理したとおりである。

　しかしながら、これまでみてきた家族介護者を支援する制度・政策の対象は介護問題が中心となり、就労、収入の問題、経済的困難にかかわる援助がかろうじて存在する程度である。介護保険制度は高齢者の介護ニーズを充足する「介護保障」としての制度であり、原則として高齢者の状態に応じて介護サービスを提供し、それによって間接的に家族介護者の抱える介護問題に対応するものである。むろん、現実的にはケアマネージャーやホームヘルパー等の介護サービスにかかわる専門職が家族介護者の問題について相談に応じることはあり、それを進める事業所も存在するが、制度上、彼らは家族介護者の生活問題に対応するために配置された職種にはなっていない。

　また、就労、収入の問題に対応するものとして介護休業制度があるが、それもこれまでに指摘してきたように様々な問題点があり、十分に機能していない。むしろ、高齢者の介護ニーズ充足のために介護の担い手を確保するという「介護保障」の一環としての性格が強い。さらに、収入、経済面の問題に対応するものとして、雇用保険制度による介護休業給付金や家族介護支援事業の一つである家族介護慰労事業も挙げられるが、前者は給付率の不十分さ、給付手続き方法（支給時期）の問題、給付期間の短さ、

適用の制限といった問題があり、介護を担うすべての労働者の所得保障を
十分に行えるものではなく、後者に関しては支給額がきわめて低く、とて
も所得保障のレベルにはいたっていない。

　そして、介護によって生じた精神的、身体的な健康問題に対応するカウ
ンセリングのサービス、また腰痛、間接痛の発生、持病の悪化等、身体的
な健康問題に対応する医療面での家族介護者のための支援はまったく用意
されていない。そして、家族介護者を直接的な対象とした専門家による相
談援助のサービスもない。

　介護の発生によって、家族介護者はその生命、生活、人生において様々
なダメージを被るものであり、介護の部分的な代替だけでは彼らの生命、
生活、人生を守ることは、とうてい不可能である。家族介護者を介護の担
い手として位置づけ、一定の家族介護を前提として制度・政策を展開した
ため、「家族介護の継続」が最優先の目的となり、介護を部分的に代替す
ることで彼らの負担を部分的に軽減すること、いわば「介護問題」に対応
するのみの家族介護者に対する支援の制度・政策にとどまったと言える。
たとえ、意欲ある福祉専門職が家族介護者の問題に対応しようとしても、
彼らの多様な問題に対応しうる社会資源が用意されていないため、十分な
支援が難しいであろう。このような状況が彼らの生活運営を困難にし、重
層的な生活問題を、社会的な支援もなく、個人的な問題として対処決せざ
るを得なくさせた政策的要因であると言えよう。

Ⅲ　提言：家族介護者の生活保障に向けて

　最後に、各章での議論、提言を再整理、統括し、家族介護（者）問題を
解決する、すなわち家族介護者の生命、生活、人生を守り、保障する制
度・政策について若干の提言を行いたい（**図終-①参照**）。

終　章　家族介護者の「生活保障」への転換

1　社会的責任の明示──家族介護を前提としない制度・政策

　大前提として、高齢者の介護は家族の責任ではなく、社会の責任であることを明示する必要がある。いかなる家族の状況、高齢者の状態であっても必ず家族が介護を担い続けるということは現実的に不可能であり、法的にも家族介護を義務化できない以上、家族介護を前提とする方針を捨て、高齢者の介護に対する社会の責任を明示し、それにもとづいた、すなわち家族介護を前提とせず、家族介護なしでも高齢者の生命、生活、人生が守られる関連諸施策を整備する必要がある。家族介護を前提としない制度・政策が構築されれば、理論上は、たとえ高齢者に介護の必要が生じたとしても、その家族は影響を受けることなく暮らすことができるようになる。家族介護者の生命、生活、人生を守るということを考えた場合、これが最も基礎的で効果的であると言え、また高齢者の介護保障という視点からも望ましいと言えよう。

　そもそも、これまでの経緯をみると、第3章、第4章で論じたように、介護保険制度、医療制度、介護休業制度等のワーク・ライフ・バランス政策が家族介護を前提として展開されてきたことが、家族介護（者）問題を生じさせる根源であったと言っても過言ではない。暗黙裡に家族を「介護の担い手」としながら、しかし制度上、正式に家族介護（者）を位置づけることはなく、彼らの抱える問題は潜在化させられていった。しかし、一方では、「介護の担い手」としての家族を維持する必要があるため、部分的で限定的な介護の代替、仕事との両立支援を行い、家族介護者の負担を部分的に軽減して介護を続けられるようにする「家族介護の継続」支援に終始してきた。それだけでは家族介護者に生じる重層的な問題に対応できないばかりでなく、重層的な生活問題をともなう脆弱な生活運営を促し、家族介護者が抱える問題の根本的な解決にはとうていいたらない。まずは家族介護を前提とした体制を根本からつくり変えることが重要であろう。

　なお、高齢者介護における社会の責任を明確にし、それにもとづいた体制がとられたとしても、介護サービスの整備状況の地域格差、親子のきず

228

図総-① 家族介護者の生活保障体系の概念図

家族介護者（介護を必要とする高齢者の家族）を対象とした相談援助

①家族介護者（介護を必要とする高齢者の家族）を対象とした中核的な専門相談機関を設置し、専門職員を配置する。
②介護、就労、生活（家事、育児、地域参加、生活時間等）、経済、健康状態等、包括的な相談にのり、家族介護者の生活を支援する。また各種サービス提供者、家族介護の職場等との連携機能等を有する。
③保険のための制度・サービス中心の利用へと移行させる「介護の脱家族化」を助ける機能を有する。

家族介護者の生活保障のための制度・サービス

従来の家族介護（家族介護者支援の継続支援）
・介護者自身の家族介護対策
・地方自治体による家族介護者への交流会等

カウンセリング・医療・保健サービスの提供
・家族介護相談のカウンセリングサービス
・健康対策としての実施
・家族介護中の介護サービスの提供もしくはレスパイトサービス提供する。

家族・介護者の状態に合わせた介護サービスの提供
・健康状態に合わせた休息を目的としたサービス
・その他（仕事・子育て・家事等の両立のための実施）地域
・参加・余暇時間の発生の理由による確保
・介護サービスの軽減
・家事負担の充実
・レスパイト提供を目的とした家

所得保障・経済的援助の整備
・雇用保険による介護休職・休業時の給付（こども・介護休暇中の所得保障としての短時間勤務制度）
・介護保険：家族に対する現金支給の手当金支給
・公的な財源による生活扶助
・介護休業中の社会保険料免除の補助
・低所得者へのサービス利用料の補助

就労・労働保障と介護休業制度の両立支援の充実
・家族介護のための働き方を支援する制度
・介護休業制度：従業員中の介護休業期間の延長を可能とする「介護サービスの充実」をもって明確に位置付ける。

基礎となる介護保障の制度・サービス

①家族介護を前提としない仕組み（要介護認定の見直し、介護サービスの利用上限枠の拡大、家族介護者がまとまった時間を確保できる介護サービス：デイ、ショート、滞在型ホームヘルプサービス等の充実、家事サービスの充実、就労時間に余裕をもって合わせた介護サービス利用等）
②医療ニーズに対応する看・介護、医療サービスの充実（介護保険制度の医療系サービス利用枠の上乗せ、看護・介護職の上乗せと配置の見直し）
③低所得者への配慮の充実（介護サービス利用料の減免）

家族介護とサービス利用の柔軟な組み合わせ・行き来

出典：筆者作成。

終　章　家族介護者の「生活保障」への転換

な、性別役割分業意識や福祉に対するマイナスイメージなど、様々な理由で家族介護を行う者が現実的には存在すると考えられる。それに備えた制度・政策を整備することは妥当な判断であり、現在のように家族介護（者）に法律上の位置づけを与えず潜在化させ、支援が整備されないという事態は避けなければならない。個々人が「自由意思」によってライフ・スタイルを選択できるようにするのが現在めざされている社会であるならば、家族介護によらず、社会的なサービスを利用するという選択とともに、家族が介護を行うという選択も無理なく行えるよう、家族介護者をいかに支援するか検討する必要がある。

2　家族介護者の「生活保障」への転換

　高齢者介護の社会的責任を大前提としたうえで、家族介護者の支援として整備する制度・政策の視点は、「介護保障」から「生活保障」へと転換させる必要がある。この点は、家族介護者の抱える重層的な生活問題、生活運営の脆弱性ついて論じた第1章、第2章を中心に、本書のなかで、一貫してその必要性を指摘してきた。これまで、高齢者の介護ニーズの充足を目的とした「介護保障」の一環として、家族を介護の担い手として位置づけ、家族介護を前提としてあらゆる制度・政策が設計されてきた。そのため家族介護者に対する支援の制度・政策は、部分的な介護の代替、両立支援を行い、家族が介護を継続できるようにする「家族介護の継続」支援が中心となった。しかし、介護を行うことになった家族は、自分とその他の家族の生命、生活、人生に、現在のみならず将来わたって、ダメージを被ることになる。家族介護（者）問題とは、高齢者の介護の問題ではなく、家族介護者の生存権にかかわる問題である。したがって、彼らが健康で文化的な人間らしい生活を送ることができるよう、その生命、生活、人生を守ることを目的とした「生活保障」のための制度・政策を整えることは社会、国の義務である。

　そして、家族介護者の「生活保障」を目的として支援の制度・政策を検討する際、最も重要となるのが「雇用・就労保障」の視点からの制度、

Ⅲ　提　　言

サービスの整備である。雇用・就労の保障は収入の獲得につながり、それは労働者である家族が生きていくためには欠かせない基礎的条件である。この収入や就労の不安定さが重層的な生活問題、脆弱な生活運営といった家族介護（者）問題の深刻化につながっていること、そして介護保険制度、介護休業制度等ワーク・ライフ・バランス政策の仕組みでは、この点がきわめて弱いことを何度も指摘してきた（第1章、2章、第4章）。しかしながら、家族介護者の「雇用・就労保障」の視点は、介護保険制度では皆無であり、介護休業制度でも非常に弱く、不十分である。家族介護者の雇用・就労を保障することは優先的に取り組むべき最重要課題であると言える。

　また、それと対になって必要不可欠なのが「所得保障」の視点での制度整備である（第1章、4章参照）。「雇用・就労保障」として介護に合わせた柔軟な働き方や一定期間の休業を可能とする制度を整備したとしても、そこで生じる収入減に対する所得保障の制度、経済的な援助がなければ、生活は困難となり、「雇用・就労保障」の制度、サービスも経済的余裕のある者にしか恩恵のないものとなるであろう。あらゆる雇用形態、階層の家族介護者にとって「所得保障」となる制度の検討が不可欠である。

　そして「健康保障」の視点での制度、サービスの整備が必要である。本論文では第2章において脆弱な生活運営によって健康問題が生じる可能性を指摘したが、介護サービスや就労支援が充実しても、無理をした生活運営が行われる可能性はある。また、それ以外にも何らかの理由で介護によって精神的または身体的に健康を崩す可能性は十分に考えられる。健康を失うということは、介護、就労、友人・近隣付き合い等を阻害し、適切で十分な介護の実施困難、就労困難と経済的困窮、家族介護者と高齢者の生命、生活の低下に直結する事柄である。そして一度失われた健康は、必ずしも回復するとは限らず、将来にわたってその状態が続く可能性もある。

　以上のような家族介護者に対する就労保障、所得保障、健康保障の視点はこれまでの日本の関連諸施策ではきわめて弱く、その制度、サービスの整備はほとんど未着手の状態である。その整備が急がれるところであるが、ただし、（第2章、第4章で示したように）その際には階層による不利に

終　章　家族介護者の「生活保障」への転換

配慮すること、すなわち、就労、収入、健康の問題が最も生じやすく、しかし経済的負担が課される、または企業ベースで展開される制度では受けられる恩恵が少ない、不安定な就労、収入の階層に配慮した仕組みとする必要があることを付け加えたい。

　最後に、「生活保障」の視点として、これは「最低限の生活」ではなく、「余裕ある良質な生活の保障」であるという点がある。余裕のない無理をした脆弱な生活運営が重層的な生活問題を生むことも指摘してきた。脆弱な生活運営、重層的な生活問題の解消もまた、「生活保障」のなかに当然ながら含まれる。

　以上をふまえ、いかなる制度、サービスの改善、整備が必要か、各章での提言を再整理し、具体的に示していきたい。

3　家族介護者の「生活保障」を目的とした介護保険制度の仕組み・内容の改善

　介護保険制度は、高齢者の介護保障のための制度であると同時に、家族介護者の生活保障のための制度として仕組み、内容を改革する必要がある。

　第1に、上述したような家族介護を前提としない介護保険制度の改革として、家族介護なしで、介護保険サービスの利用のみで高齢者が生活できるような仕組みとする、すなわち要介護認定による上限枠を根本的に見直し、利用できる介護サービス利用の種類、量を検討し直す必要がある。これを行うことができれば、理論上は、介護の必要が発生してもその家族の生活にはほとんど影響が及ぶことなく、家族介護者の雇用・就労、所得は保障され、無理をした脆弱な生活運営で家族介護者が健康を害する、高齢者の介護の質が低下するということもなく、高齢者の介護保障のレベルが向上するとともに、家族介護者の生活保障も実現できることになろう。

　しかしながら、現実的にはそれでも様々な理由から家族介護を行うことを選択する（または選択せざるを得ない）高齢者、家族が存在すると考えられる。そこで第2に、高齢者の介護を担うことになった家族介護者の生活保障、とくに就労保障、健康保障、余裕ある安定した生活運営を目的とした仕組み、内容の制度とする必要がある。具体的には以下のようなこと

232

Ⅲ 提　言

が必要であろう。

(1)　家族介護者の状況に合わせた介護サービス利用を可能とする仕組み

　家族介護者の心身の健康状態、就労の状況、家事や子育て、余暇・自由時間、地域参加の状況（労働の過密化の状況）に合わせて、介護サービスを利用できるようにすることが重要である。これによって、働き方に合わせた介護サービスの利用が可能となり、時間的余裕のある安定した生活運営を行うことができ、健康問題の発生も防ぐことができると考えられる。なお、このような家族介護者の状況に合わせた介護サービス利用には、先に示した家族介護を前提としない（十分な介護サービスを利用できる）介護保険制度の仕組みがあることが絶対条件である[2]。

　すでに似たような試みとして、家族介護者の健康状態に合わせ、彼らが休息をとるための介護サービス、いわゆるレスパイト・サービスがイギリスでは家族介護者へのサポートとして重要視され、その整備が進められてきたが（Department of Health 1999・2008）、日本でもその必要性が指摘されている（三富 2008・2013 等）。しかし、このような「休息」のための介護サービス利用だけでは不十分と言える。これは家族介護者の健康問題の軽減、解消、余裕ある生活運営の実現に一時的には貢献するであろうが、また「生活保障」の重要な柱である「雇用・就労保障」を目的とした、いわば働けるようにするための介護サービス利用の仕組みにはなっていない[3]。就労状況に合わせた介護サービス利用を制度上で明確に規定することは、家族介護者の生活保障には必須条件である。また、湯原（2010、2013）はイギリスで進められる家族介護者に対するアセスメント（Carers Act 2014、Department of Health 2008・2012 等）に着目し、その手法に関する先行研究（Arskey 2002、Guberman 2003, Nicholas 2003, Sedddon 2001 等）をふまえ、日本における介護者アセスメントの開発を行い、それによるケアプランの作成を提唱している。この介護者アセスメントの発想は、家族介護者の状況に合わせて介護サービスを利用できるようにするという点で不可欠である。ただし、これは仕事の両立や近隣の人間関係に関する負担の有無、仕事や子育て等の実施の有無を尋ねる項目が

終　章　家族介護者の「生活保障」への転換

入っているものの、多くは介護の負担や家族介護者の健康状態を尋ねる内容であり、現行の介護保険制度の枠内で、ケアプランに反映させるものである。就労保障、健康保障、余裕ある安定した生活運営の実現を含めた家族介護者の「生活保障」を目的とした場合、家族介護者が抱える多様な生活問題を明らかにしながら、介護保険以外の支援も活用できるようなシートの開発がさらに必要であろう。

(2)　介護サービスの内容の改善

　介護保険制度で提供される介護サービスの内容の改善も不可欠であり、まず就業時間に合わせたデイ・サービスの営業時間の設定を進める必要がある。細かいことではあるが、これは家族介護者の健康問題をともなう無理をした脆弱な生活運営を防止し、就労の継続を可能とする、健康保障、雇用・就労保障において欠かせない要素となる。

　次に、医療ニーズに対する介護保険サービスの脆弱性を改善することも絶対条件である。医療ニーズに十分に対応できないということは、多くの疾病を抱え、体調の変化が生じやすい高齢者の「介護保障」として重大な欠陥を介護保険制度は有していると言え、この欠陥を残したのでは、結局は家族介護・看護を前提とした仕組みを維持することとなり、家族介護者の負担の増大、脆弱な生活運営につながる。医療ニーズに対する脆弱性の改善がなければ、介護保険制度は「介護保障」としても「生活保障」としても不十分なものとなると言えよう。そこで、介護保険制度下での医療系サービスの利用枠の充実（たとえば、医療、看護を要する高齢者の場合、通常の介護保険サービスの利用上限に上乗せし、医療系サービスを利用しやくするなども検討に値しよう）や施設、デイ・サービス等における医療職の配置を手厚くするという方法がまずは考えられる。しかし、そもそも「看護」と「介護」を分離した矛盾がこの状況を生み出したことをふまえると、髙木（1998、2012）が指摘するように、看護と介護は同一労働であるという認識を持ち、分断された看護・介護職養成を見直すことが必要であろう。そしてケア（看護・介護）職によって医療ニーズに対応できる各種介護保険サービスが提供される体制が有効であると考える[4]。

Ⅲ 提 言

　また、家事サービスの充実も課題として挙げられる。家族介護者の負担を減らし、就労を支援するためにはILO156号条約、165号勧告でも示されていたように、家事負担を軽減する取り組みが重要である。しかし、介護保険制度では同居家族がいる場合の家事サービスの提供は控えられ、介護の必要が発生することによって増加する、家事負担を軽減する必要性がほとんど認識されていない。しかしながら、第2章のインタビュー調査でも、「家事」は介護によって増加するが、手を抜くことができない生活行為であるため、それが生活の細分化、労働の過密化の一因となり、無理をした脆弱な生活運営のもととなっていた。そして家族介護者は家庭外での就労、家庭内での介護労働、家事労働に連続して従事する長時間過重労働の状態であることも指摘した。この現状をふまえると、家族介護者の家事負担軽減のためのサービスの重要性は明らかであり、同居の家族の有無に関係なく、家事サービスが十分に提供されることは、家族介護者の就労を可能とし、また介護を要する高齢者とその家族の生活を大きく改善することにつながるであろう。また、先にも述べたが、ケアプラン作成時の配慮として、余裕をもって家事を行えるよう、家族介護者の家事の状況に応じた介護保険サービスの利用（デイサービスの利用時間の調整等）も家族介護者の家事にかかわる負担を軽減し、就労を助ける一つの方法であろう[5]。

　以上のような医療ニーズへの対応、家事サービスの充実といった介護保険制度の内容の改善は、家族介護者の負担軽減、重層的な生活問題や脆弱な生活運営の解消に貢献し、家族介護者の余裕ある生活、健康保障、間接的には雇用・就労保障にもつながるものである。

4　介護休業制度における「柔軟な就労への支援」の充実とワーク・ライフ・バランス政策における「介護サービス整備」の明示

　まず、介護休業制度において、家族介護を前提とするのではなく、介護は社会の責任で行うこと、または男女共同参画社会基本法と同様に、「社会の支援」が必要であることを明記する必要がある。

　そのうえで、介護を担うことになった労働者の「就労保障」を目的とした制度として、全介護期間における「柔軟な就労に対する支援」をすべて

235

終　章　家族介護者の「生活保障」への転換

の職場で整備することが必須条件である。とくに、育児休業制度と同様、所定労働時間の短縮措置等を義務化することは最低条件であろう。この柔軟な就労に対する支援が十分に整備されていないことが、介護保険制度との整合性を欠き、家族介護者が個々の責任で介護も就労（収入の獲得）も行わなければならない制度の穴を生んでいた。そして家族介護者に脆弱な生活運営を強い、十分に就労することが困難となり（たとえ正規雇用への機会があったとしても放棄し）、非正規雇用にとどまらざるを得ず、仕事を調整弁化して生活運営を行うことになり、家族介護者の就労、収入の不安定化を引き起こしていた。介護保険制度の介護サービスと柔軟な就労への支援を、就労保障を目的とした内容にして十分に整備し、整合性を有するかたちで組み合わせて利用できるようにすることは、家族介護者の就労保障の要である。

　また、法定の介護休業期間の延長も検討するに値しよう。3ヶ月未満で介護が終了するケースは少なく、老人ホームの入所待ちも多く、また介護がいつまで続くか、大変な時期がいつなのか推測できないなかで3ヶ月間の休業では対応が難しい。3ヶ月間という介護休業の普及率も高い現在、休業期間を再検討する時期にきていると言えよう。

　次に、ワーク・ライフ・バランス政策においては、介護保険制度と同様、家族介護を前提としないことが基礎となる。そして、ワーク・ライフ・バランス、男女共同参画社会の実現に向けた計画、憲章、行動指針等には「介護サービスの充実」を明確に（具体的に）掲げる必要がある。ワーク・ライフ・バランス、男女共同参画社会とは、「自由意思に基づいて、多様な働き方、生き方を選択し、良質な生活を送る」ためのものであることは、これまでの男女共同参画社会基本法等ワーク・ライフ・バランスに関連する政策で明記されてきた。これは家族介護者が自らの生命、生活、人生を犠牲にすることなく、「自由意思」にしたがって仕事、介護、家事、子育て、その他の活動について行うか否か、そのバランスはどの程度にするかを選択でき、家族介護者の豊かな生活を実現することをめざすものであると言える。これは家族介護者の生活保障に通ずるものである。それをふまえると、介護役割を減らし、余裕をもって仕事や地域への参加、子育て等

Ⅲ　提　言

その他の活動を行うことができるようにすることは、一つの選択肢として
当然ながら用意されるべきである。

5　所得保障・経済的援助の整備

　家族介護者の所得保障は就労保障と並び、早急に対処すべき課題である。
経済的な安定は、適切かつ十分な介護サービスの利用、就労保障、余裕あ
る安定した生活運営、健康保障へとつながるものであり、家族介護（者）
問題の根源的な事柄であると言える。

　なかでも最重要課題として挙げられることは、介護期間中の所得保障、
経済的援助の整備である。介護を行うすべての期間において、（介護を理
由とした休業、就労日数・時間の調整によって生じた）機会費用を保障す
るための、また健康で文化的な人間らしい生命、生活を維持、再生産する
ための、所得保障・経済的援助の仕組みが不可欠である。どの程度のレベ
ルまで保障するかという議論を行う必要はあるが、とりあえず所得保障、
経済的援助を行う制度の枠組みとしては、雇用保険制度、介護保険制度、
公的な財源による生活扶助の制度が考えられよう。

　まずは基本的なものとして、介護保険制度の代わりに家族が介護を担っ
ていることをふまえ、介護保険制度による家族介護への現金支給を再検討
する必要がある[6]。これによって、介護休業制度の柔軟な就労への支援を
利用し、就業日数、時間数を減らしたことによる収入減をある程度補う
ことが可能になる。また、雇用保険制度と異なり、介護保険制度は原則的に
はいかなる企業規模、職種、雇用形態であってもこの現金支給を受けるこ
とができ、階層差が生じにくいことが大きな利点であると言えよう。

　以上の介護保険制度による現金支給に加え、雇用保険制度の対象者の場
合は、介護休業制度を利用して仕事を休む際、職場に届け出ている制度利
用の全期間中、雇用保険から給付を受けられるようにする。

　一方、雇用保険制度の対象とならない者、様々な事情から介護休業制度
を利用せずに休職した者の場合、その経済状態に合わせて、家族介護に
よって収入減が生じる期間中、公的な財源による生活扶助を受給できる制

終　章　家族介護者の「生活保障」への転換

度を検討する必要がある。これは家族介護者の職種、職場（企業）の状況、雇用条件によって、彼らが得られる恩恵は左右されるという、介護休業制度や雇用保険制度の階層差の問題に対処するものであり、家族介護（者）問題の階層性を解消するために必須の制度であると言える。

　なお、介護休業制度では用意されていない社会保険料の免除も、育児休業制度と同様、当然ながら用意されるべきである。以上のような経済的基盤の安定があってはじめて、十分な介護サービスの利用、自由意思に応じた介護休業制度の利用が可能となり、無理な仕事と介護の両立、脆弱な生活運営を防止することにつながると言える。

6　健康保障のためのサービスの整備

　現在の日本では非常に遅れているのが、家族介護者の健康問題に対する制度、サービスの整備である。上述してきたように、家族介護者の生活保障を前提として、介護保険制度、介護休業制度が整備されれば、家族介護者の健康問題はある程度予防できると推測される。しかし、そのような諸制度の整備があっても健康を害するケースが生じる可能性は十分に考えられ、介護保険制度、介護休業制度の整備以外に、家族介護者の身体的、精神的な健康状態をチェックし、健康問題の発生を予防する、そしてカウンセリングサービス、医療サービスを提供する仕組みが必要である。三富（2008）や木下（2007）はイギリス、オーストラリアで家族介護者にカウンセリングサービスや保健・医療のサービスが提供されていることを紹介しているが、これらは日本においても整備される必要がある[7]。また、これらの健康保障にかかわるサービスの利用を目的として（その間、高齢者の介護・世話を行ってもらえるように）介護サービスを利用できる仕組みも不可欠であり、これは先に指摘した家族介護者の状況に合わせた介護サービス利用の仕組みの一部として組み込まれる必要がある。

　なお、日本でもすでにみられる家族介護者の当事者組織の活動は、家族介護者の孤立化を防ぎ、精神的な健康の維持に貢献する、意義ある活動と言えよう。このような活動への金銭的な支援、活動拠点の提供もまた健康

Ⅲ 提 言

保障の一環と位置づけることができ、各地方自治体で取り組まれるべきことである。ただし、これは疾病の治療ではなく、また著しく健康を害し、余裕のない者は当事者組織にアクセスすることすら困難な状態にある。民間組織の活動とともに、専門職による保健・医療、カウンセリングのサービスの整備が必要である。

7　低所得者への配慮

これまで、家族介護者の「生活保障」を目的として、家族介護者の状況に合わせた介護サービスの整備や、健康問題に対応する保健・医療サービス、カウンセリングサービスの提供の必要性を指摘してきた。しかし、サービス利用料の負担は家族介護（者）問題の階層差を生むことをこれまで指摘してきた。すなわち、不安定な就労状況、経済状態の者が、経済的な理由で介護サービスの利用を抑制し、仕事量を減らして無理をしながら家族介護を行い、結果としてより就労が不安定になり、経済状態も悪化するという「就労・生活の不安定化の連鎖」が生じていた。これをふまえると、上述したような介護サービスの充実や医療サービス、カウンセリングサービスの整備が行われても、本来、それらをもっとも必要とするはずの階層の者は利用できない可能性が高いことが指摘できる。低所得者に対するこれらのサービス利用料の負担軽減の仕組みも検討する必要がある。

ただし、家族介護者の「雇用・就労保障」を目的とした各種制度、サービスが十分に整備され、適切に機能すれば、介護の必要が生じても、従前どおりに働き、収入を獲得できる、また非正規雇用から正規雇用への転換も可能となる環境が整えられる、もしくは介護保険制度からの現金支給、雇用保険制度からの給付、公的な財源による生活費の支給があることになる。これによって、各種サービスの利用料を支払うことが可能となる者もいると考えられる。介護による就労、収入へのダメージを解消し、雇用、就労の安定化を促すことは、サービス利用料の支払能力を上げるというプラスのサイクルを生み出すものであり、その重要性が再確認できる。

239

終　章　家族介護者の「生活保障」への転換

8　家族介護支援事業（地域支援事業）の整備

　現在、地域支援事業へと移行した従来型の家族介護支援事業も重要であることを付け加えたい[8]。これまで指摘してきたように、当該事業は「家族介護の継続」を目的とした支援であり、市町村の任意事業である点に限界があり、事業の内容は家族介護者の生活保障の視点からすると十分なものとなっていない。しかしながら、とくに地域支援事業の（ア）家族介護支援事業の一つである家族介護者を対象とした介護教室の開催は、家族介護者が必要な知識、技術を得られる重要な機会である。また（ウ）家族介護継続支援事業の一つとして開催される家族介護者同士の交流会は、孤立しがちな家族介護者が仲間を得て、安らげる居場所を持ち、有益な情報交換をしながらストレス解消ができるものであり、これらの意義はきわめて大きい。今後はこの事業を義務化し、各地に普及させることが重要であろう。

　なお、地域支援事業要綱では、（ウ）家族介護継続支援事業として家族介護者のヘルスチェック、健康相談が挙げられている。これに関しては、前述したように「家族介護の継続」支援ではなく、家族介護者の「健康保障」のための制度として取り組まれる必要がある。そのため、家族介護者のヘルスチェックは必須事業として行い、カウンセリングサービス、医療サービスの利用へとつながる一連の援助サービスのなかで提供されなければならない。

9　家族介護者（介護を要する高齢者を抱える家族）を対象とした
　　専門相談機関の設置と専門的な相談援助サービスの提供

　家族介護者を対象とした中核的な専門相談機関、窓口を設置し、専門家による相談援助（訪問相談サービスも含む）を無料で提供することも絶対条件である。

　これまで示してきたように、介護の必要が生じたことによって家族介護者が抱える問題は多様で重層的であり、子どもや他の家族も巻き込むよう

240

　　　　　　　　　　　　　　　　　　　　　　　　Ⅲ　提　　言

な事柄である。そして、本節でその必要性を指摘してきた各種の介護、医
療、保健サービス、カウンセリングサービス、職場の介護休業制度や所得
保障の制度、さらには家族介護者の当事者組織活動や地域のインフォーマ
ルなサービス、（子育ても同時に行っているケースでは子育てにかかわる
支援サービス）について、日々余裕のない生活を送る家族介護者が情報入
手し、利用することは容易なことではない。このように広範囲にわたる家
族介護者の支援、援助の制度・サービスに精通し、彼らの抱える重層的な
生活問題について相談にのり、その解決をめざして適切な制度、サービス
の利用へと結びつけ、地域の関連する社会資源や（場合によっては家族介
護者の職場）との連携を行う専門職、機関が必要である。

　ここで重要となるのが、この専門相談機関の対象者は、本来、「家族介
護者」ではなく「介護を要する高齢者を抱える家族」とすべきである、と
いう点である。すなわち、現在はあまり介護を必要としない状態である、
また介護保険サービスのみで対応でき、家族は介護を担っていないという
段階から、利用することが可能である、視点を変えれば支援することが可
能である必要がある。これによって、将来への不安に対応し、職場の介護
休業制度利用にも備えることができ、実際に家族介護を開始することに
なった場合、円滑に支援することができる。また、主な家族介護者のみな
らず、副介護者として介護を担う家族、介護の必要が生じたことによって
家事や年下のきょうだいの世話等をすることになった子ども（ヤングケア
ラー）への援助も含め、介護を要する高齢者を抱える家族全体への支援が
可能となる。

　このような家族介護者の相談援助を担う専門職、専門機関として、ケア
マネージャーにその役割を期待することも可能かもしれない。しかしなが
ら、彼らの主たる業務はケアプランの作成であり、その養成過程、資格取
得の条件をみても、このような専門的な家族介護者支援をすべてのケアマ
ネージャーが行えるとは言い難く、また明らかに介護保険制度を超えた業
務が必要となるため、適任ではないであろう。なお、地域包括支援セン
ターを専門相談機関とすることは検討に値するであろう。ただし、介護保
険法を根拠法とする機関であること、また、民間組織が行政からの委託を

241

受けて運営し、配置されている職員は非正規雇用の者も少なくなく、とくに近年では地域の拠点として、相談業務、介護予防に関する業務から虐待対応、権利擁護、多職種協働のネットワークづくり等あまりにも多様な機能を果たすことが地域包括支援センターに期待されている。このような現行の位置づけ、体制では、介護、家事、子育て、就労、所得、健康等に関する包括的な支援を行い、家族介護者の生活保障をめざした専門相談機関（窓口）として十分に機能することは難しいことが予想される。その位置づけ、機能、必置の専門職等を再検討し、改組する必要があろう。

家族介護者（介護を要する高齢者を抱える家族）を対象とした専門相談機関を設けてはじめて、家族介護者（介護を要する高齢者を抱える家族）に対する支援、援助として用意された各種制度、サービスが有効に機能すると言える。そして、家族介護（者）問題を扱う専門相談機関、専門職の存在は、家族介護（者）問題の潜在化を防ぎ、それを可視化することにつながるものである。

10 「介護の脱家族化」機能の強化

最後に、「介護の脱家族化」機能の強化について付け加えたい。現在の介護保険制度、介護休業制度等は家族介護を前提として「家族介護の継続」支援を行うものであり、「介護の脱家族化」機能が弱い点を指摘した。家族介護を前提とした関連諸施策を見直し、家族介護者の状況に合わせた介護サービスを利用できる仕組みを構築しただけで「介護の脱家族化」が進むとは限らない。現金支給を受け、医療サービスやカウンセリングサービスを受けながら対症療法的に健康を維持し、無理をしながら介護を続けてしまうケースも十分に考えられる。すなわち、家族介護者を支援する制度、サービスの充実を行うだけでは、従来どおりの家族介護の継続支援にとどまる危険性があることを認識する必要がある。

そこで、上で挙げた家族介護者を対象とした専門相談機関の専門職による相談援助サービスは、ケースの状況に応じて、家族介護から介護サービスの利用へと移行させることを促すことが肝要であり、「介護の脱家族

化」のための支援を彼らの重要な役割として位置づける必要がある。

Ⅳ　総　括

　家族である高齢者に介護の必要が生じ、その介護を担うことになった家族介護者は、生活の様々な領域に困難、支障が生じ、重層的な生活問題を抱えることになる。それはとくに不安定な就労、収入の階層の家族介護者に集中して、また深刻化して現れてくる。そしてその背景には、家族介護を前提としながらもそれを高齢者、家族個人の「選択の結果」として潜在化させる介護保険制度、医療費抑制を図るため、高齢者、慢性期患者の医療を介護と称し、その在宅化、地域化、介護化を進めた医療制度、同様に家族介護を前提として介護の担い手確保を目的とし、かつ中途半端な「両立」支援にとどまる介護休業制度等ワーク・ライフ・バランス政策がある。さらに、「介護保障」の一環として「家族介護の継続」支援のみが提供される家族介護者支援、介護保険制度と介護休業制度が内包する階層性の問題がそこに加わる。結局、家族介護者を支援、援助するはずのあらゆる制度・政策は連動しながら展開し、「介護の社会化」を掲げながらも「介護の脱家族化」とは逆方向へ、すなわち家族に介護役割を課す方向へと作用し、それにもかかわらず家族介護（者）を潜在化させ、放置しやすい仕組みがつくられていった。

　このように、家族介護（者）問題とは制度・政策の不備を背景とし、雇用、就労の問題と深く関連しながら、社会構造的に創出される問題であり、個人的な意識や選択の問題に帰してはならないものである。家族介護者の重層的な生活問題を介護問題としてのみとらえ、その背景にある雇用、就労の問題、政策上の問題点を無視しながら、家族介護が行われることを前提とした「介護保障」の仕組みとその一環として「家族介護の継続」支援をかろうじて用意するのみでは、家族介護者の抱える問題を部分的かつ表面的に解消、軽減するにとどまり、家族介護（者）問題の根本的解決にはとうていいたらない。真に家族介護（者）問題の解決をめざすのであれば、

終　章　家族介護者の「生活保障」への転換

高齢者介護に対する社会的責任を明示し、家族介護を前提としない「介護保障」の仕組みを基礎として、家族介護者の生命、生活、人生を包括的に守ることを目的とする「生活保障」としての家族介護者に対する支援、援助の制度・政策を体系的に構築する必要がある。

　これまで家族介護は、高齢者の介護費、医療費を抑制する切り札として（制度上ではその存在が消されながらも）、利用されてきた。しかしながら、そこで提供される介護・看護の質、家族介護者に生じる健康問題にかかる将来的な医療費、介護による逸失利益、機会費用の保障等を考えると、決して安上がりとは言えないものであることがわかる。本論文では、高齢者介護に対する社会的責任を前提とした「介護保障」の仕組みを構築したとしても、家族介護が存在する限り、家族介護者に対する「生活保障」のための支援の制度・政策は不可欠であるとの立場から、かなり大がかりな提案も行った。しかしながら、社会の代わりに家族が介護を担っていることをかんがみると、このような保障は当然のことであり、またこれらの条件が整うことがなければ、家族介護者が自らの生命、生活、人生を犠牲にするケースが後を絶たないであろう。

　家族介護ではなく、社会的責任を前提とした「介護保障」の制度・政策、そして「生活保障」を目的とした家族介護者への支援の制度・政策を整備することは、二者択一の関係ではない。両者ともに、高齢者介護に対する社会的責任の具体的な形であり、どちらも用意される必要がある。これらによってはじめて、高齢者介護が家族の生命、生活、人生を崩壊させるような悲惨な事態を防ぎ、高齢者とその家族の well-being を実現することが可能となるであろう。

〔注〕

1)　たとえば、ケアマネージャーによる家族介護者に対する支援に関する研究を行った畑（2012）の調査では、「家族の統合に向けた家族調整」、「家族介護者と要介護高齢者に向けた情報提供」、「家族介護者を考慮したサービス提供」、「家族介護者への心理的な支援」、「家族介護者への教育的な支援」に関する全25項目を挙げ、回答を求めているが、それらはすべて「介護」にかかわるトラブルへの対応、情報提供、心理的なサポート、アドバイス等となっている。また、浅川（2012）が行った家族介護者によるケアマネージャーに対する評価に関する調査研究においても、評

価項目はほぼすべてが「介護」にかかわる支援状況についてであった（介護について いつも相談にのってくれる、サービスや制度についてわかりやすく説明してくれ る、こちらが連絡しなくても、ときどき様子をうかがう訪問や電話をしてくれる、 サービスを選ぶときに……〈中略〉……的確に判断を下してくれる、利用者の立場 になって一緒に考えてくれる、サービス内容についての不平・不満を聞いてくれる、 サービスの内容の変更には、あまり応じてくれない）。家族介護者は時間に縛られ ているホームヘルパーや訪問看護師以上に、ケアプラン作成のため定期的に訪問し てくれるケアマネージャーと話をすることが多いと考えられるが、彼らによる家族 介護者支援は「介護」にかかわるものであるという認識があることが、これらの調 査研究からもうかがえる。

2) 家族介護を前提とした制度である以上、その枠内で家族状況に合わせたケアプラ ンを組もうとすれば、どこかにひずみが生じる可能性が指摘できる。利用可能な上 限枠にまだ余裕があるケースでは、利用する介護サービス量の増加で良いが、そう ではない場合は、上限を超えて全額自己負担で介護サービスを利用になるケースが 考えられる。もしくは、高齢者のニーズよりも家族介護者の健康状態を優先するた め、適切かつ十分な介護サービスが提供されない時間帯が出てくる可能性がある （例：昼間、働いている家族介護者の睡眠を確保するため、夜間の介護サービス利 用に集中させると、昼間の介護サービス利用は減らさなければならなくなる等）。 このような家族介護を前提とした制度枠組みのなかでは、家族介護者の状況に合わ せた介護サービス提供は難しくなることが十分に考えられ、その場合、高齢者の生 命、生活と家族介護者の生命、生活のどちらを優先させるか、という問題が生じて しまうであろう。当然ながら、両者の生命、生活を守る仕組みの構築が不可欠であ る。

3) イギリスでは、家族介護者の休息を確保するレスパイト・サービスを重要視して きたが、問題点を指摘する研究もある。たとえば、Pickard（2015）は、デイ・ケア、 ホーム・ケア、食事サービス等のサービス利用自体は（家族）介護者の就労を支援 する効果がみられるが、「レスパイト・サービス（本文中では replacementcare）」 は、単に家族介護者によるケアの不足分を補完しているのであり、家族介護者が 「休息」をとれるよう「代替」しているという証拠はなく、しかもこれらのサービ スが公的な財源によらず、市場にもとづき供給される以上、その効果は疑わしいこ とを指摘している。

4) なお、介護保険制度の医療ニーズに対する脆弱性に関連して、昨今、「地域包括 ケアシステム」の構築を国は提唱している。これは一般の医療から切り離した高齢 者、慢性期患者の医療が、実際には「介護」で対応できるものではなく、「医療」 の必要度が高いものであることを象徴しており、医療ニーズを抱える地域、在宅の 高齢者、慢性期患者の問題に、地域の医療、介護サービスの連携で対応しようとす るものであると言える。しかし、これまで指摘してきたように、医療ニーズを抱え る在宅の高齢者、慢性期患者に対して、適切な医療・看護を提供しうる介護保険制 度の改善がなければ、根本的な解決にいたることはできないであろう。

5) 子どもの生命、生活を守る視点からも家事サービスの充実が不可欠であることを 加えたい。日本ケアラー連盟ヤングケアラープロジェクト（2015）が行った調査で は、介護を要する高齢者が家族におり、（親が仕事、介護等を行うなかで十分な家 事が行えず）小・中学生である子どもが家事をしているケースがあり、またこのよ うな子ども（ヤングケアラー）たちのなかには遅刻・欠席といった学校生活への影 響、栄養面や衛生面での問題等が生じていることが報告されている。現在、介護保 険制度では、家事サービスの対象者は高齢者本人に限定されている。本文で述べた

終　章　家族介護者の「生活保障」への転換

ような介護にともなう家事負担の軽減だけであれば、この原則のもとでも、家事サービスの提供を改善、充実することでカバーできるかもしれない。しかし、介護の必要が生じ、家族介護者の生活運営が困難になるなか、玉突きのように子どもへと過度の負担がかかることがある。そのような場合は、子どもの生命、生活を守る視点からも、家事サービスの対象を子どもにも拡大することを検討すべきであろう。

6)　ただし、その際、家族介護者の収入に応じた支給として所得制限を設けるのではなく、家族介護者が行った介護に応じて支給する制度とすることが望ましいであろう。あくまでも、保険料を支払う者（これを家族介護者とするか、介護を要する高齢者とするか、という点は議論が必要だが）の権利として、介護保険の財源から、家族介護者が実施した介護の量、内容に応じて支払われるべきである。すでに介護者手当（Care's Allowance）を支給してきたイギリスにおいて、「介護者手当（Care's Allowance）」の厳しい所得に関する条件が、就労へのモチベーションを下げ、離職を促す側面がある（Singleton2015：559）、労働市場への参加に対する深刻な壁となっている（Arskey 2008）、と指摘する研究もある。このような仕組みは、家族介護者の就労を阻害し、経済的困難を招くものであり、彼らの就労保障、所得保障にはなり得ない。

7)　序章でも述べたが、三富（2008）は主にイギリスの介護者支援の動向から①所得保障、②介護者を直接的な対象とするサービス（介護者の休息や休暇の機会の保障、情報提供、相談やカウンセリングの機会の提供、介護技術の講習等）、③仕事をもつ介護者の多様な就業機会の提供（介護休暇制度等）に大別し、介護支援の政策提言の項目として、介護休業の制度化、介護者の休息と休暇、介護技術講習の実施、カウンセリング、相談と助言、家族会と相互支援、介護者アセスメント、保健師・看護師等の研修を挙げている。さらに、木下（2007）はオーストラリアの介護者支援について、レスパイト・サービス、金銭的支援、介護者資源センターによる支援（電話相談、情報提供、カウンセリング、介護者のネットワーク化等）、ケアリンクセンターによる支援（保健専門職、一般開業医や利用可能なサービスに関する情報提供）があることを紹介している。

8)　現在、地域支援事業に含まれる家族介護支援事業（市町村の任意事業）には、「地域支援事業実施要綱」のなかで以下の3つが挙げられている。

　（ア）家族介護支援事業要介護被保険者の状態の維持・改善を目的とした、適切な介護知識・技術の習得や、外部サービスの適切な利用方法の習得等を内容とした教室を開催する。（イ）認知症高齢者見守り事業地域における認知症高齢者の見守り体制の構築を目的とした、認知症に関する広報・啓発活動、徘徊高齢者を早期発見できる仕組みの構築・運用、認知症高齢者に関する知識のあるボランティア等による見守りのための訪問などを行う。（ウ）家族介護継続支援事業家族の身体的・精神的・経済的負担の軽減を目的とした、要介護被保険者を現に介護する者に対するヘルスチェックや健康相談の実施による疾病予防、病気の早期見や、介護用品の支給、介護の慰労のための金品の贈呈、介護から一時的に解放するための介護者相互の交流会を開催する。

あとがき

「家族が介護をすることは、そんなにいけないことなのか？」。

この疑問が本論文を書く出発点であった。あたかも家族が介護を担うことを一方的に奨励しているかのように聞こえるかもしれないが、この疑問の意図はそこにはない。家族介護者は自分の健康を崩し、生活を犠牲にしながら介護に携わっているにもかかわらず、そのうえ職場、友人、近隣の人等周りの人びとに謝り続けなければならないことが多い。「彼らはそれほど悪いことをしているのか？　そんなはずはない。」という思いである。なぜ、ケアを要する高齢者を抱える家族がこれだけのペナルティを負わなければならないのか。それは理不尽の一言に尽きる。そもそも介護保険は介護の社会化をめざしたといわれている。しかし、いっこうに家族介護者が楽になっている様子がみられない。それはいったいなぜなのか。見過ごすことのできない疑問が膨らんでいった。

家族の誰かがケアを要する状態になる（ある）ことは、私たちの人生のなかでごく自然に、複数回生じうる事柄である。私たちは誰一人として、ケアなしに生まれ、育ち、成長していくことは不可能であり、またケアなしに死んでいくこともできない。ケアをされたり、ケアをしたり、それが繰り返し編み込まれるようにして人生は成り立っている。私たちの生命、生活、人生とケアは一体のものである。それにもかかわらず、ケアの必要が生じるたびに、家族が健康、生活、人生を大きく損なう事態に陥るようでは、私たちは安心して生きていくことができない。家族介護者問題の解決には、介護ストレスへの対処方法や負担感軽減の支援方法を考えるといったアプローチに加え、問題の根本に切り込むような議論が必要であると考えた。すなわち、家族介護者が抱える問題は、そもそも人びとの生活を保障する基礎的な社会の仕組みに不備があるために生じるものであり、そこを明らかにするような政策的アプローチが不可欠であると確信し、本論文でそれを試みるに至った。

あとがき

　残念ながら、著者の能力不足のため、十分な議論が尽くせなかった点が多々あることは重々承知している。とくに、構造的分析をめざしながらも、そこまでの広い視点と深い分析が不十分であること、家族介護者のケース数も十分とは言えない点は、今後の研究のなかで補っていきたい。このような不備があることは承知したうえで、本論文が家族介護者問題に関する政策的な議論をさらに展開させる一助になることを願っている。なお、現在、「ケアを担う子ども、若者」、いわゆる「ヤング（アダルト）ケアラー」に関する調査研究に着手している。大人の介護者と子ども、若者の介護者とでは、表出する具体的問題は異なるかもれないが、その根は同じところにあることを痛感している。家族介護者を追い込む政策上の不備は、子ども、若者の生命、生活、人生を切り崩す事態にまで及んでいる。本論文で指摘した事柄は、ケアする者の年齢やケアの対象の違いを超えて、共通した「ケアラー」の問題を議論する際にも有効であると考えている。

　論文を執筆し、本著を出版するまでの過程のなかで、じつに多くの方にお力添えをいただいた。名もなき研究者である私に、覚悟をもってインタビューに答えてくださった家族介護者の方がた、それをアレンジして下さった介護保険課、居宅介護支援事業所のケアマネージャーの方がたに、まずは心より感謝申し上げたい。そして論文を指導してくださった横山壽一先生、高橋涼子先生、共同研究で本研究に至る発想と基礎をたたき込んで下さった髙木和美先生に感謝申し上げたい。また、折にふれて励ましてくれた友人たち、そしてすべてにおいて支えてくれた家族に深い感謝の意を表したい。

　2018 年 8 月

濱島淑惠

参 考 資 料

資料4-①
第3次男女共同参画基本計画（抜粋）

（第5分野）男女の仕事と生活の調和

1 仕事と生活の調和の実現

ア 仕事と生活の調和に関する意識啓発の推進

イ 育児や家族の介護を行う労働者が働き続けやすい環境の整備（働かき方の見直し・父親の子育てへの参画や子育て期間中の働き方の見直し・企業における仕事と子育て・介護の両立支援の取組の促進、評価・自営業、農林水産業に携わる人々など多様な働き方における仕事と生活の調和の普及）

ウ 仕事と子育てや介護の両立のための制度等の普及、定着促進（多様な働き方の普及のための検討・育児休業その他仕事と子育ての両立のための制度の一層の定着促進・介護休業その他仕事と介護の両立のための制度の定着促進等）

エ 仕事と生活の調和等に関する統計の整備

2 多様なライフスタイルに対応した子育てや介護の支援

ア 全ての子育て家庭に向けた子育て支援策の充実（新たな子ども・子育て支援の検討・経済的な子育て支援の充実・保育サービスの整備等・放課後子どもプランの推進・地域における子育て支援の拠点等の整備・地域住民等の力を活用した子育て環境の整備、交流の促進、子育てのための生活環境の整備）

イ 多様なライフスタイルに対応した介護支援策の充実（第8分野の施策の推進等）

3 働く男女の健康管理対策の推進

ア メンタルヘルスの確保

イ 女性労働者の母性保護及び母性健康管理

ウ 妊娠・出産する女性の就業機会確保

（第8分野） 高齢者、障害者、外国人等が安心して暮らせる環境の整備（抜粋）

1 高齢者が安心して暮らせる環境の整備

参考資料

　ア　高齢男女の就業促進、能力開発、社会参画促進のための支援
　イ　高齢男女の生活自立支援（高齢者の日常生活支援施策の推進・高齢者虐
　　待の防止と早期対応に向けた対策の推進・成年後見制度や消費者被害防止
　　施策の普及啓発と利用しやすい体制の整備等、バリアフリー・ユニバーサ
　　ルデザイン等の推進、高齢者向け住宅等の整備、高齢者の生活における
　　ICT の利活用の推進）
　ウ　良質な医療・介護基盤の構築等（生活習慣病・介護予防対策の推進、介
　　護基盤の構築と安定的医療提供体制の整備・介護サービスの質の確保等、
　　高齢者介護マンパワーの養成・確保対策の推進）
　エ　世代間で公平かつ多様なライフスタイルに中立的な税制・社会保障制度
　　の構築等
　オ　高齢者の貧困等生活上の困難への対応

資料4-②
ILO156 号条約（抜粋）

第1条　1　この条約は、被扶養者である子に対し責任を有する男女労働者で
　　あって、当該責任により経済活動への準備、参入若しくは参加の可能性又は
　　経済活動における向上の可能性が制約されるものについて、適用する。
　2　この条約は、介護又は援助が明らかに必要な他の近親の家族に対し責任を
　　有する男女労働者であって、当該責任により経済活動への準備、参入若しく
　　は参加の可能性又は経済活動における向上の可能性が制約されるものについ
　　ても、適用する。
　3　この条約の適用上、「被扶養者である子」及び「介護又は援助が明らかに必
　　要な他の近親の家族」とは、各国において第9条に規定する方法のいずれか
　　において定められる者をいう。
　4　1及び2に規定する労働者は、以下「家族的責任を有する労働者」という。
第2条　この条約は、経済活動のすべての部門について及びすべての種類の労
　　働者について適用する。
第3条　1　男女労働者の機会及び待遇の実効的な均等を実現するため、各加盟
　　国は家族的責任を有する者であって職業に従事しているもの又は職業に従事
　　することを希望するものが、差別を受けることなく、また、できる限り職業

250

上の責任と家族的責任との間に抵触が生ずることなく職業に従事する権利を行使することができるようにすることを国の政策の目的とする。

2　1の規定の適用上、「差別」とは、1958年の差別（雇用及び職業）条約の第1条及び第5条に規定する雇用及び職業における差別をいう。

第4条　男女労働者の機会及び待遇の実効的な均等を実現するため、次のことを目的として国内事情及び国内の可能性と両立するすべての措置をとる。

(a)家族的責任を有する労働者が職業を自由に選択する権利を行使することができるようにすること。

(b)雇用条件及び社会保障において、家族的責任を有する労働者のニーズを反映すること。

第5条　更に、次のことを目的として、国内事情及び国内の可能性と両立するすべての措置をとる。

(a)地域社会の計画において、家族的責任を有する労働者のニーズを反映すること。

(b)保育及び家族に関するサービス及び施設等の地域社会サービス（公的なものであるか私的なものであるかを問わない）を発展させ又は促進すること。

第7条　家族的責任を有する労働者が労働力の一員となり、労働力の一員としてとどまり及び家族的責任によって就業しない期間の後に再び労働力の一員となることができるようにするため、国内事情及び国内の可能性と両立するすべての措置（職業指導及び職業訓練の分野における措置等）をとる。

第8条　家族的責任それ自体は、雇用の終了の妥当な理由とはならない。

出典：ILO駐日事務所「1981年の家族的責任を有する労働者条約（第156号）」
　　　（http://www.ilo.org/public/japanese/region/asro/tokyo/standards/c156.htm）

資料4-③

ILO165号勧告（抜粋）

Ⅱ　国の政策

6　男女労働者の機会及び待遇の実効的な均等を実現するため、各加盟国は、家族的責任を有する者であって就業しているもの又は就業を希望するものが差別待遇を受けることなく、また、できる限り就業に係る責任と家族的責任

参考資料

とが相反することとなることなく就業する権利を行使することができるよう
にすることを国の政策の目的とすべきである。

9　男女労働者の機会及び待遇の実効的な均等を実現するため、次のことを目
的として、国内の事情及び可能性と両立するすべての措置をとるべきである。

(a)家族的責任を有する労働者が職業訓練を受ける権利及び職業を自由に選択
する権利を行使することができるようにすること。

(b)雇用条件及び社会保障において、家族的責任を有する労働者の必要を考慮
すること。

(c)公的なものであるか私的なものであるかを問わず、保育及び家族に係る
サービスその他の社会サービスであって家族的責任を有する労働者の必要
とするものを発展させ又は促進すること。

Ⅲ　訓練及び雇用

12　家族的責任を有する労働者が労働力となり、労働力としてとどまり及び家
族的責任を理由とする不就業の後に再び労働力となることができるようにす
るため、国内の事情及び可能性を両立するすべての措置をとるべきである。

13　国の政策及び国内慣行に従い、家族的責任を有する労働者が職業訓練施設
及び、可能な場合には、当該施設を使用するために有給教育休暇を利用する
ことができるようにすべきである。

14　すべての労働者に対する既存のサービスの枠内で又はそのようなサービス
が存在しない場合には、国内事情に適する方針に従い、家族的責任を有する
労働者の就職又は再就職を可能にするために必要なサービスを利用すること
ができるようにすべきである。これらのサービスは、労働者にとって無料で
ある職業指導、カウンセリング、情報提供及び職業紹介のサービスであって、
適切な訓練を受けた職員が配置されており、かつ、家族的責任を有する労働
者の特別の必要に適切に応ずることができるものを含むべきである。

15　家族的責任を有する労働者は、就業の準備、就業の機会、就業における向
上及び就業保障に関し、他の労働者と均等の機会及び待遇を享受すべきであ
る。

16　婚姻していること、家族の状況又は家族的責任のみをもって雇用の拒否又
は終了の妥当な理由とすべきではない。

Ⅳ　雇用条件

17　家族的責任を有する労働者が就業に係る責任と家族的責任とを調和させる
ことができるような雇用条件を確保するため、国内の事情及び可能性並びに

他の労働者の正当な利益と両立するすべての措置をとるべきである。

18　国及び各種活動部門の発展段階及び特別の必要を考慮した上、労働条件及び食用生活の質を改善するための一般的措置に特に留意すべきである。この一般的措置には、次の事項を目的とする措置を含めるべきである。

(a)一日当たりの労働時間の斬新的短縮及び時間外労働の短縮

(b)作業計画、休息期間及び休日に関する一層弾力的な措置

19　交替制労働及び夜間労働の割当てを行うに当たり、実行可能でありかつ適当な場合には、労働者の特別の必要（家族的責任から生じる必要を含む）を考慮すべきである。

20　労働者を一の地方から他の地方へ移動させる場合には、家族的責任及び配偶者の就業場所、子を養育する可能性等の事項を考慮すべきである。

22　(1) 両親のうちいずれかは、出産休暇の直後の期間内に、雇用を放棄することなく、かつ、雇用から生ずる権利を保護された上、休暇（育児休暇）をとることができるべきである。

23　(1) 被扶養者である子に対して家族的責任を有する男女労働者は、当該子が病気である場合には、休暇をとることができるべきである。

(2) 家族的責任を有する労働者は、保護又は援助が必要な他の親族の家族が病気である場合には、休暇をとることができるべきである。

V　保育及び家族に係るサービス及び施設

24　家族的責任を有する労働者が就業に係る責任及び家族的責任を果たすことを援助するために必要な保育及び家族に係るサービス及び施設の範囲及び性格を決定するため、権限のある機関は、関係のある公的及び私的な団体特に使用者団体及び労働者団体と協力して、情報取集のための財源の範囲内で、次のことを目的として必要かつ適当とされる措置をとるべきである。

(a)就業し又は求職している家族的責任を有する労働者の数並びに当該労働者の子及び保護が必要な他の被扶養者の数及び年齢に関する適切な統計を収集し及び公表すること。

(b)特に地域社会で行われる体系的な調査によって保育及び家族に係るサービス及び施設に対する必要及び優先度を確認すること

25　権限のある機関は、関係のある公的及び私的な団体と協力して、保育及び家族に係るサービス及び施設に関し明らかにされた必要及び優先度を満たすことを確保するため、適当な措置をとるべきである。このため、権限のある機関は、国内及び地域の事情及び可能性を考慮した上、特に次のことを行う

参考資料

べきである。

(a)特に地域社会における保育及び家族に係るサービス及び施設の体系的な発展のための計画の作成を奨励し及び促進すること。

(b)十分かつ適切な保育及び家族に係るサービス及び施設であって、弾力的な方針に従い開発されかつ各種の年齢の子、保護が必要な他の被扶養者及び家族的責任を有する労働者の必要を満たすものを無料で又は労働者の支払能力に応じた妥当な料金で提供することを行い又は奨励し及び促進すること。

Ⅵ　社会保障

27　社会保障給付、税の軽減その他国の政策に適合する適当な措置は、必要な場合には、家族的責任を有する労働者にとって利用可能であるべきである。

28　22及び23にいう休暇の間、関係労働者は、国内の事情及び慣行に従い、3に規定する方法のいずれかにより、社会保障による保護を受けることができる。

Ⅶ　家族的責任の遂行に係る援助

32　各国の権限のある機関は、労働者の家族的責任から生ずる負担を軽減することができるような公的及び私的な活動を促進すべきである。

33　家族的責任を有する労働者に対し資格のある者の援助（必要な場合には、その支払能力に応じただとうな料金による）を提供することのできる適切に規制されかつ監督された家事の手伝い及び家族の世話に係るサービスを発展させるため、国内の事情及び可能性と両立するすべての措置をとるべきである。

出典：ILO駐日事務所「1981年の家族的責任を有する労働者勧告（第165号）」
　　　（http://www.ilo.org/tokyo/standards/list-of-recommendations/WCMS_238831/
　　　lang--ja/index.htm）

参考文献

日本語文献

ILO 駐日事務所、「1981 年の家族的責任を有する労働者条約（第 156 号）」http://www.
ilo.org/public/japanese/region/asro/tokyo/standards/c156.htm、閲覧日 2014 年 6 月
7 日。

浅井友紀子・武石恵美子（2014）「介護不安を軽減するための職場マネジメント」佐藤
博樹・武石恵美子編『ワーク・ライフ・バランス支援の課題——人材多様化時代にお
ける企業の対応』東京大学出版会、139 ～ 153 頁。

浅川典子（2010）「ケアマネージャーと家族介護者」日米 ITCI 研究会編『在宅介護に
おける高齢者と家族』ミネルヴァ書房、59 ～ 76 頁。

浅倉むつ子・相馬照子・早川紀代（1987）「家族的責任と調和する労働生活をもとめて」
『労働法律旬報』No.1173、労働旬報社、4 ～ 17 頁。

阿部富美子・布施淳子（2003）「在宅療養者の介護者における褥瘡の予防的ケアの実態
調査」『日本看護学会論文集　老年看護』34、日本看護協会出版会、18 ～ 20 頁。

天野敏昭（2008）「社会政策と企業の社会的責任について」『産開研論集』第 20 号、57
～ 67 頁。

新居富士美・小山めぐみ・阿部恭子（2012）「在宅認知症高齢者を介護している家族介
護者の生活時間——ある夫婦の事例」『日本認知症ケア学会誌』第 10 巻第 4 号、日本
認知症ケア学会、476 ～ 483 頁。

五十嵐恵子（2003）「第 10 章　介護と就労の両立支援における協働」『社会福祉とコ
ミュニティ——共生・共同・ネットワーク』東信堂、188 ～ 210 頁。

飯島節・吉野貴子（2012）「介護負担の評価」長寿科学総合研究 CGA ガイドライン研
究班『高齢者総合的機能評価ガイドライン』厚生科学研究所、176 ～ 178 頁。

池田信明（1995）「Ⅰ　高齢者医療——医療の現場から」井上英夫・上村政彦・脇田滋
『高齢者医療保障——日本と先進諸国』労働旬報社、76 ～ 92 頁。

井上英夫（1995）「健康権と高齢者の医療保障」井上英夫・上村政彦・脇田滋『高齢者
医療保障——日本と先進諸国』労働旬報社。

井上恒夫（2005）「介護者支援政策再考——日英政策展開の比較」『同志社政策科学研
究』7（1）、同志社大学政策学会、13 ～ 26 頁。

伊藤純（2013）「生活時間にみる中高年期男女の家族介護の現状とワーク・ライフ・バ
ランスをめぐる課題——『平成 23 年社会生活基本調査』の利用を通じて——」『学苑』
No.869、昭和女子大学、14 ～ 22 頁。

伊藤周平（2002）「『構造改革』と社会保障——介護保険から医療制度改革へ」萌文社。

糸氏英吉（1994）「平成 6 年診療報酬改定について」『日本医師会雑誌』第 111 巻第 12 号、
日本医師会、1989 ～ 1993 頁。

糸氏英吉（1996）「平成 8 年度診療報酬改定について」『日本医師会雑誌』第 115 号第
12 号、日本医師会、2055 ～ 2059 頁。

糸氏英吉（1997）「平成 9 年度診療報酬改定について」『日本医師学会雑誌』第 116 巻第
2 号、日本医師会、209 ～ 213 頁。

参考文献

岩間大和子（2003）「家族介護者の政策上の位置づけと公的支援——日英における政策の展開および国際比較の視点——」『レファレンス』53（1）、国立国会図書館および立法考査局、5〜48頁。

岩間大和子（2009）「家族介護者の政策上の位置づけと公的支援——日欧比較の比較から——」『家族関係学』日本家政学会家族関係学部会、3〜16頁。

岩田正美（2008）『社会的排除』有斐閣。

岩田正美・上野谷加代子・藤村正之（1999）『ウェルビーイングタウン　社会福祉入門』有斐閣アルマ。

上野千鶴子（2011）『ケアの社会学』太田出版。

上野雅和（2001）「介護と家族法——介護をどこまで誰の役割として強制できるか」山中永之佑・竹安栄子・曽根ひろみ・白石玲子編『介護と家族』早稲田大学出版部、90〜111頁。

江口英一（2007）『生活分析から福祉へ——社会福祉の生活理論——』光生館。

太田貞司（1987）「在宅ケアーの課題に関する試論——老人介護事件の検討から——」『社会福祉学』第28-2号、日本社会福祉学会、54〜75頁。

小田切優子、下光輝一（2008）「労働者における慢性疲労」『治療』vol.90、No.3、515〜523頁。

小笠原祐次（1988）「在宅痴呆性老人の介護問題と課題——在宅痴呆性老人の介護者実態調査から」『月刊福祉』71（2）、全国社会福祉協議会、42〜51頁。

小木和孝（1994）『現代人の疲労（増補版）』紀伊国屋書店。

緒方泰子・橋本廸生・乙坂佳代（2000）「在宅要介護高齢者を介護する家族の主観的介護負担感」『日本公衆衛生雑誌』第47巻第4号、日本公衆衛生学会、307〜319頁。

奥山明良（2005）「法政策としての職業生活と家庭生活の両立支援問題——両支援法制の変遷と今後の政策課題——」『成城法学』73号、成城大学法学会、135〜179頁。

大日康史（1999）「介護場所の選択と介護者の就業選択」『医療と社会』9（1）、医療科学研究所、101〜121頁。

大沢真理（2004）『改定版　21世紀の女性政策と男女共同参画社会基本法』ぎょうせい。

大坪宏至（1997）「わが国医療行政の方向性に関する基礎的考察——平成9年度社会保険診療報酬改定も手掛かりにして管理会計的側面から——」『経営論集』第46号、東洋大学、17〜43頁。

春日キスヨ（2001）『介護問題の社会学』岩波書店。

加藤悦子（2004）「親族による高齢者への介護が関わる殺人や心中事件の実態」『日本福祉大学社会福祉論集』第110号、日本福祉大学社会福祉学部・日本福祉大学福祉社会開発研究所、129〜139頁。

河合克義（2009）『大都市のひとり暮らし高齢者と大都市の孤立』法律文化社。

河合克義・小川栄二（1993）「第3章　地域福祉における費用徴収問題」小川政治亮・垣内国光・河合克義編著『社会福祉の利用者負担を考える』ミネルヴァ書房、51〜88頁。

菊池いづみ（2010）『家族介護への現金支払い』公職研。

菊池いづみ（2012）「家族介護支援の政策動向——高齢者保健福祉事業の再編と地域包括ケアの流れのなかで——」『地域研究：長岡大学地域研究センター年報』（12）、長岡大学地域研究センター、55〜75頁。

菊澤佐江子（2013）「ジェンダーと老親介護におけるストレス過程」『季刊家計経済研究』No.98、家計経済研究所、35〜45頁。

参考文献

木下康仁（2007）『改革進むオーストラリアの高齢者ケア』東信堂。

北素子（2008）『要介護高齢者家族の在宅介護プロセス』風間書房。

北浜伸介・武政誠一・嶋田智明（2003）「公的介護保険が患者の身体・心理面および介護者の介護負担度に与える影響」『神戸大学医学部保健学科紀要』第 19 巻、神戸大学、15 〜 25 頁。

厚生省（1995）『審議会における議論等の概要』。

厚生労働省（2007）『平成 19 年版厚生労働白書——医療構造改革の目指すもの』厚生労働省。

厚生労働省（2010）『平成 20 年高年齢者雇用実態調査』。

厚生労働省（2011）『平成 22 年国民生活基礎調査』。

厚生労働省（2011）『平成 22 年就業形態の多様化に関する総合実態調査の概況：結果の概要』http://www.mhlw.go.jp/toukei/itiran/roudou/koyou/keitai/10/index.html、最終閲覧日 2014 年 11 月 17 日。

厚生労働省（2012）『平成 22 年度国民生活基礎調査』。

厚生労働省（2012）『平成 23 年度版子ども・子育て白書』。

厚生労働省（2011）『平成 22 年我が国の保健統計』。

厚生労働省（2013）『平成 24 年度介護保険事業状況報告』http://www.mhlw.go.jp/topics/kaigo/osirase/jigyo/12/dl/h24_gaiyou.pdf　最終閲覧日 2014 年 9 月 11 日。

厚生労働省（2013）『平成 24 年度高齢者虐待の防止、高齢者の養護者に対する支援等に関する法律に基づく対応状況等に関する調査結果』。

厚生労働省（2014）『平成 25 年国民生活基礎調査の概況』　http://www.mhlw.go.jp/toukei/saikin/hw/k-tyosa/k-tyosa13/index.html、　最終閲覧日 2015 年 5 月 5 日。

厚生労働省（2014）『平成 25 年雇用均等基本調査』

厚生労働省ホームページ『非正規雇用の現状と課題』　http://www.mhlw.go.jp/stf/seisakunitsuite/bunya/0000046231.html、　最終閲覧日 2014 年 11 月 17 日。

厚生省高齢者介護対策本部事務局監修（1996）『高齢者介護保険制度の創設について——国民の議論を深めるために』ぎょうせい。

厚生省老人保健福祉局（介護保険制度施行準備室）（1999）『都道府県等要介護認定担当者会議資料』。

厚生労働省都道府県労働局労働基準監督署（2010）『脳・心臓疾患の労災認定——「過労死」と労災保険』。

後藤信也（1994）「レセプト点検事務から見た今回の診療報酬改定」『健康保険』48（7）、健康保険組合連合会、28 〜 38 頁。

小林良二（2002）「生活時間と介護時間」『人文学報・社会福祉学』18、首都大学東京、47 〜 63 頁。

坂本重雄・山脇貞司（1996）『高齢者介護の政策課題』勁草書房。

佐野文男（1997）「医療法改正の経過」『北海道医報』第 880 号、北海道医師会、2 〜 5 頁。

笹谷春美（2012）「ケアをする人々の健康問題と社会的支援策」『社会政策』第 4 巻第 2 号、社会政策学会、53 〜 67 頁。

佐藤博樹（2014）「企業による仕事と介護の両立支援の課題」佐藤博樹・武石恵美子『ワーク・ライフ・バランス支援の課題——人材多様化時代における企業の対応』東京大学出版会、177 〜 199 頁。

佐藤郁哉（2011）『質的データ分析法』新曜社。

佐藤進（1993）「在宅ケア推進をめぐる法制度政策の現状と課題」『ジュリスト増刊　高

参考文献

齢社会と在宅ケア』、有斐閣、24 〜 32 頁。

産労総合研究所（2011）「育児・介護支援制度の最新実態（その2）介護支援制度；育児・介護支援制度に関する調査（その2）介護支援制度　調査結果の概要」『人事実務』48（1107）、産労総合研究所、8 〜 17 頁。

芝田英昭（1990）「老後保障なき日本の医療——1990 年診療報酬改定を中心に——」『賃金と社会保障』No.1048、旬報社、4 〜 21 頁。

澁谷智子（2014）「ヤングケアラーに対する医療福祉専門職の認識——東京都医療社会事業協会会員へのアンケート調査の分析から——」『社会福祉学』第 54 巻第 4 号、日本社会福祉学会、70 〜 81 頁。

島原三枝（2013）「家族介護者決定プロセスにおけるジェンダー問題」『女性学研究』（20）、大阪府立大学女性学研究センター、90 〜 113 頁。

島崎謙治（2011）『日本の医療——制度と政策——』東京大学出版会。

清水谷諭・野口晴子（2003）『長時間介護はなぜ解消しないのか？——要介護世帯への介護サービス利用調査による検証——』内閣府経済社会総合研究所　Discussion Paper Series、No.70.

下夷美幸（2009）「家族支援政策の規範論と制度論——介護保険制度を素材として——」『家族関係学』（28）、日本家政学会家族関係学部会、33 〜 41 頁。

下夷美幸（2007）「家族の社会的意義」本澤巳代子・ベルント・フォン・マイデル編『家族のための総合政策』信山社、217 〜 238 頁。

下山昭夫（2000）「高齢者の扶養と介護の社会化」染谷俶子編『老いと家族』ミネルヴァ書房、205 〜 225 頁。

篠崎良勝（2011）「介護従事者における医療行為の実態・意識調査」『産業文化研究』第 20 号、69 〜 86 頁。

篠崎良勝（2014）「介護職の医行為とその背景」『VIVO』No.31、34 〜 37 頁。

杉原陽子・杉沢秀博・中谷陽明・柴田博（1998）「在宅要介護老人の主介護者のストレスに対する介護期間の影響」『日本公衆衛生誌』第 45 巻第 4 号、日本公衆衛生学会、320 〜 335 頁。

杉本貴代栄（1999）『ジェンダーで読む福祉社会』有斐閣。

杉澤秀博・中村律子・中野いずみ・杉澤あつ子（1992）「要介護老人の介護者における主観的健康観および生活満足度の変化とその関連要因に関する研究——老人福祉手当受給者の 4 年間の追跡調査から——」『日本公衆衛生雑誌』第 39 巻第 1 号、日本公衆衛生学会、23 〜 31 頁。

須釜淳子（2008）「在宅療養者における褥瘡の実態調査」『メディカル朝日』37（9）、朝日新聞出版、18 〜 20 頁。

須田民男（2008）『ストレスによる健康障害とその予防』かもがわ出版。

生命保険文化センター（2014）『平成 24 年生命保険に関する全国実態調査』http://www.jili.or.jp/research/report/zenkokujittai_h24st_3.html　最終閲覧日 2015 年 4 月 21 日。

千田忠男（2002）『労働科学論入門』北大路書房。

総務統計局（2013）『平成 24 年就業構造基本調査　結果の概要』http://www.stat.go.jp/data/shugyou/2012/pdf/kgaiyou.pdf　最終閲覧日 2014 年 11 月 26 日。

袖井孝子（1993）「第 6 章共働きと老親介護」袖井孝子・岡村清子・長津美代子・三善勝代『共働き家族』家政教育社、165 〜 188 頁。

袖井孝子（2015）「労働政策の展望：労働政策や労働研究の中長期的な展望等について

考察し提言する　仕事と介護の両立に向けて」『日本労働研究雑誌』57（2-3）、労働政策研究・研修機構、68〜72頁。

醍醐聰（1998）「在院日数短縮化政策の虚実」『週刊社会保障』No.1974、法研、56〜57頁。

高橋幸裕「高齢者ケア施設における医療的ケアに対する実態と課題」『一橋研究』36（4）、一橋研究編集委員会、29〜48頁。

髙木和美（1998）『新しい看護・介護の視座−看護・介護からみた合理的看護職員構造の研究』看護の科学社。

髙木和美（2005）「ドイツにおける高齢者看護師（AltenpflegeIn）の職業領域に関する判決とその理由」『社会医学研究』第23号、日本社会医学会、63〜73頁。

髙木和美（2011）「ドイツ・高齢者看護師を看護師に統合する制度改革の意味——2005年6月の聞き取り調査から——」『いのちとくらし研究所報』36号、いのちとくらし研究所、80〜100頁。

髙木和美・芦田麗子・濱島淑恵（2011）「特養入居者に対する基礎となるケアの質——その1」『月刊国民医療』No.290、国民医療研究所、53〜64頁。

髙木和美・芦田麗子・濱島淑恵（2012）「特養入居者に対する基礎となるケアの質（看護職と介護職の比較）——看・介護職員政策と両職種のケアの実態をみつめて——（その2）」『月刊国民医療』No.291、国民医療研究所、4〜41頁。

高林秀明著（2008）『障害者・家族の生活問題——社会福祉の取り組む課題とは——』ミネルヴァ書房。

田中寿（1979）「在宅ケアと家族福祉——「ねたきり者・家族」の介護問題——」『レファレンス』29（9）、国立国会図書館および立法考査局、6〜30頁。

近森栄子（2005）「在宅長期療養高齢者の介護」山中永之佑・竹安栄子・曽根ひろみ・白石玲子編『介護と家族』早稲田大学出版部、136〜167頁。

津田光輝（1993）「第5章　老人ホームの利用者負担の実態と問題点」小川政治亮・垣内国光・河合克義編著『社会福祉の利用者負担を考える』ミネルヴァ書房、115〜145頁。

筒井孝子（2001）『介護サービス論——ケアの基準化と家族介護のゆくえ』有斐閣。

筒井孝子（2010）「在宅サービスの利用が家族介護者の介護負担感に及ぼす影響に関する研究」『訪問看護と介護』vol.15、No.8、医学書院、630〜639頁。

堤修三（2010）『介護保険の意味論』中央法規。

富永健一（2001）『社会変動の中の福祉国家』中公新書。

利谷信義（2004）「男女共同参画基本法の5年間」『日本の科学者』第39巻9号、日本科学者会議、4〜7頁。

東京都社会福祉協議会（2013）『社会資源実態調査報告書』。

鍋山祥子（2005）「育児・介護休業制度と間接的休業条件：山口県の事業所調査から」『山口経済学雑誌』第54巻第1号、山口大学、1〜22頁。

内藤和美（2000）「ケアの規範」杉本貴代栄編『ジェンダー・エシックスと社会福祉』ミネルヴァ書房、56〜73頁。

中井紀代子（2000）『家族福祉の課題』筒井書房。

中島通子（1998）「第7章　家庭と職業の調和」大脇雅子・中島通子・中野麻美編『21世紀の男女平等法（新版）』、有斐閣選書、199〜232頁。

中西泰子（2013）「在宅要介護者の主介護者における介護負担感と経済生活：就労・経済状態との関連性」『家計経済研究』第98号、家計経済研究所、46〜54頁。

参考文献

中谷陽明・東條光雄（1989）「家族介護者の受ける負担──負担感の測定と要因分析
　　──」『社会老年学』No.29、東京都老人総合研究所、27 〜 36 頁。
中谷陽明著（2010）「在宅の家族介護者の負担」『現代のエスプリ－介護はなぜストレス
　　になるのか』519 号、ぎょうせい、27 〜 38 頁。
日本訪問看護振興財団（2012）『医療的ケアを要する要介護高齢者の介護を担う家族介
　　護者の実態と支援方策に関する調査研究事業報告書』。
日本褥瘡学会実態調査委員会（2011）「療養場所別褥瘡有病率、褥瘡の部位・重症度（深
　　さ）」『日本褥瘡学会誌』13（4）、日本褥瘡学会、625 〜 632 頁。
日本ケアラー連盟ヤングケアラープロジェクト（2015）『南魚沼市　ケアを担う子ども
　　（ヤングケアラー）についての調査《教員調査》』日本ケアラー連盟。
新村拓（1992）『ホスピスと老人介護の歴史』法政大学出版局。
野口典子（1988）「痴呆性老人の家族介護をめぐる諸問題──東京都における調査の結
　　果から」『厚生の指標』35（4）、厚生労働統計協会、9 〜 14 頁。
畑亮輔（2010）「居宅介護支援事業所の介護支援専門員による家族介護者支援」『介護福
　　祉学』第 17 巻第 1 号、日本介護福祉学会、33 〜 45 頁。
畑亮輔（2012）「居宅介護支援事業所の介護支援専門員による家族介護者支援：構造方
　　程式モデリングによる検討」『シニア社会学会誌』第 10 巻、シニア社会学会、37 〜
　　47 頁。
畑亮輔・岡田進一・白澤政和（2010）「居宅介護支援事業所の職場環境と介護支援専門
　　員による家族介護者支援との関連」『生活科学研究誌』vol.9、大阪市立大学、73 〜 84
　　頁。
畠中宗一（2006）『老人ケアのなかの家族支援』ミネルヴァ書房。
羽根文（2006）「介護殺人・心中事件にみる家族介護の困難とジェンダー要因：介護者
　　が夫・息子の事例から」『家族社会学研究』18（1）、日本家族社会学会、27 〜 39 頁。
浜岡政好（2008）「第 1 章　分析視角　§3 家族・地域生活・貧困」江口英一編著『生
　　活分析から福祉へ──社会福祉の生活理論──』光生館、27 〜 59 頁。
濱口佳一郎（2004）「職業生活と家庭生活の両立」『季刊労働法』205 号、労働開発研究
　　会、176 〜 181 頁。
濱島淑恵（2008）「『地域社会における支え合い』に向けた社会的条件の検討──職業生
　　活・家庭生活・地域生活の両立を支える地域社会づくりの必要性──」『地域問題研究』
　　No.75、地域問題研究所、7 〜 16 頁。
濱島淑恵・髙木和美・芦田麗子（2013）「ドイツにおける看（介）護養成・資格制度改
　　革の経過に関する聞き取り調査報告（中間報告）」『いのちとくらし研究所報』43 号、
　　いのちとくらし研究所、48 〜 57 頁。
林弘子（1995）「介護休業法をどう評価するか──その意義と問題点」『労働法律旬報』
　　No.1366、旬報社、6 〜 11 頁。
林博幸・安井善行（2006）『社会福祉の基礎理論』ミネルヴァ書房。
原田純孝（1988）「『日本型福祉社会』論の家族像」『転換期の福祉国家（下）』東大出版
　　会、303 〜 392 頁。
東野定律、中島望、張英恩、大夛賀政昭、筒井 孝子、中嶋 和夫、小山秀夫（2010）
　　「続柄別にみた家族介護者の介護負担感と精神的健康の関連性」『経営と情報』22（2）
　　、静岡県立大学、97 〜 110 頁。
人見裕江・中村陽子、小河孝則他（2002）「在宅痴呆性高齢者の介護負担感と介護保険
　　サービス利用に関する研究」『米子医誌』53、米子医学会、90 〜 98 頁。

平田厚（2005）『家族と扶養――社会福祉は家族をどうとらえるか』筒井書房。

福地保馬（2008）『労働者の疲労・過労と健康』かもがわ出版。

藤崎宏子（2002）「介護保険制度の導入と家族介護」金子勇編著「高齢化と少子社会」ミネルヴァ書房、191 ～ 222 頁。

藤崎宏子（2006）「『介護の社会化』――その問題構成」『法律時報』第 78 巻 11 号、日本評論社、37 ～ 43 頁。

藤崎宏子（2008）「訪問介護の医療抑制にみる『介護の再家族化』――9 年目の介護保険制度」『社会福祉研究』103 号、鉄道弘済会、2 ～ 11 頁。

藤崎宏子（2009）「介護保険制度と介護の『社会化』『再家族化』」『福祉社会学研究』6、福祉社会学会、41 ～ 55 頁。

藤崎昇（1995）「介護休業制度の法制化と審議過程」『月刊自治研』37（9）、自治研中央推進委員会、64 ～ 70 頁。

婦人局婦人福祉課（1989）「老親介護に関する労働者福祉対策のあり方について――長寿社会における女子労働者等福祉に関する調査研究会中間報告」『婦人と年少者』No.243、婦人少年協会、8 ～ 11 頁。

婦人局婦人福祉課（1990）「介護休業制度について」『婦人と年少者』No.246、15 ～ 17 頁。

布施晶子（1984）「家族」北川隆吉監修『現代社会学事典』有信堂高文社。

保原喜志夫（1995）「介護休業法清の検討（上）」『ジュリスト』No.1064、有斐閣、56 ～ 63 頁。

町田佐知子・関薫・野澤麻衣子・萩野幸子・小関たきえ・野々村ゆかり（2004）「在宅療養者に対する介護者による吸引の実態調査」『日本看護学会論文集　地域看護』35、日本看護協会出版会、143 ～ 145 頁。

丸山英気・三吉登（2013）『民法概説』成文堂。

増田雅暢（2002）「家族介護の評価と介護保険（1）～（終）」、『週刊社会保障』、No.2198 ～ 2202、法研。

松谷有希雄「診療報酬の改定について――昭和 63 年 4 月実施――」『健康保険』42（4）、健康保険組合連合会、75 ～ 80 頁。

松浦民恵（2014）「仕事と介護の両立に課題を抱える社員の現状」佐藤博樹・武石恵美子『ワーク・ライフ・バランス支援の課題――人材多様化時代における企業の対応』東京大学出版会、155 ～ 175 頁。

三富紀敬（2008）『イギリスのコミュニティケアと介護者――介護者支援の国際的展開――』ミネルヴァ書房。

三富紀敬（2010）『欧米の介護保障と介護者支援』ミネルヴァ書房。

三富紀敬（2013）『介護者の健康と医療機関――健康格差論の射程――』ミネルヴァ書房。

三塚武男（1997）『生活問題と地域福祉――ライフの視点から』ミネルヴァ書房。

宮本太郎（2008）『福祉政治――日本の生活保障とデモクラシー』有斐閣。

宮田智「六十三年四月の診療報酬の改定について」『共済新報』29 巻 4 号、共済組合連盟、18 ～ 20 頁。

水野紀子（1998）「団体としての家族」『ジュリスト』1126 号、有斐閣、72 ～ 77 頁。

水野洋子・荒井由美子（2007）「介護者支援のあり方――英国の Carers Act に着目して――」『日本医事新報』No.4329、日本医事新報社、81 ～ 84 頁。

森詩恵（2008）『現代日本の介護保険改革』法律文化社。

森岡清美・望月嵩共（2007）『新しい家族社会学』培風館。

参考文献

山路克文（2003）『医療・福祉の市場化と高齢者問題——「社会的入院」問題の歴史的展開』ミネルヴァ書房。

山本忠（2001）「第4章 医療保障と平等」日本社会保障法学会編『講座社会保障法第4巻 医療保障法・介護保障法』法律文化社、96〜119頁。

山中永之佑（2005）「介護と家族——その現代的課題」山中永之佑・竹安栄子・曽根ひろみ・白石玲子編『介護と家族』早稲田大学出版部、23〜58頁。

山中美由紀（2004）「日本社会と家族介護をめぐる殺人」山中美由紀編『変貌するアジアの家族』昭和堂、35〜57頁。

山脇貞司（2001）「第4章 介護保障と家族」日本社会保障法学会編『講座社会保障法第4巻 医療保障法・介護保障法』法律文化社、219〜243頁。

矢野眞和編著（1999）『生活時間の社会学——社会の時間・個人の時間』東京大学出版会。

八代尚宏・小塩隆士・寺崎泰弘・宮本正幸（1996）『介護保険の経済分析』経済企画庁経済研究所。

湯原悦子（2010）「イギリスとオーストラリアの介護者法の検討——日本における介護者支援のために——」『日本福祉大学社会福祉論集』第122号、日本福祉大学、41〜52頁。

湯原悦子（2011）「介護殺人の現状から見出せる介護者支援の課題」『日本福祉大学社会福祉論集』125、日本福祉大学、41〜65頁。

湯原悦子（2013）「介護うつ：認知症介護における介護者支援のための課題」『老年社会科学』第34巻第4号、日本老年社会科学会、525〜530頁。

湯原悦子・尾之内直美・伊藤美智予・鈴木亮子・旭多貴子・船橋和彦・杉山尚子（2013）「介護者アセスメントシートの開発」『日本認知症ケア学会誌』12（2）、日本認知症ケア学会、490〜503頁。

湯原悦子（2014）「家族介護者支援の理論的根拠」『日本福祉大学社会福祉論集』130、日本福祉大学、1〜14頁。

依田晶男（1990）「特例許可老人病院入院医療管理料の創設」『健康保険』44巻5号、健康保険組合連合会、52〜57頁。

吉原健二（1983）『老人保健法の解説』中央法規。

労働政策研究・研修機構（2006a）『仕事と生活の両立——育児・介護を中心に』労働政策研究・研修機構。

労働政策研究・研修機構（2006b）『労働政策研究報告書No.73 介護休業制度の利用拡大に向けて——「介護休業制度の利用状況等に関する研究」報告書』労働政策研究・研修機構。

労働省婦人局婦人福祉課（1991）「育児休業等に関する法律の解説」『労働法学研究会報』労働開発研究会、1〜9頁。

労働省婦人局編（1994）『介護休業制度専門家会合報告書 介護休業制度について』大蔵省印刷局。

和気純子（1998）『高齢者を介護する家族——エンパワーメント・アプローチの展開にむけて』川島書店。

脇田滋（1995）「老人保健法の法的諸問題」井上英夫・上村政彦・脇田滋『高齢者医療保障——日本と先進諸国』労働旬報社、50〜74頁。

渡辺道代（2009）「介護家族会の活動に期待される役割と可能性：若年認知症の先駆的な家族会調査から」『盛岡大学短期大学部紀要』第19巻、盛岡大学、53〜61頁。

外国語文献

Arksey Hilary（2002）" Rationed Care: Assessing the Support Needs of Informal Carers in English Social Services Authorities," Journal of Social Policy31, 81-101.

Arskey Hilary, Glendinning Caroline（2007）"Choice in the Context of Informal caregiving," Health and Social Care in the Community15(2), 165-175.

Arskey Hilary, Glendinning Caroline（2008）"Combining Work and Care: Carers' Decision-making in the Context of Competing Policy Pressures," Social Policy & Administration42(1), 1-18.

Care Act 2014, London: The Stationary Office,http://www.legislation.gov.uk/ukpga/2014/23/pdfs/ukpga_20140023_en.pdf., 最終閲覧日 2016 年 5 月 5 日。

Department of Health（1999）Caring about carers; a national strategy far carers, London: The Stationary Office.

Department of Health（2008）Carers at the Heart of 21st-Century Families and Communities: 'A Caring System on your Side-A Life of your Own', London: The Stationary Office.

Department of Health（2010）Recognised, valued and supported: Next steps for the Carers Strategy, London: The Stationary Office.

Department of Health（2012）Caring for our future: Reforming care and support, London: The Stationary Office.

Fine Michael D.（2012）"Employment and Informal Care: Sustaining Paid Work and Caregiving in Community and Home-based Care," Ageing 37, 57-68.

Grootegoet Ellen, Diana Dijk（2012）"The Return of the Family? Welfare State Retrenchment and Client Autonomy in Long-Term Care," Journal of Social Policy41 (4), 677-694.

Guberman Nancy, Elinor Nicholas, Mike Nolan, Doris Rembicki, Ulla Lundh, Janice Keefe（2003）"Impacts on practitioners of using research-based carer assessment tools: experiences from the UK, Canada and Sweden, with insights from Australia," Health and Social Care in the Commnity11(4), 344-355.

International Labour Organization（1993）Workers with family responsibilities: general survey of the reports on the workers with family responsibilities convention no.156 andrecommendation no.165: report for the Committee of Experts on the Application of Convention and Recommendations, Geneva:International Labour Office.

Nicholas Elinor（2003）"An Outcomes Focus in Carer Assessment and Review: Value and Challenge," British Journal of Social work33, 31-47.

Pickard Linda, Dereck King, Nicola Brimblecombe, Martine Knapp（2015）"The Effectiveness of Paid Services in Supporting Unpaid Carers' Employment in England," Journal of Social Policy44(3), 567-590.

R.M.TITMUSS（1967）谷昌恒訳『福祉国家の理想と現実』社会保障研究所。

Seddon Diane, Robinson BA, Catherine A,（2001）"Carers of Older People with Dementia: Assessment and the Carers Act", Health and Social Care in the Community9(3), 151-158.

Singleton Benedict E., Gary Fry（2015）"Citizen Carer: Carer's Allowance and Conceptualisations of UK Citizenship," Journal of Social Policy44(3), 549-566.

参考文献

Twigg Julia, Karl Atkin (2002) Carers Perceived : policy and practice in informal care, Berkshire: Open University Press.
Zarit,SH., Reever, K.E. & Bach-Paterson, J., "Relatives of the impaired elderly : Corelates of feelings of burden," The Gerontologist, 20, 1980, 649-655.

●著者紹介

濱島 淑恵（はましま よしえ）

大阪歯科大学医療保健学部社会福祉士コース准教授。

日本女子大学大学院人間社会研究科社会福祉学専攻博士課程後期満期退学。

2017年3月、金沢大学で博士（学術）を取得。主な著作に、『人間関係ハンドブック』〔共著〕（福村出版）、「高校におけるヤングケアラーの割合とケアの状況」『厚生の指標』〔共著〕2018年2月、『南魚沼市 ケアを担う子ども（ヤングケアラー）についての調査≪教員調査≫報告書』〔共著〕（日本ケアラー連盟）、「ドイツにおける看（介）護職養成・資格制度改革の経過に関する聞き取り調査報告」『いのちとくらし研究所報』〔共著〕2013年7月、など。

家族介護者の生活保障——実態分析と政策的アプローチ

2018年9月1日　初版第1刷発行

著　　者　濱島淑恵
装　　丁　波多英次
発 行 者　木内洋育
編集担当　真田聡一郎
発 行 所　株式会社 旬報社
　　　　　〒162-0041　東京都新宿区早稲田鶴巻町544　中川ビル4階
　　　　　TEL 03-5579-8973　FAX 03-5579-8975
　　　　　ホームページ　http://www.junposha.com/
印刷・製本　モリモト印刷株式会社

ⓒ Yoshie Hamashima 2018, Printed in Japan
ISBN978-4-8451-1552-5　C3036
乱丁・落丁本は、お取り替えいたします。